한국 민주주의의 위기와 전망:

민주화, 세계화, 탈안보화

한국 민주주의의 위기와 전망:
민주화, 세계화, 탈안보화

장훈 외 지음

인간사랑

“이 저술은 2009년도 정부(교육과학기술부)의 재원으로 한국연구재단의 지원을 받아 수행된 기초연구지원 인문사회 연구사업의 결과임(과제번호 B00007)”

목 차

서문

1980년대 후반부터 약 사반세기에 걸쳐 꾸준한 성장을 거듭해 온 한국 민주주의는 아시아 국가 중 독자적으로 민주주의를 발전시킨 모델로 주목받아 왔다. 그러나 오늘날 한국 민주주의는 대내외적으로 새로운 도전에 직면해 있다. 대내적으로 한국 민주주의는 과도한 참여의 욕구가 사회 분열과 갈등을 초래할 수 있다는 우려를 낳고 있으며, 대외적으로는 세계화와 탈안보화 경향과 어울려 새로운 쟁점을 양산하고 있다.

우선 한국 민주주의는 참여와 통합의 문제를 동시에 해결해야 하는 과제를 안고 있다. 건전한 시민 참여가 민주적 정당성과 시민적 동질감을 높이는 반면, 무분별한 참여는 국가 정책의 혼선과 사회적 연대성을 해치는 결과를 낳기 때문이다.

한국 민주주의는 또한 민주화 과정과 거의 동시에 나타난 세계화 추세와 맞물려 새로운 도전에 직면해 있다. 세계화는 21세기에 접어들면서 우리의 삶에 중대한 영향을 미치며, 거부할 수 없는 현실로 자리잡고 있다. 그럼에도 불구하고, 한국 민주주의는 세계화가 양산한 현실에 대해 균형잡힌 시각을 찾는 데 어려움을 겪고 있다. 세계화는 때로는 우리 사회의 양극화를 심화시킨 동인으로 비판받기도 하며, 이와 대조적으로 한국 사회가 도약할 수 있는 절호의 기회로 평가받기도 한다. 한국 민주주의는 세계화의 흐름을 우리의 국제적 위상 그리고 국내 질서에 부합하는 방향으로 관리해야 할 과제에 직면해 있다.

마지막으로 한국 민주주의는 안보의 차원에서 새로운 도전을 받고 있다. 남북한 대치라는 독특한 현실에 처해 있는 한국 민주주의는 탈냉전이라는 역사적 현실과 탈안보화라는 정책적 대안에 적정한 입장을 취해야 할 시점에 이르렀기 때문이다. 민주화에 따라 한국의 대외정책 특히 대북정책은 과거의 과도한 안보중심의 체제에서 탈피하여 한미동맹, 남북관계에서 탈안보화를 시도한 바 있다. 그러나 이러한 시도는 사회통합과 정책적 실효성의 측면에서 심각한 회의를 불러일으켰다. 전세계 탈냉전이 전제된 한반도에서의 탈안보화 전략은 대내적으로 이데올로기적 분열을 야기했고, 대외적으로도 국가이익과 위신을 일관되게 확보하는 비전과 전략으로 이어지지 못했다는 비판이다. 한국 민주주의는 한반도에서 새로운 안보관을 제시해야 할 시점에 이르렀다.

오늘날 한국 민주주의는 민주화, 세계화, 탈안보화라는 새로운 도전과 위기에 직면해 있다. 이 책은 이러한 한국 민주주의에 대한 도전과 위기에 대한 인식을 공유한 각 분야의 학자들이 이론적·실천적 대안을 모색하는 과정에서 얻어진 두 권의 시리즈 중 첫 번째 성과물이다. 이 작은 성과물이 한국 민주주의의 도전을 도약의 발판으로 전환할 수 있는 계기가 되었으면 하는 바람이다.

2013년 2월 저자일동

1장

한국 민주주의론의 반성과 전망 : 민주주의론의 세 가지 패러독스를 중심으로

장 훈(중앙대학교)

세상에 자기 자신의 목표를 스스로 결정하는 것만큼
즐거운 일은 없다.
—이인직(혈의 누)

항상 국가를 지옥으로 만드는 것은 바로 국가를
천국으로 만들려는 인간의 시도이다.
—횔더린

I. 서론

한국 민주주의 현실에 대한 이해와 분석은 우리 안에서 극명하게 엇갈리고 있지만, 한국 민주주의론의 처지에 대해서는 아마도 대체적인 합의에 다가갈 수도 있다. 그 합의란 다름 아니라 한국 민주주의를 이해하고 분석하려는 지적 시도로서의 한국 민주주의론은 분명 혼란과 위기 상태에 머물러 있다는 점이다. 민주주의의 현 실태에 대한 진단과 묘사, 이해에서부터 한국 민주주의의 전망과 성숙의 조건과 과정에 대해서 광범한 분열과 방향감각의 상실에 시달리고 있는 것이 한국 민주주의론의 현 주소이다. 보수와 진보 지식인들 사이에서 이뤄지는 민주주의의 조건, 현실, 전망에 대한 다양한 논의들은 단순히 시각의 차이나 이념적 지향의 차이를 넘어서 대화 불가능의 상태에 들어서 있다고 해도 지나치지 않다. 예컨대, 하나의 보수 정부의 정체성을 둘러싼 논의에서 민주주의 최소 조건인 절차적 민주주의가 근본적으로 훼손되고 위기에 빠져 있다는 진단이 한편에서 제기되고 있지만, 다른 한편에서는 이 같은 지적이 공감이나 토론을 거의 불러일으키지 못하고 있다.

또한 민주주의란 무엇인지, 민주주의를 통해서 실현하려는 가치가 무엇인지에 대해서 실로 다양한 입장이 개진되는 "논의의 민주화"가 실현되었지만, 이러한 논의들은 언어의 소통가능성을 거의 고려하지 않은 채 자의적으로 혹은 이념적인 방식으로 제기됨으로써 '민주주의는 곧 토론하는 과정'이라는 기본 요건을 외면하고 있다고 할 수 있다(사르토리 1999, 17-19).

민주주의의 현실이 전진과 후퇴를 거듭하면서 이어지는 하나의 긴 변증법적 과정이라는 점을 받아들인다고 하더라도, 오늘날 한국 민주주의론이 안고 있는 혼란과 위기가 현실 민주주의의 정체와 혼란에 적지 않은 기여를 하고 있다고 할 수 있다. 연구자들이 만들어내고 있는 여러 개념상의 혼란, 현실분석에서 종종 드러나는 규범적 유토피아주의, 소통가능성을 고려하지 않은 개념의 과도한 창안, 한국 현실보다는 중심부 역사에 지나치게 의존하는 이론적 태도 등으로 인하여 오늘날 한국 민주주의론은 민주주의의 진전 혹은 심화에 걸림돌이 되고 있다.

이 글에서 우리는 한국 민주주의론이 안고 있는 특성과 한계들을 비판적으로 검토해보려 한다. 민주주의라는 현실은 실체의 범주와 경계가 쉽사리 확정되기 어려운 만큼, 한국 민주주의론이 포괄하는 논의의 범주 또한 쉽게 확정되기 어려운 것이 분명하다. 이 글에서 우리는 연구자들 사이에서 비교적 자주 언급되거나 인용되는 문헌들과 이들 문헌들이 구성하는 이론적 흐름을 중심으로 한국 민주주의론을 검토하려 한다. 이 같은 비평적 검토는 주로 한국 민주주의론이 직면하고 있는 세 가지 주요한 패러독스를 중심으로 진행할 것이다. 첫째, 단선적 역사발전관과 역사경로 개방성의 패러독스, 둘째, 민주주의 구상에서 보편성과 특수성 사이의 패러독스를 통하여 한국민주주의론의 특징을 고찰하고자 한다.

II. 한국 민주주의론의 세 가지 패러독스

1987년 민주화 이행 직후에 사회과학자들의 논의를 지배한 것은 이른바 공고화론이었는데, 이는 사실 1960-70년대에 한때 유행하다가 사라진 이른바 "근대화론"의 민주주의 판본이라고 할 만한 것이었다. 근대화론이 전근대 사회와 근대사회의 이분법적 구분에 기초해서 전근대 사회에서 근대사회로의 이행이 곧 발전이요 성숙이라고 파악하는 바와 마찬가지로 공고화론의 전제는 신민주국가와 (넓은 의미에서 비민주적 체제를 포함하는) 공고화된 민주국가의 이분법적 분류였다.

따라서 공고화론의 논의는 근대화론과 마찬가지로, 발전된 단계로서의 공고화된 민주주의의 구조적·맥락적 조건들을 폭넓게 논의하고 점검하는 데에 맞춰져 있었다. 예를 들면 법치질서의 안정화, 시민사회 조직의 활성화와 다양화, 정당-선거제도를 비롯한 대의제도의 안정화 등이 공고화를 향해 가는 구조적 조건으로서 제시되고, 또한 이러한 기준들에 비추어 한국 민주주의의 상황과 현실을 분석하는 데에 초점이 맞추어졌다(박기덕 2006 ; 임혁백 1994 ; 임현진·송호근 1995 ; 최장집·임현진 1997 ; Diamond and Kim 2000 ; Diamond and Shin 2000).

근대화론과 공고화론이 공유하는 이분법적 구분과 발전경로에 대한 믿음은 곧 이들이 근대적 세계질서의 일부인 단선적 역사발전관에 충실한 이론적 경향임을 의미한다. 근대와 전근대를 구분 짓고 주로 서구 세계가 걸어온 근대적 상태로의 변화를 성숙과 발전으로 이해하는 역사 관념은 근대질서의 핵심축을 이루는 사고양식이다. 서구의 근대질서가 아직 본격적인 도전에 직면하기 전인 1940-50년대에 비롯된 근대화론은 제2차 세계대전 이후 비서구세계에 광범하게 확산된 바 있었다. 하지만 제2차 세계대전 이후 아시아, 아프리카, 중동, 남미에서 출범한 숱한 신생국 혹은 재독립국가들의 역사적 경험이 생생하게 증언한 바 있듯이 비서구세계의 전근대 질서가 근대적 질서처럼 단선적이거나 낙관적인 기대에 걸맞게 변화한 것은 결코 아니었다. 이른바 전후 제3세계의 경험은 단선적 근대화보다는 쿠데타, 권위주의 체제의 성립과 후퇴, 기대의 폭발과 제도정치권의 능력부족 사이의 괴리 등으로 점철되는 복잡하고도 혼란스런 과정이었다(물론 이들 국가들 중의 상당수는 1990년대 이후 민주화의 물결 속에서 기본적 민주화를 이룩하지만, 이러한 경로는 근대화론자들이 전후에 강조하던 방식과는 매우 판이한 경로와 과정을 거쳤다고 할 수 있다)(Huntington 1968).

불과 30-40년 전에 서구 지식사회가 주도한 근대화론이 이론적으로나 경험적으로 제3세계의 현실 속에서 파산한 기억이 생생함에도 불구하고 한국 민주주의론이 민주화 직후에 공고화론에 빠져 든 데에는 민주화 직후 한국 사회에 팽배했던 낙관적 전망, 그리고 독자적 민주주의론의 빈곤이 작용하고 있었다. 민주화 이후의 낙관적 전망은 충분히 이해할 만한 것이었다고 할 수 있다. 비록 민주화가 권위주의 세력과 민주화 추진세력 사이의 제한적 타협에 의해서 이루어졌고 또한 민주화 직후의 정치질서를 지배하게 된 것은 구체제의 계승자였지만, 수십 년간 추진해오던 민주화의 기본적 외양이 갖춰진 데에 따른 성취감과 해방감이 낙관적 전망으로 이어지는 것은 자연스런 결과였다고 할 수 있다. 비단 우리의 경우뿐만 아니라, 다수의 신민주국가와 중심부 지식인들 사이에서 이른바 민주화의 제3의 물결 이후의 낙관주의는 매우 광범하게 유통되고 있었다.

미국을 위시한 중심부 국가들 내의 이른바 "민주주의 확산그룹"(democracy promotion circle)내에서 제3의 물결 이후 민주화의 낙관주의는 다양한 형태로 나타났다. 마치 1950-60년대의 근대화 사업을 연상케 하듯이 이들은 다양한 출판물과 지식 유통경로, 심지어 제3세계 국가들에 대한 민주주의 지원 사업 등을 통해서 공고화의 요건이라고 할 만한 구조적 조건들(법치의 안정화, 대의제도의 확립, 시민사회의 활성화 등등)의 안정화에 많은 노력을 경주하게 되었다. 이들의 논의는 나아가 민주주의의 확산과 안정을 통해서 전 세계적인 평화를 추구한다는 이른바 "민주평화론"으로까지 나아갔다(Brown et al. 1996). 민주주의 국가들끼리는 서로 전쟁과 갈등을 빚는 가능성이 적다는 전제에서 출발하여, 전 세계적으로 민주주의가 확산되고 안정화되면 그만큼 전쟁과 분쟁의 가능성은 낮아지고 평화가 가능하다는 주장은 1990년대 이후 민주주의론 뿐만 아니라 국제정치학의 지배적인 화두로 떠오르게 되었다. 하지만 근대화론이나 공고화론과 마찬가지로 민주평화론 역시 동유럽과 아프리카 지역 등에서의 분쟁과 갈등의 확산에 따라서 현실에서는 적지 않게 외면당하게 되었다.

민주화 이후의 낙관적 분위기와 더불어 단선적 발전관으로서의 공고화론이 널리 유통되어진 또 다른 배경은 우리의 경험과 역사에 기반한 독자적 민주주의 개념이 미진한 데에 있었다. 1987년의 민주화 이행 당시에 민주화에 헌신하던 민주세력이 실로 다양한 집단들의 거대한 집합체였던 바에서 보이듯이 민주화 세력 내에서 지배적인 위치를 굳히고 있는 민주주의의 요건, 전망에 대한 개념은 사실상 부재했다. 급진적 경제사회적 평등이 민주주의라고 믿는 분파에서부터 자유와 경쟁이 보장되는 자유주의적 정치질서가 보장되는 것으로 민주주의가 보장된다고 이해하는 분파에 이르기까지 다양한 관점과 전망들이 제기되고 있었다.

이러한 상황에서 미국에서 주로 개발된 민주주의 공고화론은 한국의 지식사회에서 매우 빠르게 확산되었다. 린쯔, 스테판, 셰보르스키, 오도넬, 화이트헤드 등 1970-80년대 이후 남유럽, 남미 지역의 민주화 과정에 대한 면밀한 분석을 시도하던 이들이 주도한 민주주의 공고화론은 1987년 이후 한국 사회과학에서 급속히 영향력을 확장했다고 할 수 있다(Linz and Stepan 1996, Przeworsky 1991 ; O'Donnell 1993 ; Whitehead 2002). 1987년 이후 10여 년간 이렇게 수입된 공고화론에 기초한 숱한 노력들이 한국 민주주의의 현실과 미래를 점검하는 데 기울여졌다 (최장집·임현진 1997 ; 임현진·송호근 1995).

그러나 이러한 공고화론은 수십 년 전 근대화론의 운명과 마찬가지로, 현실의 변화에 따라서 지지되기 어려운 것이었다. 민주화 이후 20여 년간 적지 않은 진전이 한국 민주주의 현실 속에서 이루어진 것은 사실이지만, 한국 민주주의는 다수가 동의할 만큼 안정화되고 공고화되었다고 말하기는 어렵다. 자유로운 경쟁과 그에 따른 주기적인 정권교체가 지리 잡은 것은 분명하지만[1] 한국 민주주의 현실 속에는 공고화된 체제의 특성이라고 말하기 어려운 적지 않은 회색지대가 남아 있다. 예를 들어 정치제도의 측면에서 보더라도, 민주주의의 핵심을 이루는 정당들 대부분은 시민사회에 깊이 뿌리내리지 못한 채 분열과 통합을 반복하고 있다. 심지어 정치세도의 가장 근본을 이루는 헌법의 여러 조항에 대해서도 보수와 진보의 이념적 입장에 따라

---

1 쉐보르스키나 헌팅턴은 민주화 이후의 경쟁적 선거에서 최소 2회의 정권교체가 이뤄지면 민주주의가 유일한 게임의 법칙으로 사리 잡게 되고, 그에 따라서 민주주의가 공고화되었다고 말할 수 있다고 주장한 바 있다. 그러나 선거민주주의가 권력을 선출하고 정부를 구성하는 유일한 방식으로 확고하게 자리 잡은 것과 행태적·제도적·규범적 차원에서 민주주의의 제도와 관습이 뿌리내린 상태는 분명하게 구분되어야 한다. 선거민주주의의 정착이 공고화의 한 측면임은 틀림없지만, 공고화는 이보다 훨씬 포괄적인 차원에서의 변화를 필요로 하는 것이 분명하다.

서 그 조항의 실효성이나 규범성에 대해서 근본적인 의문이 제기되고 있다. 한편에서는 헌법상의 영토조항이나 국가정체성에 관련된 부분을 근본적으로 수정해야 한다는 견해가 힘을 얻고 있는 반면에 다른 한편에서는 헌법상의 경제조항을 대폭 수정해야 한다는 주장이 끈질기게 제기되고 있다. 다시 말해 정치제도의 근간을 이루는 현재의 헌법조차 폭넓은 정당성을 확보하고 있다고 말하기는 쉽지 않은 상태에 놓여 있는 셈이다(양건 외 2008 ; 함께하는 시민행동 2007). 이와 같은 한국 민주주의의 회색지대는 비단 정치제도의 차원뿐만 아니라 시민과 정치 엘리트들의 행동규범의 차원이나 문화의 차원에서도 발견되고 있다고 할 수 있다. 정리해서 말하자면, 한국 민주주의가 러시아나 베네수엘라의 현실만큼 퇴행한 의사민주주의 상태에 있다고 할 수는 없지만, 공고화된 민주주의와 막 이행이 이뤄진 신민주주의 사이에 폭넓게 걸쳐 있는 민주주의의 회색지대에 머물고 있는 것은 분명하다(장훈 2009, 2010).

즉 공고화론이 처음 제기하던 바와 같은 낙관적 전망에 따라서 신민주주의가 공고화된 상태로 일직선으로 성숙하지는 않는다는 인식이 한국의 민주주의론에서도 서서히 힘을 얻고 있다고 할 수 있다. 예컨대 조희연은 한국 민주주의를 복합적 갈등이라는 관점에서 접근해야 한다고 주장하면서,

> 우리는 '복합적 갈등'이라는 개념을 통해 민주화 과정이 모든 문제를 해결하는 유토피아적 과정이 아닐뿐더러 일거에 정치적 안정을 가져오기보다는 다종다양한 갈등을 수반하고, 그 갈등을 통해서 노정된 문제

를 해결하기 위한 합의에 도달해야만 하는 지난한 과정임을(2008, 8)

믿는다는 것이다. 이처럼 한국 민주주의 현실이 낙관적이고 단선적인 발전경로를 따라가기보다는 민주주의의 고통스런 회색지대에 머물러 있다는 인식은 진보진영의 또 다른 주요 흐름을 대표하는 이른바 창비 그룹에서도 지적되고 있다. 예를 들자면 김종엽은

> 민주화가 난항을 겪으면서도 꾸준히 진전되어 왔지만..... 권위주의적 산업화를 추진했던 세력과 민주화 세력 사이에 일정 정도 힘의 균형이 형성된 체제라고 할 수 있다. 그런데 이 힘의 균형이란 갈등하고 투쟁하는 두 세력 간의 현 상태를 관찰자 시점에서 평가한 것일 뿐, 우리가 경험하는 것은 매우 지루하고 고통스러운 참호전 양상이다(2009)

라고 파악하고 있다.

이처럼 민주화 이후의 민주주의가 단선적인 발전보다는 복잡한 진전과 퇴행을 거듭하면서 변화하는 장기적인 과정이라는 인식은, 처음에 공고화론을 주도했던, 미국의 주류 사회과학계에서도 점차 확산되고 있는 실정이다. 예를 들면, 이른바 미국의 민주주의 확산 프로젝트에 오랫동안 관여해 온 캐러더스는 1990년대 이후의 민주주의 공고화론이 신민주주의 국가들의 다양한 현실을 충분히 포착하지 못하는 까닭은 기본적으로 기존의 공고화론이 이른바 단계론(sequencing paradigm)의 시각에 갇혀 있기 때문이라는 것이다(Carothers 2002). 캐러더스는 민주주의 공고화론의 낙관적 기대와는 달리, 다수의 신민주

주의 국가에서 퇴행적 현상(러시아, 베네수엘라) 혹은 반자유주의적 민주주의(illiberal democracy)가 벌어지는 현실은 공고화론의 이론적 적실성을 위협한다고 본다. 그는 공고화론이 안고 있는 단계론의 특성은, 독재로부터의 탈피가 곧 민주주의를 향한 진전이라고 보는 한계, 민주화는 개방-결정적 분기-공고화의 단계를 거치면 진행된다고 보는 단선적 시각의 한계, 성숙한 민주주의의 구조적 요건을 상대적으로 경시하는 경향이 바로 공고화의 낙관적 전망으로 이어지게 되었다는 점을 지적하고 있다. 따라서 신민주주의 국가의 다양하고도 복합적인 현실을 충분하게 이해하기 위해서는 단선적 단계론보다는 독재와 안정된 민주주의 사이에 폭넓은 중간지대가 존재하고 이러한 중간지대는 불안하고도 가변적인 상태라는 점을 인정하는 점진론(gradualism)으로 전환할 것을 제안하고 있다. 결국 근대화론이 겪었던 운명처럼 단선적 발전관으로서의 공고화론 역시 빈약한 현실적합성으로 인하여 이론적 지위가 위협받는 지경에 이르렀다고 할 수 있다.

공고화론의 단선적 발전관을 기각한다고 할 때 우리는 새로운 중대한 질문에 직면하게 된다. 만일 민주화 이후의 민주주의가 걸어가는 경로의 미래가 개방적이며 균질적이기보다는 복합적이고 다양한 양상이 벌어지는 과정이라는 점을 인정하게 될 때, 우리는 몇 가지 방법론적 질문과 마주하게 된다. 무엇보다 쉽게 떠오르는 문제는 몰가치적 상대주의의 위험성일 것이다. 민주주의가 확고부동한 목표를 향해 가는 과정이라기보다는 개방적인 과정이라는 점을 인정하는 순간, 우리는 안정된 민주주의와 전(前)민주주의 체제 사이의 폭넓은 회색지대에 머물러 있는 여러 현실을 정당화하려는 유혹에 빠지기 쉽다.

예컨대 민주화 이후 20여 년간 한국 민주주의가 민주주의의 기본 요건을 상당부분 충족했다고 보는 관점(예를 들면 대한민국 선진화론)이나 혹은 한국 민주주의가 이른바 정보사회의 기술환경에 부응하는 방식으로 신유목민주주의로 진화하고 있거나 진화해야 한다고 보는 관점(신유목민주주의론) 등은 이러한 가치중립적 민주주의론으로 흐를 위험을 적지 않게 안고 있다고 할 수 있을 것이다(임혁백 2009).

하지만 민주주의의 진화과정이 단선적 과정이라는 인식에 대한 반성이 일어나고 있음에도 불구하고 여전히 한국 민주주의론의 전반적인 특징은 강렬한 규범주의에 있다고 할 수 있다. 사르토리가 지적한 바와 같이, 여느 정치체제에 대한 논의보다도 민주주의에 대한 논의는 규범과 현실 사이의 긴장을 주요한 특징으로 갖게 되는데, 민주화 이후 20여 년간 한국 민주주의론을 지탱하는 중대한 성격은 강렬한 규범주의에 있다고 하겠다. 예를 들자면 민주화 과정이 복합적이고 중층적인 과정이라고 이해하는 조희연과 동료연구자들 역시 민주주의는 정치적·경제적·사회적 독점을 해체하는 과정이라고 파악하고 있다(2008, 17-19). 구체적으로 말해 사회경제적 독점의 '독재적 결합'이 해체되고 다시 민주주의라는 형식 속에서 재결합되는 복합적 갈등과정이 바로 민주주의의 심화과정이라는 것이다. 이를 통해서 '사회경제적 하위주체들과 민중들이 자신들의 사회경제적 문제가 해결될 수 있다고 느낄 때' 비로소 민주주의는 지속가능해진다는 것이다.

이 같은 주장에서 사회경제적 하위주체 혹은 민중이라는 주체가 사회과학적으로 정교하게 정의될 수 있고 한국 사회 현실 속에서 이들이 정체성을 갖춘 의미 있는 행위 주체인가라는 질문은 차치하더라도, '독재적 결합의 해체'와 '민중들이 자신들의 사회경제적 문제가 해결될 수 있다고 느끼는' 상태로서의 민주주의는 애매하게 설정되어 있는 모호한 규범상태일 수밖에 없다. 다시 말해 민중이라는 주체의 범주, 이들에게 절실한 사회경제적 문제의 범주와 내용, 그리고 이들이 사회경제적 문제가 해결될 수 있다고 느끼는 주관적 판단이나 효능감 등은 한결같이 엄밀하게 정의되고 토론 가능한 개념이라고 말하기는 어렵다.

정리해서 말하자면 우리가 20여 년의 민주주의의 역사를 축적하면서 민주주의에 대한 논의에 있어서도 의미심장한 변화가 일어났다고도 할 수 있다. 민주화 초기 민주주의론을 지배하던 이른바 공고화론이라는 단선적 발전관이 지닌 근본적 한계에 대한 인식은 점차 확산되고 있는 실정이다. 그러나 단선적 발전관에 대한 비판이 곧 개방적 과정으로서의 민주주의 심화과정에 대한 만족스런 논의로 이어져 온 것은 아니다. 단선적 발전관을 비판하면서도 여전히 한국 민주주의론은 강렬한 규범주의의 영향 아래 있다고 할 수 있다. 강렬한 규범주의는 한편으로 규범적 목표에 대해서 단지 느슨하고 모호하게 논의하는 한계로 인하여 민주주의 현실에 대한 비판과 미래 목표를 설득력 있게 제시하는 데에 난점을 겪고 있다. 또한 강렬한 규범주의의 느슨한 논의는 민주주의라는 개념을 통해서 담으려는 규범의 발칸화를 불러오고 있으며, 이는 민주주의의 규범과 이상에 대한 이성적 대화에 적지 않은 장애로 작용하고 있다.

III. 보편이론과 특수 경험 사이의 긴장

우리가 근대체제에 편입된 이후부터 현실과 의식의 두 차원에서 우리에게 끊임없는 자기 질문과 점검을 강요하는 문제가 보편과 특수 사이의 긴장이라고 할 수 있다. 타율적 방식으로 근대질서에 편입되고 이후 굴곡진 근대로의 길을 걸어오면서, 중대한 고비마다 우리는 보편과 특수 사이의 긴장이라는 문제와 마주하고 또한 이러한 긴장을 나름대로 해소하기 위한 선택을 계속해왔다.

1987년 민주화 이후의 민주주의론 역시 처음부터 보편과 특수 사이의 긴장이라는 문제와 씨름해 왔다고 할 수 있다. 보편과 특수의 문제는 사실 앞에서 논의한 바 있는, 단선적 발전관 대 개방적 경로라는 이항대립의 차원과 적지 않게 중첩되면서도 또한 별개의 논의거리들을 안고 있다.

이 글에서 우리가 한국 민주주의론이 포괄하는 보편주의적 지향과 특수주의적 관점의 다양한 갈래들을 종합적으로 검토하기는 어렵다. 따라서 우리는 한국 민주주의론의 주요한 한 갈래를 이뤄온 이른바 정당 중심의 민주주의론(최장집)을 통해서 한국 민주주의론이 안고 있는 보편과 특수의 긴장이 야기하는 이론적, 현실적 쟁점들을 검토해보려 한다.

최장집의 정당중심 민주주의론은 국가–정치사회–시민사회의 삼분구조 속에서 정당의 위상과 역할에 대한 분석을 시도하는 거시적

접근이라고 할 수 있다. 이처럼 구조적 차원에서 문제를 접근할 뿐만 아니라, 거시접근은 또한 당대의 정당현실에서 적실성 높은 연구문제에 집중하고 있는 것이 사실이다. 거시접근의 중핵을 이루는 연구문제는 대체로 지역주의 정당들에 의한 정당정치의 독과점 현상과 계급정당의 부재현상이라고 할 수 있다. 그동안 정당연구에 대한 실증적 접근이 주로 지역주의 투표의 양상이나 지역주의 투표의 등락이라는 미시적 문제에 초점을 맞추는 반면, 거시접근은 지역주의 정당 독과점 현상의 저류에 자리잡은 정치적, 사회적 요건들을 강조하고 있다.

거시접근이 보다 적실성 있는 연구문제를 강조하고 있음에도 불구하고 한국정당정치의 현실에 대한 적실성 높은 이해를 가로막고 있는 것은 서구중심적 역사관이다.[2] 이 접근은[3] 20세기 초반 서유럽의 몇몇 산업사회에서 출현하였던 계급균열구조 중심의 대중정당체제를 정당정치의 이상적인 상태로 상정한다. 따라서 이러한 접근의 주된 관심은 민주화 이후 한국의 시민사회와 정당정치가 빚어내는 현실에 대한 분석과 개념화보다는, 한국에서 왜 계급균열중심의 대중정당체제가 출현하지 못하고 있는가의 문제에 집중하고 있다. 20세기 초반 중심부 자본주의 사회 내부의 갈등구조를 토대로 서유럽의 민주화라는 변화의 공간에서 출현하였던 대중정당이 21세기 후발 주변부 자본주

---

2 장훈 (2009, 6-7)에서 인용.

3 최장집의 일련의 저작에서 가장 일관되고 체계적인 형태로 제시된 바 있는 대중정당 중심의 '강한 정당론'은 구조-역사접근론, 계급정당론, 진보정당추진론을 중심으로 폭넓게 수용되고 있다. 강명세 (2006), 박찬표 등의 논의를 대표적인 예로 꼽을 수 있다.

의 사회라는 전혀 상이한 시간적·공간적 맥락의 한국 사회에서 재현되기를 기대하고 있다는 점에서, 이 접근은 유럽의 역사가 공간과 시간을 넘어서 보편적으로 실현될 수 있다는 믿음에 기초해 있다.

하지만 유럽중심주의라는 시각은 실제로는 후발 주변부 사회의 현실에 의해서 배반당해 왔고, 당연히 한국 사회의 현실과도 동떨어져 있다(강정인 2004; 고부응 2005; 아리기 외 1998). 중심부 자본주의의 힘에 의해서 왜곡된 사회관계를 갖게 되는 주변부 자본주의 사회에서, 노동-자본의 균열구조가 견실한 조직을 갖춘 대중정당에 의해서 대표되는 강한 정당체제가 등장한 사례는 거의 찾아보기 어렵다.[4] 여기에 더해서 분단체제의 특성과 아울러 지구화라는 새로운 변동의 압력을 받고 있는 한국 사회가 고전적인 대중정당을 정착시킬 하부구조를 갖고 있다고 보기는 어렵다.

자본주의 사회의 계급정치라는 보편성이 부정될 수는 없다. 그러나 현실에서 실현되는 계급정치는 공간적, 시간적 맥락에 따라 변형되는 복수의 계급정치들로 존재하며 계급정치가 정당정치에 반영되

---

4 "다른 나라에서 일반적으로 발견되는 것처럼 정치갈등의 영역을 전국적으로 최대화하는 계층적, 직능적·기능적 이익과 균열을 따라 대중을 동원하는" 정당정치가 성립된다는 최장집의 주장은 과장된 것이고 주변부의 현실에 부합하지 않는다. 예컨대 남미와 아프리카, 아시아의 주변부사회에서 대중정당은 지극히 예외적으로만 출현하였을 뿐, 대부분 진보정당들은 이념적 희석, 취약한 조직과 허약한 사회적 기반에 시달려왔다. Mainwaring(1999); Randall(1988).

는 양식에는 다양한 경로가 존재하는 셈이다.[5] 따라서 우리 사회가 사회적 기반이 공고한 정당체제를 갖추게 되더라도 그 구체적인 모습은 지구화에 따른 새로운 사회적 갈등구조와 분단체제라는 특성 위에서 실현될 뿐, 20세기 초반 영국, 프랑스, 독일의 대중정당체제가 재현될 수는 없다.

이와 같은 보편적 (혹은 일반적) 흐름과 한국적인 경험 사이의 긴장은 정당과 민주주의의 관계에만 국한되지 않고, 한국 민주주의론의 다양한 차원과 측면에서 걸쳐서 두루 논의가 가능할 수 있을 것이다.

최근 신민주주의 국가들이 다양하고도 복합적인 현실에 부딪치면서 공고화론이라는 낙관적 전망이 힘을 상실하는 흐름은 일견 보편적 관점의 후퇴라고 할 수도 있다. 다만 우리가 개별국가들의 고유한 민주화 경험을 다양하게 목격하면서 떠올릴 수 있는 문제는 과연 일반화나 패턴을 발견하려는 시점(視點)을 어디에 둘 것인가라는 것이다. 한국의 민주화 경험에만 초점을 맞추는 것이 지나치게 좁은 의미에서 특수성을 강조하는 것이라면, 동아시아의 발전국가의 경험을 쌓은 국가들을 하나의 범주로 설정하는 것은 과연 적정하고 일정한 비교분석의 틀을 제공하는가? 혹은 조금 더 범주를 넓혀서 동아시아 민주주의의 현실을 비교분석하는 틀은 가능한 것인가?

이러한 공간적 분석의 차원뿐만 아니라 민주주의의 특정한 측면

---

5 영(Young)은 유럽이 걸어온 역사의 보편성을 믿는 대문자 역사(History)에서 탈피하여 차이가 인정되는 다양한 역사 경로를 받아들이는 것이 유럽중심주의를 극복하는 출발이라고 본다. 로버트 영(2008, 20).

들, 예를 들자면 정당정치 혹은 법치주의 혹은 중앙-지방의 분권에 초점을 맞출 때 우리는 공간적 범주를 넘어서 민주주의의 경험을 비교하고 좀 더 일반화하는 관찰과 명제에 도달할 수 있는가?

IV. 개념의 갱신과 소통 가능성 사이의 긴장

보편과 특수 사이의 긴장과 무관하지는 않지만, 다소 구분되는 차원에서 연계 되어 있는 민주주의론 내의 또 다른 긴장이 개념의 갱신과 소통가능성 사이의 문제이다. 민주주의라는 말에는 그 역사만큼이나 오랜 기간 동안 숱한 관용적, 제한적 수사(修辭)나 개념이 결합되어 왔다. 한국적 민주주의라는 말에서부터 교도적 민주주의 등의 개념들이 오랜 역사를 지녔다면 최근에는 오도넬이 내세운 위임형 민주주의(delegative democracy)나 반자유적 민주주의(illiberal democracy)라는 개념들이 신민주주의 국가들이 펼쳐 보이는 다양한 현상들을 포착하기 위해서 고안되고 통용되곤 했다. 이러한 민주주의라는 말 앞에 붙는 관용어나 수사들은 때로는 이데올로기적 필요에 따라서, 때로는 분석의 범주를 명확히 하려는 노력의 결과로서 나타나곤 했다.

한국 민주주의론이 그간의 노력을 통해서 드러낸 하나의 특징을 꼽으라면, 우리 민주주의 고유의 특성을 포착하기 위해서 끊임없이 다양한 관점에서 개념적 창안에 노력해 왔다는 점이다. 최장집은 오도넬의 주장에 근거해서 위임민주주의라는 개념을 흔히 쓰고 있으며,

조희연은 한국 민주주의가 안고 있는 핵심과제를 정치적·경제적·사회적 독점을 해체하는 과정으로 보고 그에 따른 민주주의의 지속적 심화과정을 "사회중심적 민주주의(론)"이라고 표현하고 있다.

이러한 개념적 창안들은 한편으로 기존의 서구중심적 경험에 기반한 민주주의론의 한계를 넘어서려는 시도로서의 의미를 갖고 있지만, 동시에 사회과학적 언어로서의 엄밀함을 잃을 수도 있는 위험을 안고 있다. 예컨대 조희현이 제기한 바 있는 '사회중심적' 민주주의는, 그 자신은 '제도중심적 민주주의'에 상대되는 개념으로서 사용하고 있지만 그것이 가리키는 범주는 상당히 모호한 셈이다. 제도와 상대적인 개념으로서의 '사회중심'을 말한다면, 그것이 시민사회 차원의 의식이나 관습·규범을 말하는 것인지, 혹은 국가에 상대되는 개념으로서의 사회중심적 민주주의를 말하는 것인지 분명하지 않다고 할 수 있다.

콜리어와 레비츠키가 지적한 바 있듯이(Collier and Levitzky 1997), 신민주주의 국가의 경험에서 포착되는 신민주주의의 특성이 새롭게 등장할 때마다 우리가 민주주의라는 말에 새로운 관형어를 붙여나간다면 우리는 개념상의 게리맨더링의 악순환에 빠질 수도 있다. 이러한 개념적 게리맨더링은 한편으로 비교분석과 그 나름대로 일반화를 가로막는다는 점에서 개념적 창안이 아닌 개념적 혼란을 유발할 수도 있다. 그리고 이러한 개념적 혼란은 궁극적으로 우리가 민주주의론에서 가장 흔히 부딪치는 문제라고 할 수 있는 개념상의 소통 장애를 악화시킬 수 있다.

참고문헌

강명세. 2006. 『한국의 노동시장과 정치시장』. 서울 : 백산서당.

강정인. 2005. 『서구중심주의를 넘어서』 서울 : 아카넷.

김경만. 2007. "독자적 한국 사회과학, 어떻게 가능한가?, 몇 가지 전략들." 『사회과학 연구』 15집 2호.

김경만. 2008. "사회과학에 대한 부르디외의 성찰적 과학사회학, 성과와 한계." 『사회과학 연구』 16집 2호.

김상환. 2005. "달근대의 동양과 서양, 현대 철학사에 대한 헤겔식 농담." 『철학과 현실』 2005년 여름호.

김종엽 편. 2009. 『87년 체제론』. 파주 : 창비.

김철수. 2003. 『한국입헌주의의 정착을 위하여』. 서울 : 법서출판사.

김호기. 2007. 『한국시민사회의 성찰』. 서울 : 아르케.

박기덕. 2006. 『한국민주주의의 이론과 실제』. 서울 : 한울아카데미.

손호철. 1999. 『신자유주의시대의 한국정치』. 서울 : 푸른숲.

손호철. 2009. "'한국체제' 논쟁을 다시 생각한다, 87년 체제, 97년 체제, 08년 체제론을 중심으로." 『한국과 국제정치』 25집 2호.

임혁백. 2009. 『신유목적 민주주의』. 파주 : 나남.

장 훈. 2009. "민주화 20년의 정당정치." 『한국과 국제정치』.

______. 2010. 『20년의 실험, 한국 정치개혁의 이론과 역사』. 파주 : 나남.

양건 외. 2008. 『새로운 헌법 필요한가?』. 서울 : 대화문화아카데미.

임현진·송호근. 편. 1995. 『전환의 정치, 전환의 한국 사회』. 서울 : 사회비평사.

정일준. 2007. "87년 체제는 없다." 비판사회학 대회 발표논문. 서울 : 연세대.

조지형. 2010. "87년 헌법의 역사화와 시대적 소명." 헌법과 민주주의 포럼 학술회의 발표논문.

조희연. 2004.『비정상성에 대한 저항에서 정상성에 대한 저항으로』. 서울 : 아르케.

—— 편. 2008.『복합적 갈등속의 한국 민주주의』. 서울 : 한울.

최장집·임현진 편. 1997.『한국 사회와 민주주의, 한국 민주화 10년의 평가와 반성』. 서울 : 나남.

함께하는 시민행동. 2007.『헌법 다시보기, 87년 헌법, 무엇이 문제인가?』 파주 : 창비.

사르토리. G. 1999.『민주주의 이론의 재조명』 고양 : 인간사랑.

영, 로버트(Young, Robert). 2008.『백색신화, 서양이론과 유럽중심주의 비판』 부산 : 경성대학교 출판부.

Brown, Michael et al. 1996. *Debating Democratic Peace.* Cambridge, MIT Press.

Carothers. Thomas. 2002. "The End of Transition Paradigm," *Journal of Democracy.* Vol. 13.

______. 2007. "The "Sequencing Fallacy." *Journal of Democracy*, Vol. 18, No. 1(January).

Collier, David and Steven Levitsky. 1997. "Democracy with Adjectives, Conceptual Innovation in Comparative Research." *World politics*, Vol. 49, No. 3 (April).

Diamond, Larry and Kim, Byoung-Kook. eds. 2000. *Consolidating Democracy in South Korea*. Boulder : Lynn Reiner.

Diamond, Larry and Shin Doh Chull. eds. 2000. *Institutional Reform and Democratic Consolidation in Korea*. Stanford : Hoover Institution Press.

Huntington, Samuel. 1968. *Political Order in Changing Societies*. New Haven : Yale University Press.

Linz, Juan and Alfred Stepan. 1996. *Problems of Democratic Transition and Consolidation*. Baltimore : Johns Hopkins University Press.

Mainwaring, Scott. 1999. *Rethinking Party Systems in The Third Wave of Demcratization*. Stanford : Stanford University Press.

O'Donnell, Guillermo. 1993. "On the State, Democratization and Some Conceptual Problems." *World Development* 21(8).

Przeworsky 1991. *Democracy and Market*. New York : Cambridge University Press.

Snyder, Jack. 2000. *From Voting to Violence, Democratization and Nationalist Conflict*. New York : Norton.

Whitehead, Laurence. 2002. *Democratization, Theory and Practice*. Oxford, Oxford University Press.

2장

지구화와 민주적 정당성의 위기* :
새로운 민주주의 담론을 위한 이론 탐색

박성우(중앙대학교)

Ⅰ. 민주적 정당성에 대한 새로운 도전

어느 정치공동체에서나 공동체의 유지와 발전을 위해서 구성원들을 일정한 방식으로 규율하고 규제할 필요가 있다는 것, 즉 넓은 의미의 통치가 필요하다는 사실에 대해서는 대체로 이견이 없다. 그러나 통치의 형식과 내용에 대해서는 의견이 분분하다. 통치가 정당성을 획득하려면, 공동체의 구성원들이 통치의 필요성과 함께, 그들을 규율

* 이 논문은 〈정치·정보연구〉 제14권 1호(2011)에 게재된 것임.

하고 규제하는 통치의 형식과 내용을 스스로 인정해야 한다. 그럼 현대 민주 국가에서 구성원들이 통치의 정당성을 인정하는 방식은 어떠한가? 어떤 경우에 현대 국가의 통치가 민주적 정당성을 획득하는가? 전통적으로 민주적 정당성은 구성원들이 통치, 즉 지배의 형식과 내용을 스스로 결정한다는 자기지배, 혹은 자치(self-rule)의 원리에 의해 획득된다고 믿어져 왔다.

그러나 최근 들어 많은 현대 국가가 민주적 정당성 추구에 있어서 새로운 국면을 맞이하게 되었다. 현대 국가가 전통적인 의미의 국민국가에서는 예기치 못했던 낯선 현상들에 직면했기 때문이다. 즉 현대 국가가 행하는 많은 민주적 결정이 그 국가의 경계를 넘어 다른 공동체의 구성원들에게까지 영향을 미치게 되면서, 일국의 민주적 정당성의 한계와 책임성 문제가 대두된 것이다. 비근한 예로 최근 일본 대지진에 의한 원전 사고는 일본뿐 아니라 인접국의 안전에도 심각한 우려를 낳고 있다. 그럼에도 불구하고 일본이 원자력 발전소를 건설하기로 한 결정은 주변국의 의사를 물을 필요가 없는 자치의 원리에 충실한 민주적 결정이라고 할 수 있다. 마찬가지로 어느 주권 국가가 인플레이션이나 환율 불안을 저지하기 위해 이자율을 높였다면, 그것이 설령 세계 경제에 막대한 영향을 미친다고 하더라도, 원칙적으로 이 주권 국가의 결정에 다른 나라가 간섭할 수 없다. 열대 우림의 벌채를 허가하는 결정은 어떠한가? 이 역시 지구 전체의 생태계에 심각한 영향을 미칠 수 있는 전 지구적 사안임에도 불구하고 민주적 정당성의 관점에서 그 결정이 해당 국가의 독자적인 민주적 의사의 범위 안에 있다면 문제가 되지 않는다. 요약하면, 기존에 국민국가의 정당한 권한으로 간주되어 왔던 다양한 결정들이 이제 책임성의 차원에서 새로운 국면에 접어들었고, 이에 따라 민주적 정당성도 새롭게 정의될 필요가 생긴 것이다(헬드 2010, 54-5).

이제 국민국가의 경계를 초월하는 다양한 이슈들에 대한 정책결정 과정에 폐쇄적인 단위체인 국민국가의 구성원만 참여시키는 것은 적절하지 않다는 것이다. 예컨대 재생 불가 에너지의 사용, 핵폐기물처리, 금융흐름의 관리, 대량살상 무기의 판매 및 유통, 무역규칙, 에이즈 문제 등을 결정하는 데 누구의 동의가 필요하며, 누가 정책 결정 과정에 참여해야 하는가? 이런 초국가적, 지구적 이슈들도 과거와 같이 국민국가의 구성원들에게만 결정을 맡길 것인가? 만약 어느 한 국민국가에서 취해진 의사결정이 잠재적으로 그 국가를 넘어 수많은 사람들의 생사에 막대한 영향을 미칠 수 있는 것임에도 불구하고 그들 중 다수가 의사결정 과정에 참여하지 못한다면 정당한 지배가 이뤄졌다고 볼 수 없다. 전통적으로 민주적 정당성이 자신의 삶에 영향을 미치는 결정에 참여할 수 있다는 것에서 마련된 것이라면 인간 행위의 실질적 영역이 전 지구적으로 확대되면서 이제 특정 공동체의 자치원리를 바탕으로 이뤄지는 민주적 정당성에 근본적인 수정이 불가피하다.

다시 말해 전통적인 의미의 민주적 정당성이 수정될 필요성은 특정 공동체의 민주적 결정이 그 결정에 참여하지 못한 인간들에게 심각한 영향을 미친다는 사실로부터 비롯된다. 그런데 민주적 결정에 참여하지 못했으면서도 그 결정에 심각한 영향을 받는 인간은 국경밖에만 존재하는 것이 아니다. 인구의 유입과 이동이 가속화되고 있는 지구화 현상에 따라 이미 오늘날 대부분 현대 국가의 경계 안에는 과거와는 비교할 수 없을 정도로 많은 숫자의 '이방인들'(이주노동자, 외국인 장기 체류자, 결혼 이주민)이 들어와 있다. 이들 '이방인들'은 전통적인 국민국가의 성원이 아닌 '비시민'(non-citizens)이므로 자치의 주체, 민주적 결정의 주체가 될 수 없다. 그럼에도 불구하고 이들이 자신의 운명을 결정하는 의사 결정으로부터 완전히 배재되는 것이 민주적 정당성의 원리에 충실한 것이라고 보기 어렵다. 동질적인 구성원을 전제로 한 기존의 국민국가적 민주적 정당성 이론으로는 포괄할 수 없는 새로운 현실에 직면한 것이다.

본 논문은 지구적 이슈의 등장, 노동과 자본의 급속한 이동, 그리고 과학기술의 발전 등 지구화로 대변되는 새로운 현실에 직면해서, 현대 국가의 민주적 정당성 추구에 어떤 변화가 생겼는지 그리고 이에 대해 이론적으로 어떤 대안들이 제시되고 있는지 검토하고자 한다. 이러한 이론적 대안들에 대한 검토는 변화하는 세계에 대한 실천적 적응에 앞서 선행되어야 하는 이론적 탐색이다. 과학기술, 노동, 금융, 경제체계, 문화 등 광범위한 영역에서 진행되고 있는 지구화로 인해, 국민국가의 경계 안팎에서 벌어지고 있는 다양한 현상들은 적어도 세가지 차원에서 민주적 정당성의 수정을 요구하고 있다.

첫째, 전통적으로 민주적 정당성이 없었던 새로운 행위자들이 결정의 주체로 부상하게 되었다. 자본과 노동 시장의 지구화는 국민국가의 경계 밖의 행위자들을 결정 주체로 허용하게 되었다. 반면 기존에 민주적 정당성을 갖춘 시민들의 결정권은 상대적으로 축소되는 결과를 초래했다. 과거 국민국가는 자치의 원리에 기초한 민주적 정당성을 전제로 구성원들에게 정당한 권력을 행사해 왔다. 그러나 오늘날 많은 글로벌 권력은 이와 같은 민주적 정당성을 확보하지 않은 채 이미 개인들을 현실적으로 통제하고 있다. 자본 시장의 자유화로 인해 타국의 법, 다국적 기업, 국제기구 등 초국가적 기구들의 영향력이 특정 국가의 주권 행사에 영향을 미치는 일은 어렵지 않게 목격된다. 이런 행위자들의 영향력을 기존의 폐쇄적 공동체의 민주적 정당성으로는 결코 포용할 수 없다. 따라서 초국가적 특성을 반영하는 민주적 정당성 개념이 요구된다.

둘째, 국민국가의 경계 밖에서 일어나고 있는 환경, 원자력, 빈곤, 인권, 테러 등과 같은 지구적 이슈들의 부상 역시 기존의 민주적 정당성의 수정을 요구하고 있다. 과거의 폐쇄적인 정치공동체 구성원들로서는 참여가 제한되어 있었던 전 지구적 이슈들에 대해서도 결정권을 주장해야 한다는 것이다. 문제는 어떤 자격으로 경계 밖의 문제에 대해서 결정권을 주장하며, 또 구체적으로 어떤 방식으로 결정권을 행사할 수 있는가 하는 점이다. 이러한 점도 폐쇄적인 하나의 공동체만을 상정했던 기존의 민주적 정당성 이론으로는 수용할 수 없는 내용이다.

마지막으로 국민국가의 경계 안에서도 기존의 민주적 정당성에 대한 수정이 요구된다. 앞서 언급한 바와 같이 지구화, 특히 노동의 유입과 이동은 경계 안에서 전통적으로 민주적 결정 과정에서 배제되어 온 공동체의 새로운 구성원들이 자신들의 삶에 영향을 미치게 될 결정에 참여하기를 요구하고 있다. 기존의 구성원들, 특히 민주적 정당성 원리에 입각해서 자기 지배를 추구해 온 민주적 구성원들의 경우,

이미 경계 안에 들어와 있는 비시민들(non-citizens)의 요구를 거부할 근거는 빈약하다. 이론적으로 개별 인간들이 공동체의 결정에 대한 자기지배를 요구할 수 있는 근거는 국가 성립 이전부터 인간으로서 향유할 수 있는 인권을 갖고 있었기 때문이다. 이러한 인간으로서의 권리는 특정 국민국가의 경계 안에 늦게 편입했다고 해서 무시될 수 있는 권리는 아니다. 따라서 이 공동체가 민주적 정당성을 추구하는 한, 이방인들의 결정 참여에 관한 주장은 늘 유효하다. 결과적으로 동질적인 구성원들을 전제로 하는 기존의 민주적 정당성 원리는 수정될 필요가 있다.

지구화와 이에 따른 새로운 현실이 민주적 정당성에 수정을 요구하고 있음에도 불구하고 이에 대해 적절히 대응하지 못하는 것은 실천적인 오류를 범하는 것일 뿐 아니라, 민주적 정당성 자체에 혼란과 위기를 초래할 수 있다.[1] 그렇다고 현대 국가가 국민국가의 속성을 완전히 포기하지 않는 한, 근대 이후 선택해 온 민주적 정당성의 추구 방식을 완전히 무시할 수도 없다. 그럼 이와 같은 지구화에 따른 민주적 정당성의 위기에 대처할 수 있는 방법은 무엇인가? 가장 즉흥적인 대응은 아마도 지구화 경향을 거부하고 그 영향력을 최소화하는 것이다. 글로벌 세력과 초국가적 기구들의 확장을 경계하며, 전통적인

---

1 지구화가 가속화되면서 국가주권의 원칙이 흔들리고 과거와 같은 견고한 국민 정체성이 유지되기 어려운 상황이 되었으며, 이에 따라 민주적 정당성이 위기를 맞이하고 있다는 것은 이미 많은 정치이론가들이 관찰하고 있다(ex. Tully 2002).

국민국가 요소를 복원하는 것이다. 이런 시도의 일환으로, 혹자는 현재의 지구화에 따른 지구적 상호 연계가 특별히 새로울 것이 없으며, 이러한 상호 연계성이 갖는 정치적 의미를 평가절하 하는 태도를 보이기도 한다.[2] 그러나 어느 한 국가의 통제권을 벗어난 지구적 경제 체제의 등장, 특정 국가가 제한적 영향력밖에 행사하지 못하는 초국적 관계와 커뮤니케이션 망의 확대, 지구적 안보 위협에 따른 군사 질서의 변환 등은 근대적 국민국가에 의한 국제질서와는 근본적인 차이를 보인다고 할 수 있다(Kegley and Wittkopf 1989, 511). 따라서 국민국가적 요소가 약화되고, 초국가적 행위자의 영향력 증대는 이제 거부할 수 없는 현실이 되었다.

이제 국민국가는 이와 같은 변화된 현실을 전제로 민주적 정당성을 모색할 필요성이 있다. 예컨대, 국민국가의 경계 안에 속해 있는 타자들의 권리가 어째서 보편적 인권으로 간주되어야 하고, 또 어떻게 이들의 권리가 민주적으로 보장받을 수 있는가 심도 있게 논의되어야 한다. 이러한 논의는 결국 시민권의 범위를 설정할 때, 어떤 원리로 배제와 포용이 결정되어야 하는가의 문제와 연관되어 있다. 지난 20여 년간 한국 민주주의 담론은 사회 현실의 변화에 맞춰 끊임없이 성장과 발전을 거듭해 왔다. 특히 시민 사회의 성장과 함께 제도적, 정치적

---

2 이런 견해에 따르면 조밀한 지구적 상호 연결 행태는 16세기 말 이후 세계경제의 초기 확장 및 근대 국가의 등장과 함께 이미 나타났다고 한다. 근대 내내 이미 국내 정치와 국제 정치는 상호 연관되어 있었다는 것이다(Gourevitch 1978).

민주화의 수준에서 벗어나 민주주의의 공고화와 사회적 정의의 차원에서 민주주의 담론이 성장해 왔다. 그러나 정작 지구화라는 현실 변화에 대해서 한국 민주주의 담론은 상대적으로 둔감하게 반응해 온 경향이 있다. 궁극적으로 한국 민주주의는 지구화라는 새로운 흐름 속에서 직면하고 있고 잠재적으로 직면하게 될 현실이 무엇인지 확인하고 이에 적절히 대응할 필요가 있다. 이를 위해, 본 논문은 우선 지구화에 따른 민주적 정당성의 위기가 어떻게 전개되고 있으며, 이에 대한 어떤 이론적 대안들이 있는가 검토하고자 한다. 이제 본론에서 '글로벌 데모스'의 존재 가능성, '데모이 문제'와 '민주적 반추'와 헌정적 애국주의를 중심으로 지구화와 이에 따른 새로운 민주적 정당성의 보색을 시도할 것이다.

Ⅱ. '글로벌 데모스'의 존재 가능성, 바텔스의 논의를 중심으로

지구화의 흐름 속에서 도전받고 있는 민주적 정당성에 대한 하나의 대안으로 '글로벌 데모스'의 존재 가능성에 대한 논의가 있다. 데모스(demos)는 원래 고대 그리스의 평민 집단으로서 직접 민주주의의 주역이었다. 그러나 근대적 의미로는 단일 국민국가의 주권 행사의 주체로서 국민국가를 구성하는 전체 인민을 의미한다. 근대 국가 통치가 민주적 정당성을 획득하기 위해서는 이 국가를 구성하는 단일한 전체 인민, 즉 데모스가 존재해야 하고, 이 데모스가 자신들에게 가해지는 통치의 방식과 내용에 동의해야 한다. 마찬가지로 글로벌 거버넌스가 민주적 정당성을 획득하기 위해서는 글로벌 거버넌스에 영향을 받는 인간들이 하나의 단일한 공동체를 이뤄야 하고, 이들이 자신들에게 행사되는 지배에 동의해야 한다. 민주적 정당성을 획득하기 위한 첫 번째 조건으로 적어도 동의의 주체가 될 데모스가 존재해야 한다는 것이다. 따라서 글로벌 거버넌스가 민주적 정당성을 얻기 위해서는 '글로벌 데모스'(global demos)의 존재가 전제되어야 한다.

바텔슨(Jens Bartelson)은 이와 같은 이론적 맥락에서 단일 국가 차원에서의 민주적 정당성 원리를 글로벌 차원으로 확장한다. 바텔슨은 글로벌 차원의 동의가 가능한지 검증에 앞서, 우선 글로벌 데모스(global demos)의 존재 가능성에 주목한다. 문제의 출발점은 지구화로 인해 국민국가 경계의 벽이 낮아지고, 단일 국민국가의 정체성이 약화되었음에도 불구하고 글로벌 데모스의 존재를 곧바로 시인할 수 없다는 데 있다. 분명 단일 국민국가의 정체성을 결정하는 개별 데모스(인민)의 자기 결정력은 축소되었고, 이에 따라 개별 데모스의 정체성은 약화되고 있음이 관찰된다. 그럼에도 불구하고 어느 누구도 개별 국민국가의 시민으로서의 정체성을 완전히 벗어 버리고, 전 지구적 차원의 하나의 데모스, 즉 글로벌 데모스가 형성될 수 있다고 자신 있게 주장하지는 못한다. 오늘날 전 세계 대부분의 인구는 여전히 특정 국민국가의 경계 안에 머물러 살고 있는 개별 데모스의 구성원들이다. 글로벌 데모스의 존재 가능성에 매달려 있는 이론가들은 글로벌 데모스가 존재하지 않는 한, 지구적 차원의 동의(consents)란 애초부터 불가능하므로 글로벌 거버넌스의 민주적 정당성을 얻을 수 없다고 생각한다. 이런 관점에서 보면, 세계 정부가 구성되지 않는 한 지구적 차원에서 하나의 공동체는 구성될 수 없고, 아울러 민주적 정당성 역시 획득될 수 없다. 오늘날 세계 정부의 가능성을 낙관하는 이는 매우 드물다. 그렇다면 글로벌 데모스의 존재는 불가능하고, 글로벌 차원의 민주적 정당성의 획득 역시 현실적으로 포기해야 하는가?[3]

바텔슨은 이런 문제의식을 바탕으로 근대 국가가 추구해 온 민주적 정당성을 역사사회학적으로 재검토한다. 바텔슨은 우선 근대 국가가 하나의 개별적인 집단으로서 집단 밖의 인간들과 구별짓게 된 것은 역사적 우연에 의한 것이라는 정치 이론가들의 일반적인 견해에 주목한다(Näsström 2007). 민주적 정당성의 관점에서만 보면, 하나의 개별 인민 집단이 왜 다른 인류와 구분되어 경계를 설정하여 살고 있는가에 대해 적절한 설명을 제시하지 못한다. 이미 설정되어 있는 경계 안의 데모스가 하나의 인민으로서 민주적 정당성을 추구할 수는 있어도, 애초에 왜 그러한 경계를 설정했는지에 대해서는 역사적 우연에 의존하는 수밖에 없다는 것이다. 구체적으로 말해, 이 역사적 우연이란 곧 근대 국민국가의 형성과정과 일치한다. 즉 '민족' 혹은 '국민'이

3 일부의 학자들은 견고한 글로벌 데모스 구성을 포기한 대신 느슨한 형태의 글로벌 시민사회(global civil society)의 가능성을 타진하기도 한다. 즉 초국가적 행위자와 정치기구들에 있어서 전 지구적 차원에서 반응성과 책임성을 늘리는 방향으로 데모스의 구성을 전제로 하지 않은 민주적 정당성의 획득을 모색하는 것이다(Keane 2003 ; Kuper 2004 ; Allen Buchanan & Robert O. Keohane 2006).

라는 역사적인 외부 요인에 의해 경계가 설정되고, 이렇게 경계가 설정된 이후에 집단으로서의 데모스가 보편적인 인권을 전제로 민주적 정당성을 추구해 왔다는 것이다.

바텔슨에 따르면 우리가 만약 근대 국가의 경계 설정과 이에 따른 민주적 정당성의 획득이 역사적 우연에 의한 것이라고 해석한다면, 글로벌 데모스의 존재 가능성은 더욱 희박해진다. 과거 개별 근대 국가가 단일한 하나의 데모스를 형성하고, 이 데모스가 민주적 정당성을 추구할 수 있었던 것은 이를 뒷받침하는 당시의 사회적·정치적 조건, 즉 국민감정이나 민족감정 등이 성숙했기 때문이다. 현 상황에서 우리는 글로벌 이슈들의 등장을 경험하고 있다. 그럼에도 근대 국민국가 형성 시기에 작동했던 민족감정의 수준으로 세계가 단일한 하나의 공동체로서 전환될만한 사회적, 정치적 조건의 성숙을 기대하긴 어렵다(Buchanan & Keohane 2006, 416). 이런 해석에 따르면 글로벌 데모스의 존재 가능성에 기대어 글로벌 거버넌스의 민주적 정당성을 추구하는 것은 허망한 일에 불과하다.

글로벌 거버넌스의 민주적 정당성을 위해 글로벌 데모스의 존재 필요성을 인식하면서도 그 가능성을 희박하다고 보는 많은 학자들에게 '글로벌 데모스'는 하나의 골칫거리라는 것이 바텔슨의 평가다. 바텔슨은 기존의 학자들이 글로벌 데모스의 모색을 위해 두 가지 방식으로 접근해 왔으나 모두 실패로 돌아갔음을 지적한다.

첫째, 모든 인류가 글로벌 데모스로서 포함되어야 한다고 주장하는 시각이다.[4] 이에 따르면 어떤 정치적 결정이든 그것이 글로벌 차원의 효력을 미치는 것이라면, 모든 인간의 목소리가 동등하게 반영되어야 한다는 것이다. 즉 갈수록 많은 영역이 지구화되어가고 있는 상황에서 가능하면 하나의 단일한 글로벌 데모스로의 지향이 바람직하다는 것이다. 글로벌 데모스에 관한 두 번째 견해는 첫 번째 견해보다는 완화된 형태의 글로벌 데모스를 지향한다. 즉 모든 인류를 대상으로 글로벌 데모스를 모색하는 대신, 특정한 결정이 영향을 미치는 범위에 한정하여 글로벌 데모스를 구성해야 한다는 주장이다. 즉 각각의 이슈는 사안에 따라 그 결정의 영향이 미치는 범위가 달라질 수 있으므로, 인류 전체가 아니라 그 효력의 범위 안에서 글로벌 데모스를 개별적으로 설정할 수 있다는 것이다(Archibugi 1988).

바텔슨은 이 두 견해가 모두 글로벌 데모스의 가능성에 대한 낙관적 희망에 의존하고 있음을 비판한다. 글로벌 데모스에 관한 낙관적 희망은, 여전히 국민국가적 정체성을 갖고 있는 데모스가 어떻게 아직 현실적으로 존재하지 않는 글로벌 데모스 집단으로 전환될 수 있는지 설명하지 못한다는 것이다. 만약 글로벌 데모스를 구성하기 위해 정체성의 전환을 강제할 필요가 있다고 주장한다면, 이는 글로벌 차원의 민주적 정당성을 획득하기 위해 구성원들의 자발적 동의에 앞서 이들을 강제해야 한다는 자기모순에 빠진다. 기본적으로 민주적 정당성을 획득하기 위해서는 강제가 아닌 구성원들의 자발성을 바탕

---

4 헬드나 아치부기 등의 시각이 이에 해당한다(Daniele Archibugi & David Held 1995 ; Archibugi 2004).

으로 해야 하는데, 아직 존재하지 않는 글로벌 데모스를 형성하기 위해 강제를 수반해야 하는 것은 모순이 아닐 수 없다. 효력의 범위 안에서 글로벌 데모스를 각각 구성할 수 있다고 보는 두 번째 견해는 어떠한가? 이 견해의 가장 큰 문제는 '누구에게 효력을 미치는지, 누가 결정할 것인지'라는 해석의 문제가 따른다는 것이다. 결론적으로 글로벌 데모스의 출현 가능성에 대한 낙관적인 기대는 결국 민주적 정당성에 관여하는 글로벌 데모스가 이미 존재했어야 한다는 순환론에 빠질 수밖에 없다는 것이 바텔슨의 지적이다.

바텔슨의 해석에 따르면 현실적으로 글로벌 데모스의 존재 가능성은 희박하다. 그렇지만 바텔슨은 글로벌 차원의 민주적 정당성의 추구를 포기하지 않는다. 그 대신 그는 지금까지 단일 국가 차원에서 당연한 것으로 받아들여 왔던 개별 데모스의 존재를 역사 사회학적으로 해체하고, 글로벌 차원에서의 민주적 정당성의 추구가 반드시 글로벌 데모스를 전제로 한다는 근대적 방식의 가정에 의문을 제기한다. 즉 바텔슨은 전통적인 근대 국민국가의 경우에도 민주적 정당성이 전제로 깔고 있는 데모스가 처음부터 '실재적으로' 존재했던 것이 아니라, 다만 '대표할 만한' 데모스의 의지가 존재한다는 전제적 가정에서 출발한다는 것이다.

근대적 의미의 민주적 정당성을 가장 잘 대변하고 있는 루소에 따르면 어느 공동체가 민주적 정당성을 얻으려면 자기지배, 즉 자치가 행해져야 하는데, 이 자치는 곧 자신이 제정한 법에 따라 통치되는 자기 입법(self-legislation)을 통해 가능하다고 보았다. 그런데 이 자기 입법은 이미 단일한 인민이 존재함을 전제하고 있다. 즉 기본법의 입법을 통해 공동체가 구성되지만, 이 법의 정당성은 공동체로부터 나온다는 것이다. 그러나 애초에 최초의 권위가 부재한 상태에서 인민이 어떻게 자신들의 범위를 설정하고 정치공동체를 구성할 수 있겠는가?

바텔슨은 이와 같은 민주적 정당성을 둘러싼 모순, 즉 아직 공동체를 형성하지 않은 인민이 스스로 자신의 범위를 설정해야 하는 모순은 프랑스 혁명을 전후로 시에예스에 의해 비로소 해결되었다고 지적한다. 즉 시에예스는 민족(nation)의 개념을 도입함으로써 사회계약 이전의 인민의 범위를 설정할 수 있었고, 그 범위 안에서 인민 주권의 행사를 정당화할 수 있었다는 것이다(Sieyes 1963, 129). 그러나 민족 개념을 정치적 권위의 원천으로 사용한 시에예스의 대안은 민주적 정당성의 이론적 딜레마의 해결이기보다 실천적 차원에서의 사후적 해결책이라고 할 수 있다. 시에예스의 관점에 따르면 계약 이전의 가상의 자연 상태에서도 인간은 개별적인 자연인으로서 존재했던 것이 아니라 민족의 구성원으로서 존재했어야 한다(Näsström 2007). 다시 말해 인류의 존재와 동시에 민족이 존재했다는 기이한 전제를 받아들여야만 근대 국민국가의 민주적 정당성 문제가 해결될 수 있다는 것이다. 이런 맥락에서 민주적 정당성의 딜레마는 최근 진행된 지구화에 기인하는 것이 아니라 근대 국민국가의 형성기부터 이미 내재해 있었고, 근대 국가는 이를 온전하게 해결했다기보다 실천적인 미봉책을 썼을 뿐이라는 것이다. 바텔슨이 여기서 강조하고 싶은 것은 아마도 민주적 정당성에 관한 근대적 해결책이 이론적으로 미완성에 그쳤다는 사실보다 바로 이런 이유 때문에 민주적 정당성의 근대적 모델이 우리가 추구해야 할 유일한 모델은 아니라는 것이다. 다시 말해 지구화 시대에 추구해야 할 민주적 정당성은 근대 국가의 단일성에 기초한 민주적 정당성의 단순한 확대가 되어서는 곤란하다는 것이다.

따라서 바텔슨은 현재 우리가 직면하고 있는 지구적 차원에서의 민주적 정당성의 위기가 글로벌 데모스를 성공적으로 구성할 수 없기 때문이라기보다, 오히려 글로벌 차원의 민주적 정당성을 위해서 반드시 국민국가의 단일한 데모스의 확장된 형태로서의 '글로벌 데모스'가 존재해야 한다고 믿는 고정된 시각에서 비롯된 것이라고 진단한다. 즉 현재 글로벌 차원에서 도전받고 있는 민주적 정당성의 문제는 글로벌 차원에서는 실현할 수 없는 현실적인 장애 때문이 아니라, 과거 국민국가의 민주적 정당성 추구 방식을 그대로 적용하려는 범주 설정의 오류 때문이라는 것이다(Bartelson 2008).

그럼 글로벌 데모스는 근대적 모델이 아닌 또 다른 방식으로 어떻게 형성될 수 있는가? 바텔슨은 서구정치사상사에서 민족 개념을 동원하여 민주적 정당성의 딜레마를 해결하기 이전부터 모든 인류의 '사회성'(sociability)이 전제되어 있었음을 주목한다. 통치에 대한 민주적 동의가 가능하기 위해서는 특정한 집단을 여타의 다른 인류와 구분되는 단일한 집단으로 간주하는 민족 개념이 필요하지만, 이 특정 집단 내의 개인들로부터 동의를 얻어내기 위해서는 보편적인 인간의 능력인 이성과 언어를 사용함으로써 집단을 형성하고 사회적 결속을 가능케 하는 '사회성'이 전제되어 있어야 한다. 바텔슨은 이러한 '사회성' 이야말로 인류가 근대적 맥락의 국민국가의 특수성을 넘어 인류의 구성원으로서의 보편성을 발휘할 수 있는 속성이라고 주장한다.

로크의 인간 본성을 연상케 하는 바텔슨의 사회성에 대한 주장은 마치 글로벌 데모스의 필요성을 규범적으로 호소하는 순진한 이상주의로 해석될 소지가 있다. 그러나 이러한 해석은 바텔슨의 의도와 거리가 멀다. 바텔슨은 '사회성'을 통한 담론으로 현재 글로벌 차원에서 진행되고 있는 민주적 정당성의 변화에 하나의 방향을 제시하고자 하는 것이다. 세계는 여전히 인류의 보편적 요소가 지배하기보다는 개별 국가의 특수성과 이에 따른 다양성으로 특징지어진다. 〈세계는 여전히 특정 언어 공동체의 표현, 그리고 개별적인 특수 이성의 표현으로 특징지어진다〉. 그럼에도 불구하고 인류는 언어와 이성의 사용이라는 보편적 특성을 공유하고 있다. 이 보편성이 필연적으로 혹은 자연적으로 글로벌 데모스를 형성하게 된다고 보는 것은 분명 순진한 생각이다. 그러나 적어도 언어와 이성의 존재는 글로벌 데모스에 관한 담론을 가능하게 하며, 이를 지향하는 방향성도 가능케 한다.

결론적으로 바텔슨은 가까운 장래에 견고한 형태의 글로벌 데모스가 출현할 가능성은 희박하다고 보지만, 근대 국민국가의 개별 데모스와는 구분되는 새로운 형태의 정치 주체가 출현할 수 있으며, 이를 매개로 지구적 차원의 민주적 정당성도 추구될 수 있다고 주장한다(Bartelson 2008). 글로벌 데모스의 출현 가능성에 대한 바텔슨의 진단은 현실적이면서도, 미래지향적인 방향성을 잃지 않고 있다. 바텔슨은 글로벌 데모스의 가능성을 타진함에 있어 근대적 국민국가의 틀에서 벗어나 지구화 시대에 새로운 민주적 정당성의 가능성을 열어놓고 있다. 반면 바텔슨은 새로운 민주적 정당성이 결코 저절로 실현된다고 보지 않았다. 개별 국민국가의 구성원들이 인류의 보편적 특성을 공유하는 구성원이라는 사실을 자각하고 끊임없이 글로벌 데모스의 담론을 재구성할 때, 바텔슨의 글로벌 데모스가 보다 현실화될 수 있다는 것이다.

Ⅲ. '데모스'에서 '데모이'로의 전환 가능성 , 보우만의 논의를 중심으로

근대 정치 사상가들 중 민주적 정당성의 원리를 제시한 것으로 알려져 있는 루소에 따르면, 공동체가 지배의 정당성을 획득하기 위해서는 공동체 구성원들이 입법과정에 참여해야 하고, 이를 통해 만들어진 법으로 공동체가 규율되는 자기 입법(self-legislation)의 원리가 실현되어야 한다. 자신이 제정한 법으로 지배받는 것은 더 이상 구속이 아니다. 즉, 자기 입법의 원칙에 따르는 공동체는 자기지배의 원칙을 준수하는 것이며, 이런 원칙을 준수하는 공동체의 시민들은 지배의 대상이자 곧 지배의 주체가 된다는 것이다. 그런데 이렇게 자기지배의 원리를 실현하기 위해서는 우선 단일한 공동체가 존재해야 하고, 공동체 구성원들이 모두 평등하다는 인식에 기초해야 한다. 즉 특정한 영토 안에 살고 있는 시민들은 재산 과다나 신분 차이와 관계없이 모두 평등하게 지배 주체가 될 수 있다는 것이다. 어째서 모두가 평등한 지배 주체가 될 수 있는가? 개별 시민들이 모두 보편적 인권의 소유자이기 때문이다.

문제는 이렇게 특정한 공동체 안에서 인정되고 있는 인권이 보편적 가치를 인정하는 한, 공동체 경계 안의 시민들뿐 아니라 경계 밖의 사람들에게도 동일하게 적용되어야 한다는 사실이다. 이제 지구화의 영향력으로 공동체의 안팎이라는 물리적 경계는 차츰 그 의미를 상실하고 있다. 지구화에 따른 광범위한 노동의 이동은 경계 밖의 많은 사람들로 하여금 기존에 동질적으로 구성되어 있던 다른 국가에 유입되어 타인 혹은 이방인으로 살아갈 것을 강요하고 있다. 여기서 이들에 대한 비인간적인 대우를 지적할 생각은 없다. 다만, 기존의 특정 국가에서 민주적 정당성의 근거를 인권의 보편적 가치에 두고 있었다면, 이러한 인권의 소유자로서 경계의 안팎에 존재하고 있는 타인 혹은 이방인들이 왜 자기 입법 혹은 자기지배의 원리로부터 배제되고 있는지 설명할 수 없다는 점에 주목하고자 한다. 즉 이들 타인이나 이방인들은 우리와 같은 인권의 소유자이면서도 시민권이 없다는 이유에서 자신들에게 영향을 미치는 중대한 결정에 참여하지 못하게 되고, 따라서 자기지배 원리로부터 원초적으로 배제된다는 것이다. 더욱 심가한 문제는 타인과 이방인들의 인권이 소홀히 다뤄지는 것은 기존에 특정 국민국가가 추구해 온 민주적 정당성의 근간을 흔들 위험이 있다는 것이다. 인권의 보편적 가치를 무시할 때, 경계 안팎의 타인들 인권뿐 아니라 경계 안의 시민들의 인권까지도 무시될 위험이 따르기 때문이다.

이런 맥락에서 보우만은 데모스가 아닌 데모이(demoi, 데모스의 복수형)를 민주적 정당성의 새로운 주체로 내세우면서, 차츰 다원적이고 탈중심적인 경향을 보이고 있는 현대 국가의 입법과정을 통해서 민주적 정당성의 문제를 해결하려 한다(Bohman 2005). 보우만은 견고하고 단일한 데모스가 아닌 중첩적이고 다원적인 데모이의 출현을 개념화하기 위해, 우선 지구화의 결과로 민주주의 규범이나 원칙에 어떤 근본적인 변형이 초래되었는지 검토한다. 마치 근대 대의제 민주주의가 과거의 직접적인 자기지배의 원칙으로부터 대표를 통해 자기 입법의 원칙으로 민주주의의 근본원리를 변형시킨 것처럼, 지구화가 과연 자기지배의 근본원리를 또 한 번 변형시키고 있는지 묻는 것이다. 보우만의 관찰에 따르면, 현대 국가는 이미 자기지배와 자기 입법의 원리를 실현함에 있어서 특정 공동체의 동질적이고 단일한 데모스가 아니라, 복수의 중첩접인 데모이를 인정하는 근본적인 변형을 경험하고 있다. 이런 맥락에서 소위 '글로벌 데모스'의 존재 가능성에 집착하는 것은 특정 국민국가에는 하나의 견고한 데모스만이 존재한다는 민주적 정당성의 전통적인 원리를 고수한 채 단지 데모스의 크기만을 확장하려는 시도에 불과한 것이다. 보우만에게 글로벌 데모스의 가능성에 대한 모색은 지구화에 따른 민주적 정당성 문제를 근본적으로 해결할 수 있는 대안이 아니다.

그럼 보우만은 어떤 의미에서 복수의 데모이 개념이 지구화 시대의 민주적 정당성 문제를 해결할 수 있다고 보는가? 우선, 보우만에게 데모스의 개념은 단지 추상적인 의미의 권리 집단이 아닌 구체적으로 자기 입법을 실현할 수 있는 정치적 권리, 즉 참정권을 통해 입법과정에 참여할 수 있는 주체라는 점에 주목할 필요가 있다. 보우만은 하버마스의 논의를 따라서 근대적 의미의 자연법의 실현은 헌법적 질서를 토대로 하고 있으며, 정치공동체란 공동체에 정당한 질서를 부여할 수 있는 정치적 권리를 누가 가질 것인가를 결정하기 위해 결성된 집단이라는 사실에 주목한다(Habemas 2001, 63). 즉 보우만에게 인권이 입법의 주체가 될 수 있는 도덕적 권리라면, 정치적 권리는 데모스의 구성원으로서 자기 입법을 가능하게 하는 실질적인 권리에 해당한다(Bohman 2005, 296).

자기 입법의 실현이 궁극적으로 입법과정에 참여할 수 있는 정치적 권리에 의해 실현될 수 있다는 사실을 염두에 두면 우리는 국민국가의 단일한 데모스 안에서도 자기 입법의 실현 과정이 지방 도시로부터 광역 시·도, 그리고 전국적 차원에 이르기까지 다층적 수준에서 이뤄지고 있음을 관찰할 수 있다. 그런데 각각의 수준에는 자기 입법에 필요한 심의를 행하는 공중(公衆, public)이 있기 마련이다. 이 과정에서 동일한 한 사람이 하나 이상의 공중에 동시에 참여할 수 있다. 입법과정에서 한 개인이 복수의 공중에 참여하게 됨으로써 나타날 수 있는 공공선의 충돌을 보우만은 '데모이 문제'라고 부른다. 전통적으로 이런 '데모이 문제'를 해결하는 방법은 갈등하는 데모이들 중에서 최고의 권위를 갖는 데모스를 찾는 것이다. 근대 국가는 국민국가가 주권을 독점하면서 이 문제를 해결해 왔다. 즉 근대적 국민국가는 국가 수준의 데모스 이외의 다른 데모스들(데모이)의 존재를 인정하지 않는 방식으로 '데모이 문제'를 해결했다. 그러나 현재 진행되고 있는 지구화는 현대 국가로 하여금 더 이상 이런 식의 해결방식을 허용하지 않는다. 보우만이 지적하는 바와 같이, 이미 우리는 국민국가 안팎으로 복수의 데모이가 존재하고 있음을 인식하고 있고, 동시에 근대 국가가 주장해 온 단일한 데모스만이 배타적으로 최고의 권리를 갖고 있다는 원칙에 의심을 품고 있기 때문이다.

보우만은 이미 근대 국가에서도 '데모이 문제'를 하나의 우세한 주권을 갖는 데모스를 찾는 방식이 아니라 복수의 데모이를 인정하는 방식으로 해결하려는 전통이 있었음을 지적한다. 즉 근대 유럽의 "계몽의 시대"에 고대로부터 유래한 중앙집권적 제국을 거부한 연방주의적 전통이 그것이다. 이 전통에 따르면 다양한 수준의 복수의 공화국이 인정되며, 굳이 중앙을 중심으로 식민지에 대한 강제 지배가 강요되지 않는다.[5] 문제는 지배의 수준이 공화국의 범주와 수준에 따라 달라질 수 있다는 것이다. 그러나 탈중심적 연방주의적 전통에 따르면 공화국의 크기가 지배 수준을 결정하지 않는다. 또 낮은 수준의 단위체가 상위의 단위를 인정하면서 이에 예속당하지 않고 효과적으로 자치를 실현할 수도 있다. 따라서 연방주의에 바탕을 둔 민주적 정당성은 완벽하고 배타적인 데모스를 구성하는 것이 아닌 부당한 지배를 받지 않고 정의에 호소할 자유를 갖는 '비지배'가 실현될 수 있는 최소한의 민주적 정당성이다(Bohman 2005, 300). 이렇게 연방주의와 최소적 민주주의에 기초한 다수의 공화국, 즉 복수의 데모이를 인정하는 것은 굳이 배타적이고 초국가적인 글로벌 데모스의 존재나 세계시민주의적 민주주의를 주창하지 않더라도 지구화 시대에 새로운 민주적 정당성의 추구가 가능하다는 것을 보여준다.

이런 관점에서 기존에 지배적인 영향력을 발휘하고 있는 것으로 보이는 국민국가의 데모스는 다른 데모스와 완전히 배타적인 관계가

---

5 제국주의적 지배와 구분되는 연방주의적 지배의 전통에 대한 역사적 기원과 사상적 의의에 대해서는 Pagden(1995)을 참조.

아니라 서로 중첩되기도 하고, 사안에 따라서는 서로 협력이 가능한 다층적 관계에 놓일 수 있다. 즉 특정 국가의 데모스를 애초부터 견고하고 정형화된 것으로 볼 필요가 없으며, 기본적으로 유동적이고 사안별로 국경을 초월하여 데모스를 구성한다고 봐야 한다는 것이다. 이러한 논의에 따르면, 폐쇄적이고 단일한 국민국가적 데모스가 아닌 중첩적이고 다원적인 복수의 데모스, 즉 데모이(demoi)에 의한 민주적 정당성이 획득될 가능성이 열린다.

이슈에 따라 국경을 초월하여 형성되는 데모이는 지속적이거나 견고하지는 않을 것이다. 그러나 전통적인 의미의 국민국가의 데모스만을 고집하지 않는 한 복수의 데모이는 국경을 넘어서는 새로운 이슈에 민감하게 반응할 것이고, 거버넌스가 필요한 글로벌 영역에 적절한 민주적 정당성을 제공할 수 있다. 이 과정에서 새롭게 형성된 데모이는 전통적인 데모스처럼 곧바로 입법과정에 참여하기는 어려울지 모른다. 그러나 보우만은 마치 한 공동체가 민주적 정당성을 획득하기 위해 정치과정에 참여하는 방안으로서 구성원 개개인들이 심의(deliberation)와 쟁론(contestation)을 통해 공공선(public good)을 발견해 나가듯, 중첩적이고 다원적인 데모이 역시 이슈 별로 국민국가의 경계를 넘어서 심의와 논쟁을 벌일 수 있으며, 궁극적으로는 전 세계적인 공공선의 산출도 가능하다는 것이다(Bohman 2007).

지구화에 따른 새로운 환경은 국민국가가 전제하고 있는 단일한 데모스와 구별되는 새로운 데모스 영역의 설정을 요구한다. 그러나 이는 글로벌 데모스의 추구와 같이 단순한 영역의 확대만을 의미하지 않는다. 국민국가의 경계를 초월하는 다양한 글로벌 이슈의 존재, 그리고 이를 규율해야 하는 글로벌 거버넌스의 민주적 정당성을 위해서는 복수의 데모이에 주목해야 한다. 그러나 이와 같은 복수의 데모이가 아직 기존의 전통적인 데모스의 존재를 부정할 처지는 아니다. 따라서 복수의 데모이는 왕왕 기존의 견고한 데모스와 충돌하게 되고, 다층적인 데모이에 의한 새로운 규범의 모색이 국민국가적 데모스의 의지에 의해 가로막힐 수 있다. 이 같은 문제를 보우만은 데모이를 최소주의적으로 정의함으로써, 즉 최소한 절차에 대한 존중과 비지배적 자유(공화주의적 자유)에 대한 존중을 통해 다층적인 데모이의 존재를 기존의 폐쇄적인 데모스로부터 보호하고자 한다. 다음 절에서 소개되는 민주적 반추와 헌정적 애국주의는 복수의 데모이의 도전이 기존의 전통적인 국민국가의 심의과정에 어떻게 편입될 수 있는가를 보여 주는 하나의 모델이 될 것이다.

Ⅳ. 세계시민주의 실현을 위한 민주적 반추와 입법화, 벤하비브 (S. Benhabib)를 중심으로

지구화에 따른 다양한 초국가적 이슈들을 해결하는 또 다른 대안은 국민국가의 구성원들로 하여금 세계시민주의적(cosmopolitan) 규범을 적용하도록 하는 것이다. 그러나 궁극적으로 이 세계시민주의적 규범이 현실화되기 위해서는 결국 개별 국민국가의 정치와 법 체계 속에 세계시민주의적 규범이 내재화되어야 한다. 예컨대 시민권의 변화는 양자 간의 역학 관계를 드러내는 좋은 예가 된다. 아직까지 구성원으로서의 지위를 인정해 주지 않는 미등재 이주민, 난민 등이 여전히 특정 정치체제에서 범죄인으로 취급되는 것은 세계시민주의가 개별 공동체의 정치적, 법적 규범 체계 안에서 제대로 내재화되지 않았음을 의미한다. 그러나 앞서 살펴본 바와 같이 인류가 특정 정치공동체를 단위로 사회계약을 맺기 이전부터 보편적인 인권을 소유하고 있었음을 상기하면, 인류는 개별 공동체에의 귀속 여부와 상관없이 사실상 세계시민적 지위를 유지한다고 볼 수 있다. 이러한 세계시민적 관점에서 우리는 전 세계 인구의 이동 자체를 범죄시해서는 안 되며, 개별 인간들이 어떤 공동체에 속해 있는가와 무관하게 도덕적 인격을 갖는 존엄한 존재로 대접해야 한다. 달리 말하자면 국경을 건너 다른 정치체제로 들어가고자 하는 어떤 의도도 범죄행위로 취급할 것이 아니라, 인류의 구성원으로서 자유의지의 표현이자 인류가 공유하고 있는 세계에서 더 나은 삶을 찾고자 하는 행위로 간주해야 한다는 것을 의미한다.

그러나 현실적으로 보편적 환대라는 세계시민적 규범에 부응하는 정책이나 법을 제도와 담론적인 의지 및 여론을 통해 만들어내야 하는 주체는 바로 각 나라의 전통적인 국민국가의 데모스이다. 이 데모스가 세계시민적 규범을 수용하여 비시민(non-citizens)의 지위에 있는 자들을 어떤 방식으로 포용할 것인가 정하는 것은 궁극적으로 데모스의 자기 입법의 과정을 통해 종결되어야 한다. 앞서 살펴본 바와 같이 이 입법과정으로부터 배제되어 있는 비시민들은 역설적으로 자신들이 배제 혹은 포용되어야 하는지를 정하는 결정에 참여하지 못한다. 비시민들은 자신의 운명을 결정하는 사안에 영향력을 발휘할 수 없다는 것이다.

그럼에도 불구하고 벤하비브(Seyla Benhabib)는 소위 '민주적 반추' (democratic iteration) 과정을 통해 비시민과 시민 간의 상호 작용과 이를 통한 새로운 민주적 정당성의 획득이 가능하다고 본다. 즉 배제된 자들이 자신의 권리를 호소하고 사회적으로 격론(contestation)이 벌어지게 되면(이들의 주장은 특수한 권리에 대한 주장이 아닌 보편적 권리에 대한 주장일 것이므로), 기존에 폐쇄적인 권리만을 주장해 왔던 자들이 각성하게 되고, 결국 심의(deliberation) 과정에 영향을 미치게 되어 성원권 (membership)을 새롭게 규정하는 방식으로 '민주적 반추'(democratic iteration)가 진행된다는 것이다. 기존의 데모스가 지금까지 배제되어 온 집단에 대해 기본 권리와 원칙들의 의미가 재설정될만한 정도로 지속적인 정치적 쟁론에 직면하게 되면, 기존의 데모스는 자신의 정체성을 재정의하는 민주적 관행을 되풀이할 수밖에 없다는 것이다. 벤하비브는 이와 같은 민주적 반추가 세계시민주의적 국제법의 규범과 민주적 개별 법체계의 집행 사이에 다중적인 관계 속에서 일어난다고 보았다.

벤하비브에 의해 제시되는 "민주적 반추"는 지구화 과정에서 불거지는 민주적 정당성의 추구에 새로운 모델이 될 수 있다. 민주적 반추의 방식은 공공적인 법제기구나 사법기구, 집행기구 차원에서 강하게 이뤄질 수도 있고, 비형식적인 차원에서 시민사회적 친교나 언론 등의 약한 공공성 속에서 이뤄질 수도 있다(Benhabib 2007, ch.5). 결국 이방인과 외국인을 포함하는 타자를 특정 공동체가 어떻게 대우하느냐, 또 이들의 권리를 어떻게 설정하느냐에 대한 담론은 이 공동체의 정체성을 확인하는 시금석이 된다. 아울러 이들의 권리에 대한 담론의 형성과 변화는 데모스가 새로운 현실에 적응하며 새로운 방식으로 민주적 정당성을 모색하는 과정이라고 할 수 있다.

마지막으로 벤하비브의 "민주적 반추"가 실효를 발휘하기 위한 입법화 과정에 주목하고자 한다. 민주주의는 원칙상 지배자와 피지배자의 동일성을 전제로 한다. 이를 위해 정치적 의사결정 과정 혹은 심의 과정(넓은 의미의 지배과정)에 피지배자인 데모스의 직접적(또는 적어도 간접적) 참여를 보장해야 한다. 이 원칙에 따르면, 어떤 공동체가 민주적인 정치체제가 되기 위해서는 그 정치과정을 통해 이뤄지는 정치적 결정에 영향을 받게 될 모든 사람들이 정치적 의사결정과정과 심의과정에 직·간접적으로 참여할 수 있도록 보장해 줘야 한다(Cohen 1996 ; Benhabib 1996 ; Young 2000). 이런 측면에서 민주주의는 포용적 지배 형태로서, 정치적 의사결정 과정과 심의 과정에 그 결정에 의해 영향을 받을 수 있는 모든 사람의 참여를 보장해야 한다.

러나 테일러(C. Taylor)가 주장하는 바와 같이 민주주의의 정상적인 운영을 위해서 구성원들 사이의 상호 귀속감과 연내감을 줄 수 있는 공통성(commonality)이 전제되어야 한다면, 이를 공유하지 못하는 사람들에 대한 배제는 불가피하다. 따라서 테일러는 민주주의는 구성원들 간의 공동 심의가 핵심적인 요소이고, 이는 심의에 참여하는 사람들이 상당한 수준의 응집력을 필요로 하기 때문에 어느 정도의 배제가 불가피하다고 결론 내린다. 이것은 민주주의의 운영에 있어서 포용과 배제의 논리가 동시에 작동할 수 있음을 의미한다. 즉 공동체의 구성원 중에서 누구를 정치적 의사결정 과정에 포함시키기 위해서는 반드시 누군가를 배제해야 한다는 것이다. 보다 현실적으로 이는 정치적 권리, 즉 선거권과 피선거권의 범위와 한계를 정하는 문제로 귀결된다.

주지하다시피 고대 그리스 민주주의 체제는 노예와 여자, 거류 외국인 등을 배제하고 성인 남자들에게만 참정권을 줌으로써 배제와 포용의 기준을 삼은 바 있다. 그러나 포용과 배재의 기준은 역사상 끊임없이 변화를 겪어왔다. 근대 민주주의의 초기에는 사회경제적 신분, 재산, 인종, 성별에 따라 참정권의 범위가 정해진 바 있다. 그러나 19세기 영국의 차티스트 운동, 19세기 중반 미국의 노예해방과 뒤이은 1870년 15차 헌법개정, 그리고 1920년 19차 헌법 개정 등은 각각 흑인과 여성에게 참정권을 확대함으로써 포용과 배제의 범위를 변경했다. 일반적으로 말하자면 지배와 피지배의 일치를 요구하는 데모스의 범위가 지속적으로 확대되어 왔다는 것이다.

우리가 주목하고 있는 지구화 현상과 관련해서는 외국인의 포용 여부가 주요 쟁점이 된다. 이제 국제적 인구 이동의 증가로 다수의 외국인이 경계 안에 거주하는 사례가 늘어나 다문화 사회가 보편화 되었다 한다. 이런 상황에서 데모스의 범위를 기존의 시민으로 한정하고, 외국인의 참여를 배제하는 것은 모든 피지배자의 정치참여를 보장하는 민주주의의 원칙에 어긋난다는 것에 주목해야 한다.[6]

---

6 김범수(2008)는 북유럽과 스페인, 네덜란드, 스웨덴, 독일, 프랑스 등지에서 다양한 방식으로 전개되어 온 외국인의 참정권 부여 내용에 대해서 잘 소개하고 있다.

정치적 의사결정에 참여하고, 정상적인 심의가 가능하기 위해서는 구성원들 간의 공통성이 전제되어야 한다고 보는 사람들은 어느 정도의 배제가 불가피하다고 본다. 그러나 그 공통성(commonality)이 무엇에 기반해야 한다고 보는지, 즉 어떤 공통성을 결여한 사람들을 '정당하게' 배제할 수 있는지에 대해서는 의견이 갈린다. 혹자는 공통의 언어를 요구하고 있으며, 혹자는 공통의 문화를 요구한다(Kymlicka 2001 ; Miller 1995 ; 김범수 2008). 그러나 언어나 문화는 단시간에 습득될 수 있는 것이 아니다. 외국인들에게 언어나 문화의 공통성에 대한 요구는 이미 배타적인 특성을 강요하는 것이나 다름없다. 이런 이유에서 지구화로 인한 다문화 사회가 현실에 조응할 수 있는 새로운 공통성의 기준을 마련하고자 하는 이들이 있다. '민족주의 없는 애국심'이나 '헌성 애국주의'는 지구화에 따른 다문화사회에서 데모스의 새로운 공통성을 설정하기 위한 민주주의 규범의 하나의 대안이 될 수 있다(곽준혁 2003). 이런 맥락에서 하버마스(J. Habermas)는 헌정 애국주의가 민족주의적 특수성을 대체하는 보편적 공화주의의 토대가 될 수 있다고 주장한다.

하버마스는 현재 전지구적 인구 이동의 증가로 각 국가마다 문화적 삶의 형태, 종족집단, 종교, 세계관 등에 있어 다양성이 증가하는 상황에서 민족은 더 이상 이전처럼 사회통합의 수단이 되지 못한다고 전망한다(Habermas 1998a). 동시에 하버마스는 다원주의 사회에서 다양한 삶의 방식 간 평화로운 공존과 사회통합을 동시에 이루기 위해서는 민족을 넘어서는 대안적 사회통합 방식이 필요하다고 주장한다(Habermas 1998a). 이는 다양한 삶의 방식에 대한 상호인정과 다원화된 사회를 하나로 묶어 주는 구속력을 동시에 요구하는데, 여기서 특정한 민주적 절차와 원칙에 대한 충성심을 바탕으로 하는 헌정애국주의가 사회적 결속을 높이는 역할을 할 수 있다는 것이다. 현재 헌정애국주의는 적어도 유럽연합과 같은 초국가적 수준에서 그리고 지방선거와 같은 지방정치의 수준에서 성공적으로 작동한 바 있다. 이와 같은 헌정애국주의는 지구화에 따른 다문화 사회에서 포용적인 민주주의를 실현하는 데 성공적인 대안이 될 수 있다. 하바마스의 헌정민주주의 그리고 헌정애국주의의 실효성에 대해서는 보다 면밀한 검토가 요구된다. 본고에서는 다만 새로운 구성원의 성원권을 입법화 하는 과정에서 불거질 수 있는 공통성 문제의 대안으로서 하버마스의 헌정애국주의를 활용할 수 있다는 것에 주목한 것이다.

Ⅴ. 맺음말

민주주의 이념은 보편적 인권과 특수한 개별 주권의 공존이라는 독특한 자기모순을 갖고 있다. 민주주의의 발전은 이 자기모순을 어떻게 조절하고 민주주의 이념이 포함하고 있는 가치들의 균형상태를 어떻게 유지하느냐에 달려 있다. 지구화는 과연 이런 민주적 가치들의 균형 상태에 어떤 영향을 미치고 있는가? 지금까지 지구화는 적어도 표면적으로 민주적 정당성의 위기를 조성했다고 할 수 있다. 그러나 이것은 지구화의 문제라기보다 민주주의가 갖고 있는 내재적인 본질에 기인하는 바 크다. 지구화는 다만 민주주의의 내재적 긴장 관계를 보다 적나라하게 드러내는 계기를 마련한 것뿐이라고 할 수 있다.

그러나 지구화는 국제적 차원과 국내적 차원에서 모두 데모스의 단일성과 복수성, 그리고 그 지속성을 문제 삼으며, 데모스의 경계를 새롭게 설정할 것을 요청하고 있다. 국제적으로 민주주의 이념의 수출이나 인도주의적 개입은 서방 세계, 특히 미국의 지속적인 과제였다. 그러나 민주주의 수출이나 인도주의적 개입이 단순히 주도국이 원하는 정권의 창출을 위한 정책적 구실이 아니라 이념적 정당성을 전제로 한 것이라면, 이론적으로 데모스의 경계를 어떻게 설정할 것인가의 문제는 단순한 외교적 수사의 문제가 아니다. 민주주의를 수출하고, 타자들의 인권 보호를 위해 개입할 필요성은 이념적으로 국민국가의 범위를 초월하는 보다 넓은 의미의 데모스를 전제로 해야 하기 때문이다. 데모스 경계의 재설정은 국제적으로만 요청되는 것이 아니다. 국민국가의 경계 밖의 사람들에 대해서 보다 넓은 의미의 데모스 개념, 혹은 세계시민주의적 관점에서의 데모스 개념을 적용하면서, 이미 경계 안에 들어와 있는 비시민들을 보살피지 않을 근거가 없다. 국내적으로도 기존의 국민국가적 데모스의 경계가 무색해져 가고 있다.

국내외적으로 지구화에 따른 다양한 이슈의 등장은 민주적 정당성의 추구에 새로운 전기를 제공했다고 할 수 있다. 대부분의 현대 국가들은 민주적 정당성의 위기 혹은 딜레마를 공통적으로 경험하고 있다. 물론 딜레마가 나타나는 구체적인 양상과 단계는 상황에 따라 다르다. 어느 나라에서는 경계 안의 이방인들의 문제가 시급한 문제로 부각되기도 하고, 어느 나라에서는 경계 밖의 문제, 즉 인류의 보편적

인권의 문제가 보다 심각하게 부각되기도 한다. 또 어느 나라에서는 민주적 정당성 문제는 단지 이론적 담론의 차원에 머물러 있는 반면 어느 나라에서는 그것이 사회적 격론과 심의 단계로 발전되기도 하고, 나아가 입법과정과 헌법 정치에 투영되기도 한다. 앞에서 검토한 이론적 대안들은 각각의 이론가들이 현실적으로 염두에 두고 있는 구체적인 실천을 어느 정도 반영하고 있지만 대체로 지구화에 따른 민주적 정당성의 딜레마와 이에 대한 이론적인 대안 수준에 머물러 있다. 한국적 상황을 고려하면 이들의 이론적 대안들 중 일부는 우리의 현실을 잘 포용할 것으로 보이는 것이 있는가 하면 어느 것은 우리의 현실과는 다소 거리가 있어 보이는 것들도 있다. 그럼에도 불구하고 이들이 제시한 이론적 대안들이 우리에게 유용한 이유는 언젠가 시차를 두고 우리에게도 다가올 현실을 반영하는 것일 수 있기 때문이다.

민주주의가 인권과 자기지배라는 근본적인 가치를 유지하는 한, 이를 대체할만한 새로운 지배의 패러다임이 출현하기는 어렵다. 그럼에도 불구하고 민주주의가 그 명목만으로 다른 여타의 가치에 재갈을 물릴 수 있는 민주주의 우상의 시대는 지났다. 지구화 과정 속에서 우리는 민주주의 이념 속에 녹아 있었던 근본 가치들을 다시 불러 낼 수 있게 되었고, 어떻게 다시 이 가치들이 민주주의의 틀 속에서 조화롭게 유지될 것인가라는 과제에 직면하게 되었다. 지구화 과정 속에서 제기되는 민주적 정당성의 위기와 이에 따른 대안적 담론들은 민주주의가 인권과 자기지배의 원리를 어떻게 조화시키는가 보여주는 좋은 실례이며, 지구화 시대 민주주의의 새로운 민주주의 담론을 이끄는 견인차가 될 것이다.

참고문헌

곽준혁. 2003. "민족주의 없는 애국심과 비지배 평화원칙."『아세아연구』 제46권 4호, 311-58.

김범수. 2008. "민주주의에 있어서 포용과 배제, 다문화사회에서 데모스의 범위설정 문제를 중심으로."『국제정치논총』 제48집 제3호.

원준호. 2002. "헌법애국심과 독일 통일의 정체성 문제."『국제지역연구』 제6권 제3호, 189-211.

헬드, 데이비드. 2010.『민주주의의 모델들』. 박찬표 역. 서울 : 후마니타스.

Allen Buchanan & Robert O. Keohane. 2006. "The Legitimacy of Global Governance in institutions." *Ethics and International Affairs*. 20(4), 405-37.

Andrew Kuper. 2004. *Democracy beyond borders, justice and representation in global institutions*. Oxford : Oxford University Press.

Archibugi, Daniele & David Held. 1995. *Cosmopolitan democracy, an agenda for a new world order*. Cambridge : Polity Press.

Archibugi, Daniele. 2002. "Demos and cosmopolis." *New Left Review*. 13, 24-38.

Archibugi, Daniele. 1998. "Principles of cosmopolitan democracy." Daniele Archibugi, David Held & Martin Kohler (eds.), *Re-imagining political community*. Oxford : Polity Press, 198-228.

Archibugi, Daniele. 2004. "Cosmopolitan democracy and its critics, a review." *European Journal of International Relations*. 10(3), 437-73.

Bader, Veit. 1997. "The cultural conditions of transnational citizenship, on the interpretation of political and ethnic cultures." *Political Theory*, 25(6), 771-813.

Bartelson, Jens. 2008. "Globalizing the Democratic Community." *Ethics and Global Politics* 1(4), 159-74.

Bauman, Zygmunt. 1998. *Globalization, the human consequences*. Cambridge : Polity Press.

Benhabib, Seyla. 2004. *The right of others, aliens, residents and citizens*. Cambridge University Press.

Benhabib, Seyla. 1996. "Toward a deliberative model of democratic legitimacy" Seyla Benhabib, ed., *Democracy and Difference, Contesting the Boundaries of the political*. Princeton, N. J. : Princeton University Press.

Benhabib, Seyla. 2007. *Another cosmopolitanism*. Oxford : Oxford University Press.

Bohman, James. 2004. "Republican cosmopolitanism." *Journal of Political Philosophy*, 12(3).

Bohman, James. 2005a. "From demos to demoi , democracy across borders." *Ratio Juris*. 18(3), 293-314.

Bohman, James. 2005b. "The Democratic Minimum, Is Democracy a Means to Global Justice?" *Ethics and International Affairs*. 19, 101-18.

Buchanan, Allan. 2004. *Justice, Legitimacy and Self-Determination*. Oxford : Oxford University Press.

Buchanan, Allen & Robert O Keohane. 2006. "The legitimacy of global governance institutions." *Ethics & International Affairs*. 20(4), 405-437.

Castoriadis, Cornelius. 1983. "The greek polis and the creation of democracy." *Graduate Faculty Philosophy Journal*, 9.

Cheah, Pheng. 1998. "Given culture, rethinking cosmopolitan freedom in transnationalism" Pheng Cheah &Bruce Robbins (eds), *Cosmopolis, thinking and feelind beyond the nation*. Minneapolis : University of Minnesota Press, 290-328.

Cohen, Joshua. 1989. "Deliberative Democracy and democratic legitimacy" Hamlin, A. and Philip Pettit, eds. *The Good Polity*, 17-34 Oxford : Blackwell.

Cohen, Joshua. 1996. 'Procedure and Substance in Deliberative Democracy,' Seyla Benhabib, ed., *Democracy and Difference, Contesting the Boundaries of the political*. Princeton, N. J. : Princeton University Press

Dryzek, John. 2002. *Deliberative Democracy and Beyond*. Oxford : Oxford University Press.

Gourevitch, P. 1978. "The second image reversed, the international source of demostic politics." *International Organization*. 32(4).

Habermas, Jürgen. 1998a. "The European Nation-State, On the Past and Future of Sovereignty and Citizenship" Ciaran Cronin and Pablo De Greiff, eds. *The Inclusion of the Other, Studies in Political Theory*, 105-27, Cambridge : MIT Press.

Habermas, Jürgen. 1998b. "On the Relation between the Nation, the Rule of Law, and Democracy", Ciaran Cronin and Pablo De Greiff, eds. *The Inclusion of the Other, Studies in Political Theory*, 129-53, Cambridge : MIT Press.

Habermas, Jürgen. 1998c. "Does Europe Need a Constitution? Response to Dieter Grimm" Ciaran Cronin and Pablo De Greiff, eds. *The Inclusion of the Other, Studies in Political Theory*, 155-61, Cambridge : MIT Press.

Habermas, Jürgen. 1998d. "Struggles for Recognition in the Democratic Constitutional State" Ciaran Cronin and Pablo De Greiff, eds. *The Inclusion of the Other, Studies in Political Theory*, 203-36, Cambridge : MIT Press.

Habermas, Jürgen. 2001. *The Postnational Constellation*. Cambridge : MIT Press.

Hayward, Clarissa Rile. 2007. "Democracy's Identity Problem, Is "Constitutional Patriotism" the Answer?" *Constellations* 14, No. 2, 182-96.

Held, David. 1998. "Democracy and globalization" Daniele Archibugi, David Held & Martin Kohler (eds.), *Re-imagining political community*, 11-2, Oxford : Polity Press.

Held, David. 2003. "Cosmopolitanism, globalisation tamed?" *Review of International Studies*, 29, 465-480.

Honig, Bonnie. 2007. "Between decision and deliberation, political paradox in democratic theory." *American Political Science Review*, 101, 1-17.

Keane, John. 2003. *Global civil society*? Cambridge : Cambridge University Press.

Kegley, Charles and Wittkopf Eugene R. 1989. *World Politics, Trend and Transformation*. St. Martin Press.

Kuper, Andrew. 2004. *Democracy beyond borders, justice and representation in global institutions*. Oxford : Oxford Unversity Press.

Kymlicka, Will. 2001, "Citizenship in an Era of Globalization, Commentary on Held" Kymlicka, *Politics in the Vernacular*, 317-26.

Laborde, Cecile. 2002. "From Constitutional to Civic Patriotism", *British Journal of Political Science* 32, No. 4, 591-612.

Markell, Patchen. 2000. "Making Affect Safe for Democracy? On "Constitutional Patriotism" *Political Theory* 28. No.1, 38-63.

Miller, David. 1995. *On Nationality*. Oxford : Oxford University Press.

Nagel, Thomas. 2005. "The problem of global justice." *Philosophy and Public Affairs*, 33(2).

Näsström, Sofia. 2003. "What globalization overshadows." *Political Theory*. 31(6), 808-834.

Näsström, Sofia. 2007. "The legitimacy of the people." *Political Theory* 35(5), 624-658.

Pagden, Anthony. 1995. *Lords of All of the World*. New Haven : Yale University Press.

Pettit, Philip. 1997. *Republicanism, A Theory of Freedom and Government*. Oxford : Oxford University.

Sieyes, Emmanuel Joseph. 1963. *What is the third estate*? London, Pall Mall Press.

Taylor, Charles. 1996. "Why Democracy Needs Patriotism" Joshua Cohen, ed. *For Love of Country*, 119-21, Boston : Beacon Press.

Taylor, Charles. 1999. "Democratic Exclusion (and Its Remedies?)" Alan Cairns, ed. *Cirizenship, Diversity, and Pluralism*, 265-87, Montreal : McGill-Queen's University Press.

Tully, James. 2002. "The unfreedom of the moderns in comparison to their ideals of constitutional democracy." *Modern Law Review* 65(2), 204-28.

Vertovec, Steven & Robin Cohen (eds), 2002. *Conceiving cosmopolitanism, theory, context, practice*. Oxford : Oxford University Press.

Yack, Bernard. 2001. "Popular sovereignty and nationalism." *Political Theory*. 29(4), 517-536.

Young, Iris M. 2000. *Inclusion and Democracy*. Oxford : Oxford University Press.

3장

9·11의 (탈)안보화와 미국 패권 : 대테러전쟁의 구성과 해체*

이혜정(중앙대학교)

I. 새로운 전쟁, 무모한 전쟁, 오래된 전쟁

2001년 9·11 테러에 대해서 미국 부시 정부는 전쟁으로 대응했다. 부시 정부의 대테러전쟁은 선과 악, 문명과 야만, 자유와 공포의 전쟁으로, 중립은 허용되지 않으며 지구적 테러조직이 모두 색출되고 격멸될 때까지 지속될 것이었다. 국방장관 럼스펠드는 대테러전쟁을

* 이 글은 한국외국어대학교 국제지역연구센터에서 발행하는 『국제지역연구』 제15권 2호(2011)에 게재된 것을 일부 수정한 것임

그 내용이 무엇인지보다 기존의 전쟁과 어떻게 다른지에 의해서 더 잘 설명되는 새로운 전쟁으로 규정했다. 그에 따르면, 이 새로운 전쟁은 지구적 테러조직과 그 후원국을 적으로 하며, 기존의 동맹이 아니라 미국이 일방적으로 정하는 임무에 복무하는 연합을 통해서 수행된다. 또 정복할 영토도 항복 선언을 받아낼 정부도 없는 지구적 테러조직이 주적이기 때문에 이 새로운 전쟁에는 출구전략이 있을 수 없고, 아직 확정된 군사력 운용지침도 없지만, 압도적 힘으로 미국이 승리할 것은 분명하다(Rumsfeld 2001 ; Lee 2003).

영국 옥스퍼드 대학의 전쟁연구 대가인 하워드의 생각은 전혀 달랐다. 테러는 정치적 저항의 수단으로, 테러범은 저항세력의 입장에서는 자유의 투사이다. 효과적인 테러전략의 핵심은 지역 주민의 "마음"(Hearts and Minds)을 얻는 것이고, 군사력은 제한적으로 민간인 피해를 최대한 줄이면서 사용되어야 한다. 2001년 10월의 한 강연에서 하워드는 테러에 전쟁으로 대응하는 것은 암세포를 제거하기 위해 화염방사기를 사용하는 것에 비유하며, 미국의 아프가니스탄 침공은 필연적으로 민간인의 피해를 가져와 효과적인 대테러전략을 불가능하게 하며, 미국이 군사적 개입을 명예롭게 종결시킨 후에야 지역주민의 "마음"을 얻어 알카에다의 색출에 나설 수 있을 것이라고 전망했다. 그는 미국의 이라크 침공에 대해서는 더욱 부정적이었다. 그에 따르면 알카에다와 연관이 없는 이라크를 대테러전쟁의 명목으로 침공하는 것은 어두운 골목길에서 물건을 잃어버리고는 가로등 아래서 찾는 것과 같다. 이라크를 포함하여 북부 아프리카 마그레브지역에서 중동, 그리고 중앙아시아에 이르는 이슬람 지역 국가들의 문제는 테러가 아니라, 제국주의 시대 이후 근대화가 제도화되지 못한 데 따르는 전통과 근대의 대립을 축으로 하는 내부의 정치적 불안정이다. 이들 국가들을 테러를 후원하는 불량국가로 지목해서 침공하는 대테러전쟁은 이들 국가들의 반서구, 반미 정서를 부추여 내부의 정치적 불안정을 촉발시켜, 영원히 끝나지 않는 승리할 수 없는 전쟁이 될 것이다(Howard 2002).

부시 정부의 대테러전쟁은 럼스펠드가 전망한 미국의 승리가 보장된 새로운 전쟁이 아니라, 하워드의 전망처럼 무모한 전쟁이었다. 새로운 전쟁이 무모한 전쟁으로 판명되는 계기는 이라크 전쟁이었다. 이라크 전쟁의 '고난'을 배경으로 부시 정부 2기에 대테러전쟁의 정치적, 이념적 구호는 "장기전"으로 그 실제는 미국의 압도적 군사력에 의한 "충격과 공포"의 전쟁에서 지역주민의 "마음"을 얻기 위한 반란진압작전(Counter-insurgency)으로 변하며, 새로운 전쟁은 내전과 결합된 제국적 지배의 오래된 전쟁의 성격을 띠게 되었다(Sepp 2007 ; Berger and Borer 2007).

2006년 중간선거에서 공화당의 패배와 럼스펠드의 경질 이후 대테러전쟁의 진화는 가속화되었다. 2008년 게이츠 국방장관의 국방전략에서 적(Enemy)은 이전의 테러리즘 자체에서 알카에다와 같은 폭력적 급진주의자로 제한되었고, 테러의 위협은 중국의 부상, 지구화에 따른 새로운 위협들과 같이 미국이 균형적으로 대비해야 하는 다양한 위협의 하나가 되었다(Department of Defense 2008). 이후 2008년의 경제위기와 대선에서 오바마 정부의 탄생을 계기로 대테러전쟁의 해체가 진행되었다. 적은 알카에다와 그 폭력적 급진주의 동조세력으로 더욱 구체화되었고, 공포의 상태인 테러와의 전쟁은 불가능하다는 '상식'의 회복으로 대테러전쟁이란 용어 자체가 폐기되었다. 대공황 이후 최악의 경제위기를 배경으로 알카에다가 미국의 과잉반응, 과대팽창을 노린다는 위협의 경제적 해석이 모든 위협을 예방할 수는 없다는 '고백'을 동반하고 있다(Boyle 2010). 미국의 재건을 통한 리더십의 회복을 국가안보전략의 모토로 내걸고 있는 오바마 정부에게 복원력은 경제에서뿐만 아니라 안보정책에서도 가장 중요한 덕목인 것이다(The White House 2010 ; 이혜정 2010).

이 글은 새로운 또는 무모한 전쟁으로서 대테러전쟁의 기원과 진화 과정을 안보화(Securitization) 이론을 중심으로 분석하고자 한다. 안보화 이론은 안보를 객관적인 위협의 존재가 아니라, 비상한 대응이 필요한 실존적인 위협을 규정하는 담화행위(Speech Act)로 강조한다(Buzan, Waever, de Wilde 1998 ; 민병원 2007). 안보화 이론은 주로 담화행위로 새로운 안보의 대상이나 영역이 설정되는 데 관심을 가져왔지만, 담화행위 자체의 경합과 그에 대한 청중의 동의와 제도화의 조건들을 포섭한다면 정치공동체의 실존적 정체성이 무엇인지, 그에 대한 어떤 위협에 존재하고 그 제도적 대응은 어떠해야 하는지에 관한 정치적 투쟁 전반을 조명하는 이론으로 기능할 수 있다(McDonald 2008).

이 글의 출발점은 대테러전쟁의 진화가 일관된 이론적 틀에 의해서 설명되고 있지 않다는 것이다. 대테러전쟁의 발명 혹은 구성에 관해서는 9·11에 대한 부시 정부의 특정한 해석, 담론과 수사의 장치가 강조된다. 이에 비해서 부시 정부의 대테러전쟁이 반란진압작전으로, 그리고 오바마 정부에 들어서 알카에다에 대한 전쟁으로 해체되는 과정은 주로 이라크 전쟁의 실패를 중심으로, 즉 정체성이나 위협의 새로운 규정보다는 객관적인 현실의 압박으로 설명된다. 이러한 연구의 한계를 극복하는 이론적 틀을 제시하고, 그에 따라 대테러전쟁의 구성과 해체를 일관되게 설명하는 것이 이 글의 목적이다.

9·11이 대테러전쟁을 강요하지 않은 것처럼, 이라크 전쟁의 실패 역시 게이츠 국방장관의(군의 국가건설이나 반란진압작전 능력의 향상에 집중하지 않는) 균형전략이나(미국 예외주의와 패권의 의지를 포기하지 않고) 가치, 안보, 번영의 조화를 추구하는 오바마 정부의 국가안보전략을 강요하지 않았다. 물론 9·11이나 이라크 전쟁의 '고난'이란 객관적인 현실 없이 그에 대한 특정한 안보화가 성립하지도 않는다. 관건은 객관적인 현실과 그에 대한 담론이나 수사의 구성을 어떻게 통합적으로 파악할 것인가이다. 아래에서는 이에 대한 해답을 안보화 이론의 확장을 통해서 모색하고, 그에 따라서 대테러전쟁의 진화를 분석한다.

Ⅱ. (탈)안보화와 미국 패권, 화자와 청중 또는 관료와 시민, 동맹

대테러전쟁의 진화에 관한 기존 연구는 비대칭적이고 분절적이다. 우선, 시간상의 제약으로 인해, 최근 오바마 정부의 의한 대테러전쟁의 해체에 관해서보다는 부시 정부의 대테러전쟁에 관한 연구가 압도적으로 많다. 앞서 지적한 대로 대테러전쟁의 기원 혹은 구성에 관해서는 담론이나 수사의 요인이 강조되지만, 그 해체에 관해서는 이라크 전쟁의 실패를 배경으로 미국의 객관적인 힘이나 제도의 한계가 강조된다. 전자의 대표적인 사례로는 현실주의나 민주당의 정책담론이 이라크 전쟁을 막지 못한 이유를 9·11을 미국적 정체성과 연관시키고 그에 대한 전쟁을 처방한 신보수주의 담론의 힘에서 찾는 것이다(Krebs and Lobasz 2007; Schmidt and Williams 2008). 후자의 대표적인 연구로는 성공의 경험이 극히 제한적인 미국의 국가건설 기획에 대한 역사적 평가(Dobbins 2003; Brownlee 2007), 그리고 부시 정부의 대테러전쟁이 국제적 협력의 확보를 어렵게 한다는, 넓은 의미에서는 미국의 패권을 침식시킨다는 비판(Nye 2002; Jervis 2005)이나 민주주의 확산이나 국가건설과 같은 자유주의적 제국의 기획에 인석, 물적 자원을 투지하는 데 미국이 지니는 한계에 대한 지적들(Ferguson 2004; Layne 2009)이다.

안보화 이론은 이와 같은 두 가지 차원, 즉 시간적으로 대테러전쟁의 구성과 해체, 그리고 변수의 측면에서 담론, 제도 및 물질적 힘의 상호작용에 대한 분절적 이해를 극복한 요소들을 지니고 있다. 전자를 중심으로 보면 비상한 조치의 제도화가 해체되는 탈안보화 개념과 안보화의 성공적인 조건으로서 안보위협에 대한 청중의 동의라는 요소가 적실성을 지닌다. 후자를 중심으로 보면 비상한 조치를 필요로 하는 실존적 위협의 규정으로서 안보화는 결국 공동체의 실존적 정체성이 과연 무엇인지에 대한 정치적 투쟁에 닿아 있는 것이고, 이 투쟁에는 하나의 화자만 존재하는 것이 아니라 다양한 정파적, 제도적 이해의 화자들이 존재한다(Balzacq 2005). 이러한 요소들은 사실

안보화를 촉진시키는 조건들로서 1) 안보화 담화행위의 언어적 규율뿐 아니라, 2) 그 행위주체의(청중에 의해 수용되는) 정치적 권위, 3) 안보화 담론과 실제 안보위협의 조응을 설정하는 데 이미 담겨 있었지만(Buzan, Waever, de Wilder 1998, 33), 담화행위에 대한 강조로 인해 충분히 이론화되지 못했던 것들이다.

안보화 이론은 청중은 물론 다양한 화자, 그리고 위협의 담론과 실제의 조응 등의 요소를 포섭할 때 정치공동체의 정체성과 제도에 대한 정치과정 전반을 조명할 수 있다[1]. 대테러전쟁과 관련해서 이렇게 확장된 안보화 이론를 적용하면 9·11의 위협을 미국 패권의 정체성과 제도와 관련해서 어떻게 정의하고 대응할 것인가에 대한 정치적 투쟁에 주목하게 된다. 이 정치적 투쟁의 성공은 궁극적으로 미국의 정체성과 패권을 동시에 보존하는 제도화이고, 이 정치적 투쟁의 주체는 대외정책의 결정자들과 전문가들, 그리고 정당과 시민사회에 이르기까지 다양한 화자들이며, 청중은 선거와 여론을 통해서 다양한 화자들의 안보화 담론에 대한 정치적 평결을 내리는 시민들이다. 미국 패권의 국제적 동의의 기반에 주목하면, 청중은 국제사회, 최소한 동맹으로 확대된다. 동맹은 시민들과 달리 직접적으로 미국정치에 참여할 수는 없지만 미국의 패권기획에 대한 협력과 거부, 지지와 반대의 영향력을 지닌다.

미국의 정체성과 패권의 이익은 항상 일치하지 않는다. 오히려 양

---

1 비슷한 시각에서 김대중정부의 대북정책을 분석한 연구는 Kim and Lee(2011).

자의 긴장과 모순이 정상상태라 할 것이다. 예를 들어 자본주의와 민주주의라는 미국정체의 기본을 전세계에 전파 혹은 적어도 '설교'하는 것도 미국외교의 전통이지만, 그에 따른 전략적, 도덕적 모순과 실패도 미국외교의 전통이다(Smith 1994 ; Ninkovitch 1999 ; Cox, Ikenberry, and Inoguchi 2000 ; 마상윤 2005). 달리 말하면 미국이 태생적으로 자본주의와 민주주의의 근대성을 체현하고 있다는 예외주의는 미국의 국제적 개입에 대한 국내적 지지의 기반이 된다는 측면에서는 패권의 자산이지만, 개입에 따른 주권규범의 훼손이나 "위선"을 불가피하게 한다는 측면에서는 패권의 장애물이기도 하다(Krasner 1999, 2004). 미국 패권의 군사적, 경제적, 국제제도와 규범 층위 간의 구조적·본연적 긴장이 존재하기도 한다. 군사적 주권, 더 넓은 의미의 대외정책에서 미국의 독자적 행동의 자유는 국제 제도의 다자주의와 충돌하며, 미국의 경제적 이익과 세계자본주의의 관리자로서 미국의 역할 역시 그렇다(Kurth 1996).

9·11의 충격은 미국의 정체성과 패권의 이익, 그리고 미국 패권의 상이한 층위 간의 긴장을 강화했다. 군사적으로 보면 미국 패권은 제국주의 시대의 지역적, 배타적 군사력 세력권의 논리와 다자 및 쌍무 동맹을 통한 지구적 개입의 기제가 중첩된 것이었다. 지구적 테러조직에 의해서 미국 본토의 안전 신화가 깨지면서, 절대 안보와 예방전쟁의 논리는 군사적 일방주의의 범위를 기존의 지역 차원에서 전지구로 확산시켰고, 이는 개방적 세계경제의 운영은 물론 기존의 동맹과 국제법, 그리고 본질적으로는 미국의 시민권과 헌법체계, 즉 패권의 다른 기제들은 물론 미국의 정체성과도 충돌했다(이혜정 2003). 대테러전쟁

은 냉전과 달리 미국 패권의 새로운 좌표를 제시하기에는 상당한 장애가 있었던 것이다(Buzan 2006).

9·11의 (탈)안보화는 안보화 담론의 주체, 화자의 차원에서뿐만 아니라 그 내용인 위협 종류와 성격, 우선순위에 대한 평가에서도 대단히 경합적이었다. 안보화의 정치적 주체로 보면 화자뿐 아니라 청중도 중요하고, 화자들을 다시 세부적으로 보면 정책결정자/정치인뿐 아니라 정책전문가, 그리고 제도화의 주역인 관료들이 중요하다. 안보화 경합의 성패는 결국 구체적인 역사적 상황에서 안보화의 다양한 주체들의 실존적 정체성과 제도적 이익에 달려있다. 예를 들어 이라크 전쟁을 둘러싼 신보수주의와 현실주의 논쟁은 군사적 일방주의의 효용, 더 넓은 의미에서는 미국 패권의 실존과 그에 대한 위협에 대한 안보화의 경합이었다. 미국의 도덕적 리더십의 복원을 강조하면서, 알카에다가 미국의 과대팽창을 노리고 있다는 오바마 정부의 경제적 안보화는 테러의 위협보다 동맹의 지지 회복과 경제재건의 과제에 초점을 두는 패권전략의 일환이다. 2006년 중간선거 이후 특히 2008년 경제위기 이후 이라크 전쟁과 대테러전쟁 전반에 대한 국내지지 기반이 침식된 것은 안보화 담론의 청중인 시민들의 실존이 제2의 9·11이 아닌 경제를 위주로 한 다른 요인들에 의해 위협받았기 때문이다. 게이츠 국방장관의 다양한 위협에 대한 균형전략은 국방부의 (럼스펠드식의 군사 변환이나 반란 진압작전의 이상하고도 오래된 전쟁을 모두 국방부의 주 임무로 여기지 않는) 조직 문화적 전통과 제도적 이익의 산물이다. 아래에서는 이러한 시각에서 대테러전쟁의 진화를 살펴본다.

Ⅲ. 9·11에서 이라크, 9·15로, 대테러전쟁의 진화

미국은 테러에 취약하다. 지구화의 진전이 실패국가를 양산할 것이며, 경제적 세계화의 역진 가능성도 있다. 동아시아 금융위기는 세계금융자본을 안정적으로 관리할 새로운 기제를 시급히 정비해야 된다는 교훈을 주고 있지만 그 전망은 밝지 않다. 미국경제의 침체와 이로 인한 세계금융질서의 동요는 발생여부가 문제가 아니라, 그 시기가 문제일 뿐이다. 이상은 지난 세기말 미국 패권의 영구화를 위해서 만들어진 초당파적 위원회의 21세기 진망 보고서 주요 내용이다(The United States Commission on National Security/21st Century 1999).

9·11 테러의 발진기지는 냉전의 종언으로 버려진 실패 국가 아프가니스탄이었고, 이라크는 부시 정부의 대테러전쟁으로 실패 국가가 되어버렸다. 실패 국가 이라크에서 미국의 전후 처리의 '고난'은 부시 정부의 대테러전쟁에 대한 국내정치 지지를 침식시켰고, 2008년 9·15 리먼 브러더스의 파산을 계기로 한 미국발 금융위기로 미국 패권의 최대과제는 대테러전쟁이 아니라 경제재건이 되어버렸다. 9·11에서 9·15에 이르는 시기는 이라크 전쟁을 계기로 양분할 수 있다. 그 구체적인 분수령은 관점에 따라 다를 것이다. 부시 정부가 이라크 전후 처리의 난관을 인정하는 기점은 의회에 추가 예산을 요청하고 유엔에서 국제사회의 협력을 호소하는 2003년 9월이고, 대테러전쟁의 군사적 차원보다 민주화의 장기적 전쟁으로서 정치적·이념적 차원을 강조

하는 것은 2004년 대선에서의 승리 이후 2005년 2기 정부 출범부터 이다. 대테러전쟁의 주체인 미 군부가 새로운 전쟁을 실제 반란 진압 작전의 오래된 전쟁으로 전환시키기 시작한 것도 이 무렵이다. 더 결정적인 전환점은 부시 정부의 이라크 전쟁에 대한 전문가와 시민들의 평결이 내려진 2006년말로 볼 수 있다. 중간선거에서 공화당이 패배했고, 초당파적인 이라크 연구 집단은 이라크 정책에 비판적인 보고서를 발표했으며(Baker and Hamilton 2006), 이 연구 집단의 일원이었던 게이츠가 럼스펠드를 교체하게 된 것이다.

돌이켜보면 2001년 9·11에서 2003년 3월 이라크 침공에 이르는 기간에 부시 정부의 대테러전쟁은 절대안보와 예방전쟁의 논리가 기존의 국내외 규범체계와 빚는 충돌을 차치하고라도, 공포의 상태이자 저항의 수단인 테러 자체와는 전쟁이 불가능하다거나 사담 후세인의 세속적 독재정권은 알카에다의 이슬람 근본주의와 상극이며, 이라크의 전후 국가건설은 첨단무기의 군사변환으로 가능하지 않다는 '상식'을 모두 부정한 것이었다. 어떻게 이런 일이 벌어졌는가는 바로 기존 연구의 초점이다(Burgos 2008).

기존 연구는 신보수주의의 제도적 혹은 이념적 담론의 영향력에 초점을 맞춘다. 전자의 대표적인 경우가 체니-럼스펠드 라인이 정책결정을 독점하며 정보를 왜곡했다는 설명이며(Davis 2006 ; Isikoff and Corn 2006), 후자의 사례는 앞서 지적한 현실주의나 민주당 정책 담론에 비해 신보수주의의 대테러전쟁 담론이 미국의 정체성을 잘 포착해냈다는 설명이다(Krebs and Lobasz 2007 ; Schmidt and Williams 2008).

신보수주의의 제도적·이념적 영향력이 작동한 것은 분명하지만 그것만으로 당시의 대테러전쟁의 구성과 이후 진화와 해체를 설명하는 데 한계가 있다. 애국심 혹은 미국적 예외주의를 적극적으로 담아내지 못하는 것은 국제관계의 갈등의 '저주'가 결코 풀리지 않을 것을 강조하는, 보편적이고 비극적인 이론으로서 현실주의의 숙명이지 당시만의 문제는 아니다. 더욱이 이후 체니-럼스펠드의 퇴진과 신보수주의의 이념적 퇴조 및 현실주의의 부활을 고려하면 당시 신보수주의의 득세나 전횡을 설명하는 데는 추가적인 변수가 필요하다.

대량살상무기를 이용하는 재앙적 테러의 안보화가 가장 유력한 대안이다. 2002년 국가안보전략보고서가 명문화하는 9·11의 전략적 교훈은 미국의 최대 안보위협이 위험한 기술과 급진적 이념의 결합이라는 것이었다(The White House 2002). 부시 정부는 재앙적 테러의 그야말로 재앙적인 위험성과 함께 제2의 9·11이 어떤 모습일지는 알 수 없지만 발생할 것은 확실하다는 '불확실성의 확실성'을 주장했다(Lee 2003). 재앙적 테러의 논리는 그 발생가능성이 낮지만 위험이 너무 크다는 것이다. 그런데 9·11의 충격이 채 가시지 않은 상태에서, 예방전쟁의 필요성과 함께 주장된 '불확실성의 확실성'은 재앙적 테러의 임박성에 대한 공포까지 높이는 효과를 가져와서, 행정부의 독주에 대한 청중인 미국 민주주의의 감독과 규율 기능이 제대로 작동하지 않았다고 할 수 있다.[2] 이후 사담 후세인과 대량살상무기나 알카에다와

2 미국 민주주의가 이런 규율의 능력, 자유주의적 국제주의를 운영할 능력을 상실했다(Kupchan and Trubowitz 2007)거나, 더 나아가서 미국 민주주의가 본질적으로 제국적, 과대팽창의 성향을 지닌다(Desch 2007/08)는 대안적 주

의 연계가 증명되지 않고 이라크 전쟁으로 오히려 알카에다의 이라크 유입이 초래되면서 재앙적 테러의 안보화에 의한 예방전쟁의 필요성에 대한 청중들로 미국 시민들의 동의나 묵인은 현격히 약화되었다.

이라크 현지에서 전쟁을 감당해야 하는 미 군부는 대테러전쟁이란 용어가 오바마 정부에 의해 폐기되기 훨씬 이전부터 반란 진압작전으로 대테러전쟁의 진화를 추진할 수밖에 없었고, 이는 백악관과 국방부에 의해 통제되고 조율되는 하향식 변화가 아니라 임기응변식 점진적 변화였다. 2003년 2월에 부시 정부는 테러를 적으로 설정하고, 지구 전체의 테러 조직을 격퇴하고 테러 후원국과의 연계를 절연하며, 테러의 조건을 없애고, 미국의 본토와 가치를 지키는 대테러전략(Defeat-Deny-Diminish-Defend)을 발표했다(The White House 2003). 이라크 점령 이후 미 군부는 민간인 보호를 최우선으로 하는 반란진압작전을 시행하기 시작했고, 2005년 7월 미 합참의장은 테러와의 전쟁이란 용어에 반대한다고 밝혔다. 적은 테러가 아니라 폭력적 급진주의자이고, 테러는 그들의 수단인데 테러에 대한 전쟁은 폭력적 급진주의를 다루는 외교적, 경제적, 정치적 수단들을 배제하고 군사적 수단에 집중하게 만든다는 이유였다(Myers 2005 ; Power 2007).

폭력적 급진주의와의 (전쟁이 아니라) 대결(Struggle)이 명문화된 것은 2008년 국방전략 이후이고, 2006년 9월에 발표된 부시 정부의 두 번째(이후 사라진) 대테러전략 보고서는 급진적 이념의 초국적 테러 네트

장도 있다.

워크를 적으로 설정했다(The White House 2006a). 부시 정부 2기의 자유의 확산과 보호라는 국가안보전략(The White House 2006b)에 따라, 보고서는 민주주의의 확산을 장기적인 목표로 설정하고 단기적으로는 테러 공격의 예방과 테러 조직이 대량살상무기, 불량국가의 후원, 은신처와 훈련 기지를 갖지 못하게 하는 목표를 설정했다. 이라크가 종파적 내전의 장이자 테러조직의 온상이 된 상태에서, 또 국가건설의 기초가 되는 반란 진압작전 개념(Sewell, Nagl, Patraeus and Amos 2006)이 완성되기도 전에 발표된 장기적인 민주주의의 확산 구호는 공허했다. 보고서는 테러리즘의 원인이 빈곤이나 이스라엘과 팔레스타인의 갈등, 미국의 이라크 정책과 대테러전쟁도 아니라는 이라크 상황에 대한 부시 정부의 공식적인 '변명'을 반복했다(Perl 2007). 하지만 이라크 연구집단의 보고서는 이라크의 종파적 갈등과 알카에다의 활동이 심각한 상황이며, 미국이 이스라엘과 아랍 갈등에 직접적으로 개입하지 않은 한 민주화를 포함한 중동정책 전반의 목표를 달성할 수 없다고 경고하고 있었다(Baker and Hamilton 2006).

2006년 중간선거에서 공화당이 패배했다. 2004년 대선에서와 마찬가지로 2006년 중간선거에서 유권자가 가장 중요하다고 생각한 이슈는 이라크 전쟁이었다. 2004년에서 부시의 재선과 2006년에서 공화당의 패배를 비교하면, 부시 정부의 대테러전쟁이나 장기적인 이념 전쟁의 안보화에 대한 청중과 시민의 문제제기는 분명했다. 이라크 전쟁과 테러리즘은 2008년 대선에서 3, 4번째로 중요한 이슈였지만, 2010년 중간선거에서는 5개의 주요 이슈에서 사라지고 경제와 일자리가 각기 2008년과 2010년 선거의 가장 중요한 이슈가 되었다. 시민들의 실존이 경제에 의해 위협을 받게 된 것이다.

〈표 3-1〉 미국 선거 유권자 이슈 순위, 2002-2010

(단위, %)

	2002		2004		2006		2008		2010	
1	교육	22	이라크	25	이라크	17	경제	35	일자리	38
2	경제	17	도덕 가치	14	경제	7	후보자	9	건보	24
3	세제	16	경제	12	가치	5	테러리즘	6	재정적자	19
4	건강보험	14	테러리즘	9	부패 스캔들	2	이라크	5	이민	6
5	이라크	7	건보	2	불법 이민	4	건보	4	아프간	4

출처 : Pew research center(2002, 2004, 2006, 2008, 2010).

보수와 공화당의 몰락에 대한 경고가 울려 퍼지는 가운데, 부시는 마침내 비판의 표적이 되어왔던 럼스펠드를 경질했다. 게이츠가 후임 장관에 취임했고, 국방부 내에 럼스펠드가 설치하였던 군사변환 부서도 사라졌다. 게이츠는 2008년 대선을 앞둔 정치적 리더십의 공백에서, 또한 현실성 있는 국가안보전략이 부재한 가운데, 럼스펠드의 군사변환에 지치고 이라크와 아프가니스탄 전쟁의 수렁에 빠진 국방부의 재편에 나섰다. 그 결과는 균형전략을 모토로 한 2008년의 국방전략이었다(Department of Defense 2008).

게이츠의 균형전략은 대테러전쟁을 폭력적 급진주의와의 대결로 축소시키고 이를 불량 국가와 실패 국가의 도전, 중국의 부상 등의 다양한 현재의 위협 중 하나로 등재했다. 더 나아가 균형전략은 인구와 자원, 기후, 기술발전, 지구화와 경제적 상호의존, 지정학 등의 변화추세가 맞물려 빚어낼 미래의 위협에도 대비하고자 했다. 구체적으로 어떠한 재앙적 테러의 모습으로 나타날지는 모르지만, 제2의 9·11이 발생할 것이 확실하다고 했던 부시 정부 1기의 '불확실성의 확실성'은 이제 미래의 변화추세들이 구체적으로 어떤 위험을 빚어낼 지는 확실하지 않지만 미국의 군사적 대비를 요구하는 위험이 출현할 것은 확실하다는 새로운 '불확실성의 확실성'으로 대체되었다.

지구화 혹은 미래 자체의 안보화로 불릴 만한 이 새로운 '불확실성의 확실성'은 이라크 전후처리의 '고난'에서 유래한 것이 아니다. 2008년 국방전략은 비정규전 전력의 증강이 최우선 과제이지만 그에 '올인'하는 "사치"가 미국에게는 허용되지 않는다고 주장했다(Department of Defense 2008, 13). 그 이유는 미국은 본토를 방위하고, 폭력적 급진주의와의 장기전에서 승리하기 위해서 (축소된 국가건설 기획인) 파트너의 안보능력을 향상시키고, 중국의 부상을 비롯한 지역적 안보환경의 변화를 관리해야 하고, 전 지구적 차원에서 동맹과 군사력 투사능력을 통해서 갈등을 억지해야 하기 때문이다. 즉 전 지구적인 차원에서 현재와 미래의 모든 위협에 대비해서 미국의 패권을 지키는 것이 미군 본연의 임무라고 것이다.

게이츠는 포린어페어(*Foreign Affairs*)지의 기고를 통해서 균형전략을 2008년 대선에서 수립될 새로운 리더십에서 건의했다(Gates 2009). 2008년 대선에서는 민주당 오바마 후보가 미국 최초의 흑인 대통령으로 당선되었다. 오바마 정부가 게이츠의 건의를 그대로 수용할 가능성은 2008년 9·15 리먼 브러더스의 파산으로 촉발된 미국 발 세계금융위기에 의해 원천적으로 봉쇄되었다. 균형전략은 그 재정적 소요에 대한 고려 없이 국방부의 제도적 이익을 최대한 반영한 건의안인

데, 9·15는 미국을 대공황 이후 최악의 경제위기로 몰아넣었다. 미국식 시장경제의 위기에 대한 경고(Bremmer 2009)와 미국이 "구제금융국가"(Ritholtz, Fleckenstein and Task 2010), 심지어는 제3세계국가(Huffington 2010)가 되었다는 자성의 비판이 뒤따랐다. 냉전 이후 세계화를 이끌었던 워싱턴 합의에 대한 재고(Birdsall and Fukuyama 2011)도 이루어졌고, 무엇보다도 미국 쇠퇴론이 부활(Kennedy 2009 ; Layne 2009 ; Ferguson 2010)했다.

대공황이 영국패권의 쇠퇴와 미국 패권의 부상을 가져온 역사적 분수령이었다면 대공황 이후 최악의 경제위기인 9·15는 미국 패권의 근본적인 쇄신을 요구하는 도전이었다. 오바마 정부는 9·15의 도전을 9·11의 역사적 유제 속에서 해결해야 했다. 대테러전쟁의 진화란 맥락에서 보면, 9·11의 유제이면서 오바마의 정치적 부상을 가져온 건 이라크 전쟁 반대와 미국의 도덕적 리더십의 회복이었다.

부시 정부의 이라크 침공은 미국과 영국을 제외한 미국의 전통적인 서구 동맹국들의 반대를 무릅쓴 것이었다. 부시 정부의 입장에서 이러한 서구 분열은 9·11의 안보적 요구를 이해하지 못하거나, 혹은 더 악의적으로 해석하면 그 안보적 요구를 미국이 전적으로 감당하도록 하는 무책임한 유럽에 있었다(Kagan 2003). 유럽의 시각에서는 반대였다. 문제는 전 세계인을 미국인으로 만든 9·11이 아니라, 9·11 이후 부시 정부가 기존의 동맹과 국제법 체계를 무시하는 군사적 일방주의와 무모한 대테러전쟁을 벌인 것이었다(Allin and Simon 2004 ; Roberts 2005). 관타나모와 이라크 및 전세계 비밀 시설에서의 불법구금과 고문은 전 세계적으로 반미를 초래했고, 미국의 대법원에서도 위헌판결을 받았다.

안보화 이론 시각에서 보면, 부시 정부의 9·11 안보화는 이라크와 아프가니스탄의 테러분자와 저항세력뿐 아니라, 청중으로서 미국 시민과 국제사회, 동맹, 그리고 미국의 실존적 제도라 할 헌법 체계에 의해서도 거부된 것이었다. 그래서 미국의 대외정책 전문가들은 한 목소리로 외교와 도덕적 리더십, 상식의 회복(대표적인 예는 Gelb 2009)을 새 정부에게 주문하였고, 관타나모 기지의 폐쇄가 오바마의 주요한 선거공약이었으며 오바마 대통령이 가장 먼저 한 일 중 하나가 고문의 금지였다. 이와 같은 이라크와 아프가니스탄의 '수렁'과 미국의 도덕적 리더십의 추락이라는 9·11의 유제에 더해 대공황 이후 최악의 경제위기의 극복이라는 9·15의 과제가 오바마 정부에게 주어진 것이다.

이러한 삼중 과제에 대한 오바마 정부의 해법은 크게 두 가지였다. 첫째는 안보부담의 경감으로, 그 주요한 내용은 이라크 전쟁의 조기 종결, 아프가니스탄에서의 명예로운 철수 계획 수립, 대테러전쟁을 알카에다의 "분열-해체-격퇴(Disrupt-Dismantle-Defeat)"로 축소, 해체하는 것이었다. 둘째는 경제와 도덕적 리더십의 회복이었다. 이러한 시도를 번영, 가치, 안보의 영역에서 국익으로 정리하고, 그 전체를 "미국의 쇄신과 지구적 리더십"으로 묶어낸 것이 오바마 정부의 2010년 국가안보전략 보고서이다(The White House 2010 ; 이혜정 2010).

게이츠의 균형전략이 미국 패권의 군사적 요구를 종합한 것이었다면, 오바마 정부의 국가안보전략은 미국 패권의 국내와 국제, 그리고 경제, 가치와 안보 영역의 고유한 요구들의 조화와 균형을 모색한 것이었다. 이 틀에서 (부시 정부 이래 미국의 최대 안보 위협인) 재앙적 테러의 가능성이 인정되기는 했지만, 모든 위협을 예방할 수는 없다는 '상식'을 바탕으로 궁극적으로 핵을 폐기하는 목적 하에서 핵물질 보안을 위한 국제협력을 강화하고, 알카에다가 노리는 것이 미국의 과대팽창과 도덕적 리더십의 훼손이라는 새로운 안보화를 제시해서, 미국적 가치를 강제적으로 이식하는 시도는 하지 않되 그 가치를 미국이 직접 실현하고 국제적으로 주창하는 것이 미국의 안보와 정체성, 지구적 리더십을 지키는 길로 주창되고 있다.

IV. 진실의 순간

이 글은 9·11 이후 미국의 대테러전쟁의 진화를 안보화 이론(의 수정)을 통해서 추적했다. 안보화 이론은 비상한 조치의 대응을 요구하는 실존적 위협을 설정하는 담화행위를 강조한다. 담화행위에 대한 강조를 안보화의 성공적인 제도화로 확장시키면, 실존적 위협과 그에 대한 제도화에 대한 다양한 화자들의 경합, 그를 수용하는 청중들, 그리고 제도화를 관장하는 관료들 사이의 정치적 투쟁을 조명할 수 있다. 9·11 직후 선과 악의 대립으로 규정되어, 지구적 테러조직을 주적으로 군사변환의 첨단무기와 군사적 일방주의에 의해 수행되던 대테러전쟁은, 이라크 전후처리의 '고난'을 거치면서 반란진압작전을 실제로 하는, 초국적 테러 네트워크와의 전쟁, 폭력적 급진주의와의 대결로 축소, 진화했다. 오바마 정부에 들어서는 대테러전쟁은 알카에다의 분열, 해체, 격퇴라는 구체적인 전쟁으로 해체되어버렸다. 이 과정은 9·11 테러나 이라크 전쟁의 난관이란 객관적 현실 자체에 의해 결정된 것이 아니다. 부시 정부의 신보수주의와 절대안보, 예방전쟁의 논리나 국방부의 제도적 이익을 바탕으로 하는 게이츠의 현재와 미래의 다양한 위협의 안보화, 미국의 도덕적 리더십에 대한 국내외의 시민과 동맹의 요구, 경제와 도덕적 리더십의 회복에 주력하며 알카에다 위협에 대한 경제적 안보화를 제시하는 오바마 정부의 사례가 증명하듯이, 대테러전쟁의 진화는 현실에 대한 특정한 해석과 이익의 경합에 의해 구성된 것이다.

현재 오바마 정부가 직면한 가치, 안보, 경제의 삼중 과제는 각기 지난한 것이고, 이들의 균형을 모색하는 것은 더욱 어려운 임무이다. 의회의 대체기지 건설 반대로 관타나모 기지 폐쇄 공약은 좌절되었다. 민주주의를 강제적으로 이식하지는 않지만 그 가치를 지속적으로 주창한다는 '값싼' 가치의 외교는 최근 튀니지에서 리비아, 이집트를 거쳐, 예멘과 바레인, 시리아에 이르기까지 아랍 전역의 정치적 격변에서 미국의 편향되고, 제한적인 개입에 대한 비판을 초래하고 있다. 무엇보다도, 2010년 12월 초당파적 위원회가 "진실의 순간"(The National Commission on Fiscal Responsibility and Reform 2010)이란 제목의 보고서에서 나룬 미국의 재정위기가 엄중하다. 합참의장이 적자를 미국안보의 최대 위협으로 설정하고 있고, 국방예산과 복지예산의 대폭 삭감이 없이는 적자의 해결이 어렵다는, 즉 미국의 복지국가와 안보국가의 전면적인 개편이 필요한 것이 '진실'이지만, 그 해법에 대한 정치적 합의의 전망은 (아직은) 요원하다.

참고문헌

마상윤. 2005. "미국의 대외정책과 민주주의 전파, 동기와 딜레마." 『국가전략』 제11권 4호, 41-67.

민병원. 2007. "탈냉전기 안보개념의 확대와 네트워크 패러다임." 『국방연구』 제50권 2호, 23-57.

이혜정. 2003. "패권의 굴레, 북미갈등과 한반도의 평화." 『현대북한연구』 제6권 1호, 247-302.

______. 2010. "오바마의 전쟁 : 미국의 경제위기와 대테러전쟁의 해체." 『21세기 정치학회보』 제20집 3호, 249-271.

Allin, Dana H. and Simon, Steven. 2004. "American Predicament." *Survival* 46, No. 4, 7-30.

Baker, James A. and Hamilton, Lee H.. 2006. *The Iraq Study Group Report*. Washington, D.C. : United States Institute of Peace.

Balzacq, Thierry, 2005. "The Three Faces of Securitization, Political Agency, Audience and Context." *Journal of International Relations* 11, No. 2, 171-201.

Berger, Mart T., and Borer, Douglas A. 2007. "The Long War, Insurgency, Counterinsurgency and Collapsing States." *Third World Quarterly* 28, No. 2, 197-215.

Boyle, Michael. 2010. "Do Counterterrorism and Counterinsurgency Go Together?" *International Affairs* 86, No. 2, 333-353.

Birdsall, Nancy, and Fukuyama, Francis. 2011. "The Post-Washington

Consensus, Development After the Crisis." *Foreign Affairs* 90, No. 2, 45-53.

Bremmer, Ian. 2009. "State Capitalism Comes of Age, The End of the Free Market?" *Foreign Affairs* 88, No. 3, 40-55.

Brownlee, Jason. 2007. "Can America Nation-Build?" *World Politics* 59, 314-340.

Burgos, Russell A.. 2008. Origins of Regime Change, "Ideapolitik" on the Long Road to Baghdad. *Security Studies* 17, No. 2, 221-256.

Buzan, Barry, Waever, Ole and de Wilde, Jaap. 1998 *Security, A New Framework for Analysis*. Boulder : Lynne Rienner.

______. 2006. "Will the 'Global War on Terrorism' be the New Cold War?" *International Affairs* 82, No. 6, 1101-1118.

Cox, Michael, Ikenberry, G. John and Inoguchi, Takashi. eds. 2000. *American Democracy Promotion, Impulses, Strategies, and Impacts*. Oxford : Oxford University Press.

Davis, John W., eds. 2006. *Presidential Policies and the Road to the Second Iraq War, From Forty One to Forty Three*. New York : Ashgate.

Department of Defense. 2008. National Defense Strategy. Washington, D.C. : Department of Defense.

Desch, Michael C.. 2007/08. "America's Liberal Illiberalism, The Ideological Origins of Overreaction in U.S. Foreign Policy." *International Security* 32, No. 3, 7-43.

Dobbins, James. 2003. *America's Role in Nation-Building, From Germany to Iraq*. Santa Monica, CA : Rand.

Ferguson, Niall. 2004. *Colossus, The Rise and Fall of the American Empire*. New York : Penguin.

______. 2010. "Complexity and Collapse." *Foreign Affairs* 89, No. 2, 18-32.

Gates, Robert M. 2009. "A Balanced Strategy." *Foreign Affairs* 88, No. 1, 28-40.

Gelb, Leslie H. 2009. *Power Rules, How Common Sense Can Rescue American Foriegn Policy*. New York: Harber Perennial.

Howard, Michael. 2002. "What's in a Name?, How to Fight Terrorism." *Foreign Affairs* 81, No. 1, 8-13.

Huffington, Ariana. 2010. *Third World America, How Our Politicians Are Abandoning the Middle Class and Betraying the American Dream*. New York : Crown.

Jervis, Robert. 2005. "Why the Bush Doctrine Cannot be Sustained?" *Political Science Quarterly* 120, No. 3, 351-377.

Isikoff, Michael. and Corn, David. 2006. *Hubris, The Inside Story of Spin, Scandal, and the Selling of the Iraq War*. New York : Crown Publishing.

Kagan, Robert. 2003. *Of Paradise and Power*. New York : Knopf.

Kennedy, Paul. 2009. "American Power is on the Wane." *The Wall Street Journal* (January 14).

Kim, Sunghan and Lee, Geun 2011. "When Security Met Politics, Desecuritization of North Korea Threats by South Korea's Kim Dae-jung Government." *International Relations of the Asia-Pacific* 11, No. 1, 25-55.

Krasner, Stephen D. 1999. *Sovereignty, Organized Hypocrisy*. Princeton : Princeton University Press.

Krasner, Stephen D. 2004. "Sharing Sovereignty, New Institutions for Collapsed and Failing States." *International Security* 29, No. 2, 85-120.

Krebs, Ronald R. and Lobasz, Jennifer K. 2007. "Fixing the meaning of 9·11, Hegemony, Coercion, and the Road to war in Iraq." *Security Studies* 16, No. 3, 409-451.

Kurth, James. 1996 Spring. America's Grand Strategy, A Pattern of History. *The National Interest* 43, 3-19.

Kupchan, Charles and Trubowitz, Peter. 2007. "Dead Center, The Demise of Liberal Internationalism in the United States." *International Security* 32, No. 2, 7-44.

Layne, Christopher. 2009. "The Waning of U.S. Hegemony Myth or Reality?, A Review Essay." *International Security* 34, No. 1(Summer), 147-172.

Lee, Heajeong. 2003. "The Bush Doctrine, A Critical Appraisal." *The Korean Journal of International Relations* 43, No. 5, 31-48.

McDonald, Matt. 2008. "Securitization and the Construction of Security." *European Journal of International Relations* 14, No. 4. 563-587.

Myers, Richard B.. 2005. "Washington recasts terror war as 'struggle'." *New York Times*(July 26).

Ninkovich, Frank A. 1999. *The Wilsonian Century, U.S. Foreign Policy Since 1900*. Chicago : University Press of Chicago.

Nye, Joseph S. 2002. "The Limits of American Power." *Political Science Quarterly* 117, No. 4, 545-559.

Perl, Raphael F. 2007. *National Strategy for Combating Terrorism, Background and Issues for Congress*. Washington, D.C. : Congressional Research Service.

Power, Samantha. 2007. "Our War on Terror." *The New York Times*(July 29).

Ritholtz, Barry, Fleckenstein, Bill and Task, Aaron. 2010. *Bailout Nation, with New Post-Crisis Update, How Greed and Easy Money Corrupted Wall Street and Shook the World Economy*. New York : Wiley.

Roberts, Adam. 2005. The 'War on Terror' in Historical Perspective. *Survival* 47, No. 2, 101-130.

Rumsfeld, Donald H. 2001. "A New Kind of War." *New York Times*(September 27).

Schmidt, Brian C. and Williams, Michael C.. 2008. "The Bush Doctrine and the Iraq War, Neoconservatives vs. Realists." *Security Studies* 17, No. 2, 191-220.

Sepp, Kevin I. 2007. "From 'Shock and Awe' to 'Hearts and Minds', The Fall and Rise of US Counterinsurgency Capability in Iraq." *Third World Quarterly* 28, No. 2, 217-230.

Smith, Tony. 1994. *America's Mission, The United States and the Worldwide Struggle for Democracy in the Twentieth Century.* Princeton : Princeton University Press.

Sewall, Sarah, Nagl, John A., Petraeus, David H. and Amos. James F.. 2006. *The U.S. Army/Marine Corps Counterinsurgency Field Manual.* Chicago : University of Chicago Press.

The Pew Research Center. 2002. *House Voting Intentions Knotted, National Trend Not Apparent.* Washington, D.C. : The White House.

_____. 2004. *Voters Liked Campaign 2004, But Too Much 'Mud-Slinging'.* Washington, D.C. : The White House.

_____. 2006. *Public Cheers Democratic Victory.* Washington, D.C. : The White House.

_____. 2008. *High Marks for the Campaign, a High Bar for Obama.* Washington, D.C. : The White House.

_____. 2010. *GOP Likely to Recapture Control of House.* Washington, D.C. : The White House.

The United States Commission on National Security/21st Century. 1999. *New World Coming, American Security in the 21st Century.* Washington, D.C. : The White House.

The White House. 2002. *The National Security Strategy of the United States*

of America. Washington, D.C. : The White House.
______. 2003. *National Strategy for Combating Terrorism*. Washington, D.C. : The White House.
______. 2006a. *National Strategy for Combating Terrorism*. Washington, D.C. : The White House.
______. 2006b. *The National Security Strategy of the United States of America*. Washington, D.C. : The White House.
______. 2010. *The National Security Strategy of the United States of America*. Washington, D.C. : The White House.

4장

세계화 시대 한반도 안보위기 :
북미관계를 중심으로

박인휘(이화여자대학교)

I. 머리말

2009년 오바마 행정부의 등장 이후 최근까지 상대적으로 매우 오랫동안 진행된 북미 외교관계의 악화, 그리고 이와 관련한 한반도 안보위기를 돌이켜 보면 대체로 두 가지 정도의 특징이 발견된다. 첫 번째 특징은 한반도 안보환경 개선을 위한 유화국면의 주도자가 없었다는 점이다. 지난 4-5년 동안의 북한문제는 탈냉전기 이후 남북한 관계에서 전례를 찾아보기 어려울 만큼 미증유의 위기고조 양상을 보여 왔다. 소위 1차 북핵위기가 불거지기 시작한 1992년 이후 지금까지 북한이 핵문제를 포함하여 위기를 고조시키는 경우, 우리 정부는 대부분의 경우 유화적인 입장으로 일관하거나, 혹은 한국을 대신하여 미국이 유화적인 입장을 취하였다. 한국 정부 혹은 미국 정부 중 어느 일방이 유화정책을 취함으로써 '남-북-미' 간 전개된 위기상황의 돌파구가 존재하였던 것이다. 지난 이명박 행정부와 오바마 행정부 1기 동안의 남북관계는 북한의 위기고조에 맞서 남한 역시 함께 위기를 고조시켰으며, 미국 정부 역시 북한의 위협에 유화적인 입장보다는 기본적으로는 원칙론적인 입장을 취해왔다.[1] 이러한 점에 주목한다면 이명박 행정부와 오바마 행정부의 만남은 탈냉전기 이후 약 20여년에 걸친 탈냉전적 공간에서 남, 북, 미가 함께 위기고조 전략으로 맞선 매우 드문 경험이었다고 볼 수 있다.[2]

두 번째 특징은 소위 한미공조체제가 일정한 수준에서 공고하게 지속되고 있다는 점이다. 과거 김영삼-클린턴 행정부 그리고 김대중

1 오바마 행정부 1기 동안의 북미관계가 위기로 일관되었다는 주장에는 이견이 있을 수 있다. 예를 들어 2012년의 '2.23 합의'처럼 일시적이나마 외교적 돌파구가 형성되기도 했기 때문이다. 하지만, 기본적으로는 2008년 하반기 이후 단 한 차례도 6자회담이 개최되지 못하였으며, 또한 '2.23 합의'의 경우도 북미간 합의 과정에 서로 쉽게 용인하기 어려운 미국과 북한의 구조적 입장 차이가 처음부터 존재하였다는 평가가 가능하다.

2 탈냉전기 이후 한국과 미국에는 서로 다양한 행정부가 들어서면서 대북정책을 둘러싼 여러 가지 유형의 정책기조와 협력체제가 추진된 바 있다. 예를 들어, 김영삼-클린턴 행정부, 김대중-부시 행정부, 노무현-부시 행정부 등은 각기 저마다의 장단점을 보이면서, 한미 양국간 북한문제에 있어서의 다양한 정책조율 현상을 보여준 바 있다.

노무현-부시 행정부 사이의 대북정책 공조는 언제나 일정한 수준의 불협화음을 전제로 하고 진행된 바 있다. 하지만 적어도 2012년 말 현재의 시점까지 자연인으로서의 이명박, 오바마 두 지도자의 이념적 및 정치적 간격은 상당하지만, 적어도 대북한 정책적 차원에서의 근본적인 부조화는 불거져 나오고 있지 않다.

하지만 이러한 두 가지 특징에도 불구하고, 2013년 이후 미국의 오바마 행정부 2기의 등장은 새로운 북미관계의 돌파를 시도할 것이라는 전망이 지배적이다. 물론 북한이 핵실험을 포함한 장거리 미사일 발사실험과 같은 위기국면의 조성을 지속적으로 활용할 것으로 예상되지만, 그렇다 하더라도 대체적으로 북한문제의 악화는 미국으로 하여금 북미관계 개선의 필요성을 더욱 강조하게 만들 것으로 보인다. 기본적으로 북한이 핵전략을 체제 생존의 핵심 수단으로 삼고 있다는 점은 북한 스스로 체제 존립의 핵심 전제조건으로 미국과의 외교관계를 설정하고 있다는 판단을 가능케 한다(박인휘 2007; 홍현익 2008; 류길재 2009). 이런 관점에서 탈냉전기 이후 한반도 안보가 안고 있는 구조적 문제점의 본질은 결국 북미관계에 있다는 주장에는 지나침이 없다. 이러한 주장은 한반도 평화를 둘러싼 우리의 정책적 자율성과는 무관하게 과거 냉전기부터 유래하고 있는 한반도는 물론 동북아 지역 안보구조의 근원적인 성격이라는 특징을 가지고 있다.

이러한 배경에서 이 논문은 한반도 안보구조의 가장 근원적인 문제점은 북미관계의 악순환이라는 문제의식을 전제로 향후 북미관계의 개선 가능성 및 그러한 가능성이 한반도평화와 결합할 수 있는 방안에 대해서 분석하고자 한다. 2013년 이후 남북은 물론 미국의 새로운 행정부의 등장은 근래 20년 이래 최악의 남북관계와 한반도 안보의 장기 경색 속에서 역설적으로 북미관계의 발전을 모색해 볼 수 있는 전략적 기회가 될 수 있다고 본다.

II. 북미관계의 현황과 문제점

우선 2013년 시점에서 현재의 위기국면은 쉽게 반전되지 않을 것으로 보인다. 기본적으로 북한과 미국이 각자 설정하고 있는 이익구조(interest structure)가 배우 상이하기 때문이다. 북한의 입장에서는 2011년 12월 김정일 사망 이후 만 1년이 지난 시점에서 김정은 지배 구조의 공고화가 가장 중요한 이해관계인 것으로 판단된다. 북한은 스스로의 전략적 계산에 따라 김정은의 지배가 앞으로 최소 수십 년은 지속될 것으로 간주하면서, 향후 몇 년 동안은 김정은 리더십의 공고화 기반을 다지는 데에 노력을 기울일 것으로 보인다. 이런 관점에서 보자면 매 4년 혹은 5년 주기로 선거가 실시되는 미국과 한국의 대북정책은 북한의 전략적 판단과 근본적으로 조화를 이루기 어렵다는 평가가 가능하다.

재선에 성공한 오바마 행정부의 미국은 2013년 이후 지난 4년과는 다소 차별적인 외교정책을 구사할 것으로 판단된다.[3] 무엇보다도 오바마 행정부 1기 동안의 외교정책은 오바마 대통령 자신의 정체성이 적극적으로 반영되지 못한 측면이 강하다. 여기에는 여러 가지 이유가 있을 수 있지만, 무엇보다도 2008년 선거 당시 도래한 대규모 글로벌 금융위기가 오바마 행정부 1기의 대외관계를 매우 위축시킨 결과로 분석된다. 또한 전임 부시 행정부의 외교정책을 마무리하는 데에 많은 자원과 시간이 투입되었기 때문이기도 하다. 따라서 재선에 성공한 대다수 미국 대통령이 그러하듯이, 오바마 행정부 2기에서는 대외관계에서 어려움을 겪고 있는 국가들과의 관계개선에 더 많은 노력을 기울일 것으로 전망된다. 다소 보편적인 근거이긴 하지만 오바마 대통령의 자유주의적 사상, 협상을 중시하는 외교정책, 규범과 협력에 근거한 문제해결, 국제안보의 안정적인 관리 등의 특징들을 고려할 때, 과거와는 다소 차별적인 대북정책이 추진될 것으로 보인다. 특히 역설적이게도 '핵 없는 세상'이라는 슬로건과 함께 전 지구적인 비확산에 정책적 초점을 맞추고 있는 오바마 대통령의 외교정책은 오히려 북미관계 개선의 모멘텀을 제공할 수 있을 것이라는 분석이 있을 수 있다(박인휘 2013).

물론 지금부터 4년 전인 2009년 초 오바마 행정부 등장 직후 북

3 외교부 관계자 및 미국측 전문가는 오바마 대통령의 재선 당선 직후 "북한이 도발하지 않고 신뢰할만한 태도를 보인다면" 북한을 상대로 적극적인 대화가 시도될 것으로 전망한 바 있다: 참고, 연합뉴스, 2012.11.16. 물론 2013년 2월의 3차 북핵실험으로 인해 향후 북미관계를 비관적으로 분석하는 시각이 많으나, 미국의 외교 역사에서 위기에 최고조에 달했을 때 적극적인 유화국면이 조성된 사례가 많이 있고, 또한 글로벌 핵문제에 대한 오바마 행정부의 전례 없는 관심과 우려를 고려할 때, 군사적 옵션이 불가능한 북한을 상대로 대화를 시도할 가능성이 클 것으로 예상된다.

한과 미국 사이에 다양한 형태의 외교접촉이 있을 것이라는 전망이 지배적이었던 적이 있다. 2009년 중반 이후 새로운 미국 행정부의 외교라인이 완성되면 일정한 수준의 대화국면이 도래할 것으로 짐작된 바 있었다. 하지만 결과적으로 2008년 여름 박왕자씨 피격사건을 계기로 유화국면의 모멘텀을 상실한 남북관계 상황을 포함하여, 북한의 내부요인, 생존전략, 체제강화, 미국 길들이기 등 다양한 전략적 상황들이 맞물리면서 북미 외교관계는 이후 지속적인 침체기를 맞이하게 된 것이다.

특히 미국의 이전 정부들과 비교하여 상대적으로 오바마 행정부는 이명박 행정부 대북정책의 자율성을 적극 지지하는 입장을 견지하게 된다. 대북한 원칙주의적 입장을 견지한 이명박 정부의 정책적 자율성을 인정하면서, 오바마 행정부는 북미관계가 남북관계 발전에 연동되어 있다는 전략적 스탠스를 취하게 된 것이다. 결과적으로 이명박 정부와 오바마 행정부 어느 쪽도 남북관계 발전과 한반도 평화 정착을 위한 유화의 모멘텀을 제공할 기회를 잡지 못했던 것이다. 돌이켜보면, 국내 진보세력으로부터의 공격이 극심하여 정치적인 부담이 가중된다면 이명박 정부의 대북노선이 바뀔 수도 있었겠지만, 진보세력의 공격이 있었던 것은 사실이지만 그러한 공격이 현 정부가 관리할 수 없는 수준의 압박으로까지 작용하지 않았던 점이 인정된다. 여기에 오바마 행정부 1기 4년 동안은 과거 클린턴 행정부와 부시 행정부 모두의 잘못을 되풀이 하지 않겠다는 단호한 입장을 보이게 되었다. 따라서 지난 4년 동안 대체로 2009년 여름 및 2012년 상반기 이렇게 2차례에 걸쳐 북한문제 해결을 위한 유화의 모멘텀이 작동할 수도 있었지만, 매우 흥미롭게도 그러한 한반도 위기의 유화국면은 일견 북한이 주도했던 것처럼 비쳐졌고 결과적으로 지기도 하였다.

다음으로 위기의 수위가 높았다는 사실은 위기 이후 협상과 유화국면의 가능성 역시 그만큼 크다는 것을 의미한다. 북핵 문제는 불가피하게 한반도 문제를 북한과 미국 사이의 대결국면으로 몰고 가는 측면이 있는데, 북한의 핵외교를 둘러싼 북한과 미국의 위기국면이 위태로우면 위태로울수록 향후 양 국가사이의 협상국면 역시 고도의 수준에서 전개될 것이라는 판단을 가능케 하고 있다. 켈리 신임 국무장관의 외교전략, 북핵문제를 더 이상 방치할 수 없다는 여론의 증가, 중국의 일관된 북한 편들기 등의 문제들이 복합적으로 작용하여, 북미간 대화국면이 시작된다면, 그래서 깊은 파국의 국면을 넘어서 협상의 모멘텀이 형성된다면, 오바마 행정부는 북한 문제를 근원적으로 해결하기 위한 해법을 찾고자 할 것이다. 그 과정에서 한반도평화체제 전환 및 북미관계 정상화를 포함한 다양한 정책적 선택이 매우 적극적으로 협상테이블 위에 올려지게 될 것으로 보인다(고유환 2012; 장용석 2010). 오바마 대통령이 갖고 있는 일종의 '21세기형 진보주의 정체성'과 '민주당 외교의 담대함'을 고려할 때, 일단 문제 해결의 모멘텀을 맞이했다고 판단하는 순간 매우 근본적인 관점에서 대북한 접근을 시도할 것이라는 전망이 가능하다. 이러한 배경에서 2013년 한국과 미국에서의 새로운 행정부의 등장, 중국 5세대 리더십의 초기 외교정책 디자인, 대외관계에서 구체적인 성과를 내고자 하는 북한의 이해관계 등이 모두 맞물리는 시점에서 오바마 행정부 2기의 대북정책 모색 의지는 매우 클 것으로 볼 수 있다.

이러한 배경에서 북한문제에 대해 정부가 분명한 비전을 제시하고, 이와 관련한 국내적 지지를 적극적으로 구해야 할 시점이다. 특히 지난 이명박 정부의 경우 북한문제와 관련하여 외교정책과 국내정치 사이의 연결성에 대한 이해가 부족했던 점을 들 수 있다. 북한문제의 경우 과거 김대중 및 노무현 정부 시절 대북관계를 포함한 모든 외교정책에서 국내적 변수를 너무 고려하여 외교정책이 국내정치에 종속되는 경향이 있었다면, 반대로 이명박 정부의 경우에는 외교정책의 국내정치적 요인을 무시하여 외교정책을 국내적으로 활용하거나 국내정치적 요소가 외교정책에 반영되는 특징을 활용하는 전략적 마인드가 부족했던 것으로 분석된다. 하지만 기본적으로 북한 문제를 위한 정책의 대안은 국내, 북한, 국세사회라는 세 가지 부류의 서로 다른 성격의 정책 수용집단(audience)를 상대로 해야 한다. 따라서 비핵화에 대한 근본적인 의구심이 제기되고 북한문제 해결에 대한 회의감이 확산되고 있는 현 시점에서 분명한 비전과 전략적 정교함으로 인해 남북한 관계는 물론 한미관계 등에 있어서 개별 정책이 가지는 국내정치적 다양한 변수들을 잘 관리하는 안목이 요구되는 것이다.

III. 북한문제와 기존 대북정책의 교훈

1. 북핵 의미의 이중성

앞서 밝힌 바와 같이 이 글은 북핵에서 야기하는 한반도 안보 불안의 근원성을 북미관계라는 차원에서 설명하고 있다. 그렇다면 무엇보다도 북핵 문제가 가지는 이중적인 성격에 대해서 생각해 볼 필요가 있다. 주지하는 바대로 북한은 탈냉전기의 시작과 함께 줄곧 핵개발과 장거리 미사일 발사를 결합한 소위 '강성대국' 전략을 특유의 외교 전략으로 내세우고 있다. 물론 핵개발은 북한을 철저하게 외부 사회와 단절시키는 결과로 이어지고 있음에도 불구하고, 핵에 대한 북한의 이해 방식은 핵개발이 야기하는 부정적인 결과보다 훨씬 중층적이다(서보혁 2011; 김근식 2012). 합리적인 관점에서 북한의 핵외교는 아무런 국가이익을 가져다 주지 못하고 있다는 결론이 가능하다. 물론 이러한 결론은 보수주의적 관점과 진보주의적 관점 그 어느 쪽에서 접근하더라도 동일한 입장이 가능할 수 있다. 즉 북한의 핵개발이 궁극적인 핵보유국이라는 입장에 중점을 두고 있는 보수적 관점에서도 북핵은 북한의 국가안보를 더욱 위협하는 결과로 이어지고 있으며, 북한의 핵개발 의지가 아무리 공고해 보여도 결국은 외교적 거래수단으로 이해해야 한다는 진보주의적 입장을 견지하더라도 북핵은 북한에게 경제적 이득을 포함하여 아무런 실리를 가져다 주지 못하는 것으로 판단된다. 하지만 한 마디로 북핵은 북한에게 정권안보의 핵심적인 전제조건이라는 이중성을 가지고 있다.

결국 국가안보를 집권안보(leadership security)로 치환시키는 국가전략을 구사하고 있음을 발견할 수 있다. 돌이켜 보면 북한 사회가 안고 있는 매우 다양한 구조적 결함과 문제점에도 불구하고 북한은 미국을 포함한 국제사회가 핵문제 해결에만 집착하게 만드는 외교적 성과를 거뒀다. 물론 이러한 설명은 핵문제의 시급성을 인정하지 않겠다는 것이 아니라, 한국과 미국을 포함한 국제사회가 핵문제 해결에만 외교적 노력의 초점을 맞추는 한, 한반도 안보구조 모순의 해결을 위한 주도력은 북한이 가지게 된다는 점을 지적하고 싶은 것이다. 왜냐하면 탈냉전 이후 지난 20년간 국가안보와 집권안보를 동일시하는 북한의 비이성적인 국가 거버넌스 전략에도 불구하고, 북한 스스로는 그러한 입장이 북한의 외교적 성공을 가능케 했다는 결론에 도달에 있을 것으로 짐작된다.

이런 관점에서 보자면 핵문제는 본질적으로 탈한반도적인 성격을 가지는 안보 이슈이므로, 결과적으로 북한이 '핵외교'에 집중함으로 인해 한반도 문제의 '한반도화'라는 북한 스스로의 주장은 외교적 수사에 불과하다는 점이 고스란히 드러나고 있다. 오히려 북한은 한반도 문제의 '한반도화'가 아니라, 한반도 문제의 '국제화'를 매우 집요하게 시도하고 있다. 역설적으로 들릴 수 있지만 북한의 핵외교 집착은 핵문제 해결을 위한 모든 과정에서 미국 및 중국을 포함한 국제사회의 역할과 개입을 더욱 정당화시킨 측면이 있다는 점을 결코 간과해서는 안 될 것이다. 앞선 잠깐 언급한 바와 같이 4년전 오바마 행정부 등장 이후의 대북정책 특징으로 우리 정부의 자율성을 인정한 측면을 들 수 있는데, 북한이 핵개발을 생존 및 외교전략의 핵심수단으로 삼아 한국의 역할을 무력화시키려는 의도가 깔려 있는 상황에서, 한미간 이러한 정책공조는 매우 바람직한 점으로 평가된다. 또한 한반도의 대결국면을 지속적으로 '북한 대 미국'으로 끌고 가겠다는 북한의 전략적 계산에 어떤 형태로든 부정적인 영향을 줄 수 있을 것으로 판단된다.

여기서 함께 고려되어야 할 점은 '북핵 문제'가 가지는 동북아 안보 차원에서의 이중성이라는 점이다. 세계 모든 지역의 지역안보구조는 보다 상위 차원에서 작동하는 글로벌 차원의 안보작동방식과 매우 밀접하게 연동되어 있기 마련이다. 유럽, 중동, 남미, 그리고 동북아 등의 지역들은 일정 부분 고유한 지역안보질서를 전제로 하면서, 또 한편으로는 현실적으로 미국이 주도하는 글로벌안보질서에 연계되어서 작동하고 있다(서보혁 2004; 박인휘 2010; Christensen 2006; Kang 2009). 하나의 안보질서의 완결성을 가지는 지역으로서 동북아는 미국이 주도하는 국제안보 질서에 대응하는 '균형'과 '독자성'을 동시에 보이게 마련인 것이다. 동북아 지역안보가 보이고 있는 이러한 현실에서 북핵 문제가 장기화 되면서 결과적으로 '북핵'은 동북아 안보에 참여하는 주요 당사자 국가들의 안보 이해관계를 규정하는 핵심 변수로 작동하고 있다. 이러한 현상을 달리 설명하면, G2, 중일경쟁 등 다양한 동북아 안보 위험요인들이 북핵문제와 결합하면서 지역안보상황을 더 악화시키는 측면도 있고, 또 한편으로는 동시에 다른 안보 이슈가 일정한 수준 이상으로 확산되지 못하도록 하는 특징을 모두 보이고 있다(박인휘 2011,

240-42). 즉, 동북아 지역안보구조에서 북핵은 안보파괴적인 요소과 균형유지적인 요소라는 이중적 성격을 동시에 포함하고 있는 것이다.

그런데 북한은 북핵문제가 가지는 동북아 안보 차원의 함의를 매우 잘 이해하고 있는 것으로 보인다. 뿐만 아니라 북한은 미국을 상대로 한 외교전략을 구사하는 데에 있어서, '북핵'과 '동북아질서안정성' 사이의 연결고리를 핵심 도구로 활용하는 것으로 분석된다. 2012년 4월을 계기로 북한이 스스로의 헌법에 핵보유를 명문화함으로 인해 그 의미가 상실되기는 했지만, 불과 최근까지만 해도 북한은 스스로 한반도의 비핵화는 김일성의 유훈이라는 점을 반복적으로 강조한 바 있다. 적극적으로 해석하자면, 미국을 상대로, 핵이 가지는 탈동북아 바깥으로의 위협을 잘 이해하고 있으니, 북한의 핵은 한반도 및 매우 협소하게 정의된 동북아 안보질서 안에서만 의미를 가지는 것으로 용인해 달라는 주장으로 보여진다.

바로 이러한 이유 때문에 오바마 행정부 2기를 맞이하여 만약 미국이 북한을 상대로 적극적인 대화의 모멘텀을 확보하게 된다면, 어떤 형태로든 동북아 국가들의 동참이 전제가 되어야 할 것으로 보인다. 일부에서 제기되고 있는 6자회담 무용론은 일견 타당한 주장으로 받아들여지지만, 북핵이 가지는 동북아적 중요성을 고려할 때 한반도 안보의 근원적인 요소인 북미관계의 발전은 6자회담 혹은 그것을 대체하는 지역 차원의 논의창구를 통해 의존적으로 지원되어야 할 것으로 보인다.[4] 따라서 북한이 스스로의 핵능력을 탈동북아적인 세력으로 확산을 시도할지 말지의 문제는, 향후 오바마 행정부 입장에서 북한을 상대로 외교적 협상을 재개할 것인가 판단하는 가장 핵심적인 근거가 될 것으로 판단된다. 이란을 포함한 중동 지역 세력과 북한 사이의 군사력 연대는 미국이 가장 꺼리는 시나리오로 간주되고 있으며, 결과적으로 북한이 '핵 프로그램'을 통해 전달하고 싶은 진정한 메시지는 동북아의 평화와 발전이 지속되기 위해서는 구조적인 안보위기와 경제위기를 겪고 있는 북한에게 일종의 '동북아 평화' 차원에서 심리적 위협을 제거해 달라는 주장으로 해석된다. 이를 좀 더 유화적인 관점에서 이해하자면, 북한 역시 나아가 동북아의 안보 유지와 경제 성장에 북한도 동참하고 싶으니 근본적인 해결책인 미국으로부터 한반도 평화체제를 보장받고 또한 그에 상응하는 북미간 정상적인 국가 관계도 맺고 싶은 것이다.

2. 이명박 정부의 대북 정책 평가와 향후 전망의 중요성

선거에서 승리한 대부분의 새로운 집권세력이 그러하듯, 지금부터

4 냉전 종식 이후 한국을 상대로 국력의 절대 열세에 놓였다고 생각한 북한은 생존전략의 차원에서, 핵개발을 중심으로 동북아의 위기를 고조시켜, 미국으로 하여금 결국 북한 역시 동북아의 정상적인 일원이라는 생각을 가지게 만든다는 데에 있다. 이런 배경에서 대를 이은 북한의 리더십과 정권의 안보를 보장하고, 북한을 끌어안은 상태의 동북아 전략을 추진하게 만드는 것으로 판단된다. 하지만 현실적으로는 북미관계의 실질적인 개선 여부와는 무관하게, 김정일의 갑작스런 사망과 오바마 행정부의 전략적 인내정책 등 예기치 못했던 변수들로 인해 불가피하게 북한이 관리할 수 있는 범위 이상의 강경조치들이 채택되고 있는 것으로 보인다.

5년 전 이명박 정부가 출범할 무렵 당시 새로운 정권이었던 이명박 정부의 대북정책 기조는 지난 정부의 대북정책에 대한 평가에서부터 비롯되었다. 과거 진보정권 시절 경험한 햇볕정책의 과도한 추진 때문에 우리 사회 내부의 여론이 분열되어 소위 '남남갈등'으로 이어졌으며, 또한 전략적이지 못한 포용의 결과로서 북한이 변화한 것이 아니라 결국 우리가 변화하였다는 자성의 목소리가 높았던 것이 사실이다.[5] 또한 전술한 바와 같이 상대적으로 진보성향의 집권 10년 동안 일반적인 차원에서의 '한국의 외교안보정책'이 북한이라는 상대적으로 특수한 정책 대상 집단을 대상으로 하는 '대북정책'과 효과적으로 분리되지 못하였다는 평가가 있었다. 이러한 평가는 결국 모든 대외정책이 대북정책에 종속되는 결과를 가져왔다는 비판으로 확산되었던 것이다.

또한 한미동맹을 중시하는 현상과 관련해서, 이전 노무현 정부가 비록 의도하지는 않았더라도 결과적으로 국민들의 이해 속에 한미 양국간 동맹관계에 균열이 생긴 것이 아닌가 하는 의구심을 가져왔다는 입장이었다. 전통적으로 북한문제를 접근하는 시각에는 두 가지 입장

5 이와 관련해서 다양한 전문가들의 주장을 예로 들 수 있으나, 그렇다고 해서 해당 학자들이 이명박정부 혹은 노무현정부의 대북정책만을 온전히 지지하거나 설명하는 입장을 취한다고 보기는 어렵고, 각자의 관점에서 강조점을 바탕으로 분석을 전개하고 있다. 관련한 대표적인 설명들로는 윤덕민, "비핵·개방 3000 구상: 과제와 전망,"『주요국제문제분석』, 2008년 4월 29일; 김성한, "이명박정부의 실용외교: 전망과 과제,『신아세아』15권 1호(2008); 이상현, "신정부의 외교안보정책: 방향과 과제,『전략연구』15권 1호 참고.

이 존재한다. 하나는 핵문제를 포함하여 한반도에 평화를 정착시키는 노력을 전개하는 데 있어서 한국과 북한이 최우선 당사자가 되어 남북관계 발전의 주역이 되어야 한다는 입장이다. 이 경우 의도하지 않게 남북관계 중심적인 노력이 국제공조적인 노력에 우선한다는 지적이 있을 수 있다. 또 하나의 접근은 한반도 평화를 정착시키기 위한 노력으로 한미동맹을 포함하여 국제사회와의 협조체제가 더욱 중요하다는 입장이 있을 수 있다. 반대로 이러한 입장이 강조될 때 국제공조체제의 유지를 위해 남북관계의 특수성과 자율성을 포기한다는 비난에 직면할 수 있다.

돌이켜 보면 김대중 정부와 노무현 정부로 이어진 대북 유화정책이 강조되던 시기에는 남북관계 중심적인 노력이 우선시 되었고, 그 결과 이명박 정부 시절에는 한미동맹이라는 국제공조체제의 상징적인 노력을 우선했던 것이 사실이다. 이런 배경에서 접근해 보자면, 이 글에서 문제를 제기한 북미관계 개선은 한반도 안보구조의 근원적인 문제점을 동시에 제거할 수 있다는 설명이 가능하다. 왜냐하면 한반도 안보의 핵심 이해당사자인 한국, 북한, 미국의 삼자관계에서 보자면, 북미관계의 개선은 남북관계와 한미관계의 병행 발전을 일정 수준에서 전제로 하고 있기 때문이다. 물론 과거 소위 통미봉남이라는 이름하에 북미관계의 발전을 우려하던 시절이 있었다.[6]

---

6 소위 '통미봉남'과 관련한 논쟁은 최근 북한의 3차 핵실험 이후 다시 한 번 재기되고 있는데, 북한의 비핵화가 실질적으로 불가능해지는 것이 아닌가 하는 국민적인 우려가 확산되면서, 미국 역시 한국에게 부여했던 대북관계의 자율

하지만 여러 가지 의미에서 북한이 만약 '통미봉남'을 전술화한다고 하더라도 크게 문제가 될 것으로 보이지는 않는다. 가장 중요한 이유는, 어쨌든 지난 이명박 정부 대외정책의 큰 성공인 한미동맹의 공고화가 매우 높은 수준에서 유지되고 있고, 오바마 행정부 2기 이후의 대북정책 역시 어떤 전략을 구사하더라도 남북관계가 북미관계를 유리시키지는 않을 것이라는 점이 예상되기 때문이다. 오히려 더욱 우려되는 바는 북한의 공격적 대외정책으로 인해 우리 정부의 전략적 자율성이 위축되고, 그러한 특징이 오히려 미국의 대북한 접근에 부정적인 요소가 될 수 있을 것이라는 점을 지적하고 싶다.

이런 점에서 향후 대북정책 전망에 있어서 진보세력의 입지가 축소되는 점은 바람직하지 못한 것으로 판단된다. 핵문제가 기지는 사안의 특수성을 고려할 때, 북핵문제의 해결은 기본적으로 다양한 국제행위자간 연대와 협력체제가 요구된다. 이 글이 주장하는 바와 같이 한반도 안보 불안 구조의 핵심에는 북미관계의 근본적인 저발전에 그 핵심 원인이 있다고 한다면, 따라서 오바마 행정부 2기에서 북미관계 개선의 모멘텀이 포착될 수도 있다고 전망한다면, 한국 내 유화세력과 미국 내 유화세력 간 연대는 매우 중요하다고 볼 수 있다. 하지만 북한의 3차 핵실험과 북한 헌법의 핵보유 언급은 핵문제가 새로운 국면으로 진입하고 있다는 점을 보여주고 있는데, 그럼에도 불구하고 '비핵화' 전략을 보다 적극적이고 전략적으로 개념 규정하지 못하고 북한

성을 회구하고 북미간 직접담판에 가까운 외교관계의 발전이 전개되는 것이 아닌가 하는 전망이 제기되고 있다.

변화를 전제로 한 대북정책을 주장한다면 결과적으로 북한 핵개발의 '북한식' 정당성만 강화될 것으로 해석된다.

전반적으로 볼 때 새로운 정부가 들어서면서 당분간 대북 강경기조가 유지될 전망이다. 결과적으로 현재의 대북한 원칙론적 입장은 일정 기간 더 지속될 것이다. 글로벌 금융위기에 대한 관심이 워낙 높아서 남북한 관계 경색에 대한 관심을 분산시키는 효과가 야기되고 있으며, 지금의 남북한 관계 경색이 궁극적으로 바람직한 남북한 관계로 인도할 것이라고 생각하는 사람들이 현실적으로 다수 존재하고 있는 현실이다. 또한 어느 집권세력이든 '정권의 정체성'이 있는데 일반국민이 새로운 정부에 거는 기대는 기본적으로 보수적 관점에서 정의된 국가이익에 있으므로, 대북정책 역시 이러한 기조 위에서 전개될 것으로 보인다.

이상과 같은 분석을 전제로, 탈냉전기 이후 지금까지 약 20년 넘게 북한 붕괴 가능성을 둘러싼 각종 루머에도 불구하고, 북한 정권의 내구력이 상당한 수준에 도달에 있다는 점을 부인하기는 어려워 보인다. 북한은 정권에 대한 일정 수준의 자신감을 전제로, 동북아 안보위기를 지속적으로 고조시켜서 미국으로 하여금 동북아 지역안보 관리의 관점에서 특단의 조치가 불가피하다는 판단을 하게 만들 것으로 예상된다. 미국과 중국을 포함한 국제사회의 어떤 행위자도 북한 문제 해결을 위한 정답을 가지지 못한 상황이다. 이런 경우 미국은 대북한 군사적 옵션을 정책수단을 고려하지 않을 것을 전제로, 위협의 강도가 높으면 높을수록 북미간 대화의 가능성은 더욱 커질 것이다. 특히 동북아 안보환경 변화로 한반도 문제가 미중 간 담판의 결과로 귀결될 개연성이 상존한 상황에서, 오바마 행정부의 포괄적인 대외정책과 구체적인 대북정책을 정확하게 전망하는 노력이 절실히 요구되는 상황이다.

IV. 향후 북미관계와 미국의 대북정책

1. 오바마 행정부 대북정책의 주요 전제 조건

2013년 이후 향후 오바마 행정부의 대북정책 분석에 앞서 오마바 대통령이 집권 2기를 맞아 추구할 대외정책의 보편적인 특징을 몇 가지 짚어보면 다음과 같다. 무엇보다도 글로벌 경제침체의 장기화와 미국 경제의 어려움으로 인해 국내정치와 외교정책 사이의 고도의 연계성이 형성되었다는 점을 지적할 수 있다. 경제적 어려움은 미국 외교의 대표적인 지지기반은 중산층의 이념적 정체성을 변화시켰고, 결과적으로 국내정치 현상과 외교정책 사이의 상호의존성을 더욱 강화시키게 될 것이다(이혜정·김대홍 2012). 물론 민주주의 국가에서 국내정치와 외교의 연결성은 새삼스러운 일이 아니지만, 현재 미국의 경우 외교적 담판을 위한 포괄적인 국내정치적 관용성의 상실이라는 차원에서 매우 중요한 변화가 감지되고 있다는 점을 지적할 수 있다. 따라서 오바마 행정부는 향후 광범위하고 보편적인 여론을 전제로 한 외교정책을 구현하는 경향이 더욱 강해질 것이고, 이런 경우 결과적으로 '도덕적 명분'을 통한 국제협력체제 구축이 대외정책의 핵심 수단이 될 것으로 보인다.

다음으로는 소위 탈근대적 국제정치질서 변화에 부합하는 글로벌 안보와 거버넌스 구축을 들 수 있다. 국제사회에는 이미 전통적인 힘의 관계와 외교수단으로는 해결할 수 없는 아젠다가 매우 다양하게 출현하고 있다. 환경문제, 인권, 양극화, 식량 등의 문제는 전통적인 의미의 세력관계의 차원이 아닌, 도덕적 정당성, 지도력, 공동체적 가치관 같은 전혀 다른 차원의 외교수단이 요구되고 있다. 이러한 점에 착안하여 오바마 대통령은 이미 지난 1기 집권 과정에서 '핵 없는 세상' '코펜하겐 기후협약' 등과 같은 새로운 글로벌 이슈를 국제사회를 향해 제시한 바 있고, 이러한 아젠다들을 새롭게 보완해서 구축될 글로벌 거버넌스 안에서 해결되기를 희망할 것으로 전망된다. 이러한 차원에서 미국은 향후 지속적으로 '공공외교(public diplomacy)'나 '스마트파워(smart power)'[7]의 실천을 더욱 강조할 것으로 보인다.

마지막으로 세계평화의 유지를 위한 폭력의 근절과 '반테러리즘'을 위해 지속적으로 노력할 것으로 예상된다. 특히 이 점은 오바마 대통령이 지난 4년 동안 전임 정부가 벌여 놓은 '테러와의 전쟁'을 마무리하기 위해 외교자원을 집중적으로 투입한 사실에서 그 배경을 찾

7 외교전략 실천 과정에서 '강압적 힘' 혹은 '아이디어 중심의 연성권력' 중 어느 일방에 의존하지 않고, 이 두 가지 외교수단을 적절하게 조화시켜서 군사력, 경제력과 지식, 문화적 힘 등이 효율적으로 결합되어 국가이익을 극대화시키는 외교정책 수단을 가리킨다.

아볼 수 있다. 소위 오바마식 평화의 확산과 정착은 매우 중요한 외교적 목표와 가치로 자리 잡게 될 것이다. 그런데 이와 같은 글로벌 수준의 전쟁 예방과 반테러리즘의 실천은 세계 곳곳, 특히 전략적 요충지에 위치한 동맹파트너 국가들과의 협력을 전제로 한다. 따라서 광범위한 차원의 동맹관계 조정 역시 수반될 것으로 보인다. 이 과정에서 특히 한국과 같이 소위 '중견국가' 지위를 확보한 국가들에게는 새롭게 '글로벌 책임감'의 공유를 요구할 수도 있을 것이다.

이상과 같은 예상과 설명을 전제로 오바마 행정부 2기의 대한반도 정책과 관련하여 전제조건 몇 가지를 지적하고자 한다. 첫째, 집권 이후부터 지금까지 오바마 행정부의 대 한반도정책 경험에서 이미 알 수 있듯이 오바마 행정부와 박근혜 행정부 사이의 불협화음은 관리 능력 범위를 벗어나지 않을 것으로 판단된다. 탈냉전기 이후 한국과 미국 사이에 상대적으로 새로운 집권세력이 들어설 때마다 한미 간 정책조율에 다소 문제가 있었던 것은 사실이다. 북핵 1차 위기로 클린턴 행정부와 어려운 관계에 놓였던 김영삼 정부, 러시아와 ABM 조약에 관한 인식을 공유하는 것이 계기가 되어 새로 들어선 부시 행정부와 외교적 곤경을 겪었던 김대중 정부 등이 대표적인 사례로 거론되곤 한다. 하지만 당시 한미 간 갈등의 본질은 '국가이익 대 국가이익'의 포괄적인 차원보다는 집권세력 간 리더십의 차이에 기인한 문제였다는 지적이 더 정확하다고 생각한다.[8] 구체적으로는 국제안보를 전략

8 김병문, 2005. "한·미의 대북정책의 전개와 변화: 김대중 정부시기 클린턴 행정부와 부시행정부의 대북정책을 중심으로," 『세계지역연구논총』 23권 2호;

적 관점에서 읽어내는 마인드가 부족하였던 관계로 미국의 새로운 집권세력이 추진하는 '글로벌안보-동북아지역안보' 사이의 연계성을 분석하지 못한 데 원인이 있다고 생각한다(박인휘 2009, 52-53).

따라서 현재 공공한 수준에서 유지되는 한미동맹은 오바마 행정부 2기와 박근혜 정부 사이에서도 유지될 수 있을 것이다. 다만 '원자력협정' 및 '전작권전환'과 같이 양국의 첨예한 이해관계가 걸린 사안을 놓고서 외교적 갈등을 야기할 개연성은 존재한다. 특히 박근혜 대통령의 경우 선거과정에서 미국에게 매우 적극적인 입장을 피력하겠다는 견해를 밝힌 바 있기 때문이다.[9] 하지만 종합적인 관점에서 2013년은 한미동맹 60주년을 기념하는 뜻 깊은 해로서, 이러한 민감한 사안들이 한미동맹의 기반을 침식하기 보다는, 결과적으로 양국관계를 강화하는 계기가 될 수 있을 것으로 보인다.

둘째, 오바마의 한반도 정책은 오바마의 포괄적 세계전략 기조에 종속적일 수밖에 없다는 점을 들 수 있다. 일견 매우 상식적인 지적처럼 들리지만 우리는 미국의 대외전략과 관련하여 '글로벌 안보변수-한반도 안보변수' 간 결합방식에 대해서 전략적으로 이해하지 못하는

조동준, "외교정책결정자 심리분석의 유용성 검토: 1990년대 북핵위기를 둘러싼 한미관계를 중심으로," 『한국정치외교사논총』 26권 1호, pp. 197-22 참고.

9 이러한 사안과 관련하여 박근혜 정부 출범 이후 정부 차원의 공식적인 입장이 발표된 바는 없다. 후보 당시 발표하였던 정책공약집을 토대로 동 사안을 전망할 따름이다. 박근혜, 『외교안보통일분야 정책발표』, 2012년 11월 5일 참고.

경우가 많다. 예를 들어 부시 행정부의 마지막 2년에 걸친 대북 유화 정책의 강화는 미국의 입장에서 북한이 안고 있는 구조적인 안보문제를 이해하였기 때문이거나 김정일의 '핵외교'를 이해하기 되었기 때문이 아니다. 당시의 부시 행정부 대북정책은 오히려 한반도와는 무관한 탈한반도적인 변수들의 결과라고 봐야 할 것이다. 이라크전으로 대표되는 중동정책의 실패, 2006년 미국 중간선거의 패배, '부시외교'에 대한 여론의 악화 등의 요인들로 부시 행정부가 대북협상에 나섰다는 부분을 정확하게 이해해야 한다. 따라서 오바마 행정부 2기에 발생할 수 있는 적극적인 대북정책과 관련해서도, 한반도 상위의 차원에서 발생하는 안보변수들을 이해하지 못한다면 미국의 대북한 정책을 전망하는 것은 근본적으로 불가능할 것이다(박인휘 2009, 54-55).

셋째, 다양한 요인과 배경에 의해 오바마 행정부 동안 한반도 문제의 우선순위는 높지 않았던 것이 사실이다. 특정 행정부에서 외교정책 우선순위는 다양한 이유로 얼마든지 바뀔 수 있지만, 2012년 말과 2013년 상반기를 전후로 북한문제에 대한 미국 내 정책결정자들의 분위기는 매우 부정적인 것이 사실이고, 결과적으로 적극적인 북미 담판 가능성이 높지 않은 것도 사실이다. 특히 국제경제운영 원칙과 맞물린 미중관계의 발전이 어떻게 전개될지 정확하게 예측하기 어렵고, 무엇보다도 이란 문제라는 또 다른 핵문제의 안정적 해결이 시급한 상황에서, 앞으로 오바마 행정부가 한반도 문제에 집중하기엔 불가능할 것이라는 전망이 설득력을 얻고 있는 점 역시 사실이다. 하지만 동시에 미국 정가의 일각에서는 북한 문제를 더 이상 방치할 수 없다는 여론 역시 점차 확산되고 있다는 사실에 주목할 필요가 있다.

이와 관련하여 북한 핵이 얼만큼의 위기를 가져오고 있는가 하는 문제와 관련하여 경우에 따라서 한국과 미국의 이해가 서로 상이할 수도 있을 것이다. 하지만 향후 북미간 적극적인 대화의 모멘텀이 형성된다면 한반도 문제와 관련하여 전통적인 우방 국가인 한국과의 '외교안보적 이익의 공유'를 강조하게 될 것이다. 전후 질서에서 가장 공고하게 자리 잡은 미국의 동맹파트너인 한국은 오바마 정부에서도 중요한 외교적 자산이 아닐 수 없다. 특히 오바마의 외교안보정책이 국제사회로부터 정당한 지지와 동의를 전제로 하는 것이라면, 전 세계 지역별 주요 동맹국들로부터의 지지와 협조가 반드시 필요할 것이고, 미국의 입장에서 미국의 동북아적 이익과 관련하여 한국과 일본으로 대표되는 동맹적 조력자는 커다란 외교적 자산이 아닐 수 없다.

2. 오바마 행정부 2기 대북정책 전망

과거에 북한 핵보유 추진 사실을 둘러싼 국내외적 논쟁을 경험한 바 있다. 논쟁의 핵심은 북한핵을 외교전략적 차원에서 이해하는가, 아니면 핵보유국가 차원에서 이해하는가의 문제였다. 다시 말해, 상대적으로 진보적 관점의 분석에 의하면 북한의 핵전략은 미국을 포함한 국제사회를 상대로 한 외교수단의 목적을 가진다는 입장이었다. 반면 상대적으로 보수적 관점의 분석에 의하면 북한의 핵전략은 궁극적인 핵보유국 지위 확보의 목적을 가진다는 입장이었다. 만약 전자의 경우라면 북한으로 하여금 핵을 포기시키는 문제는 우리 정부를 포함하여 미국 등이 얼마나 효과적인 대북정책을 전개하는가에 달려 있는 셈이고, 반면 후자의 경우라면 북한 핵문제를 해결하기 위해 우리가 가용할 수 있는 정책수단은 거의 없다고 볼 수 있다. 그러나 2012년을 지나면서 적어도 당분간 이러한 논쟁은 사라질 것으로 보인다. 앞서 언급한 바와 같이 북한 헌법의 핵보유 표기, 3차 핵실험 및 추가 핵실험 예상 등의 정황들을 종합컨대 북한은 사실상의 핵보유 국가로 간주될 것으로 판단된다.[10]

그렇다면, 오바마 행정부 2기에 들어 지난 4년과 비교해 얼마나 차별적인 대북정책의 추진이 가능할 수 있을까? 기본적으로 '단기적인 전략'과 '장기적인 전략'으로 구분해 접근할 것으로 예상되는데, 단기적인 북한이 최근 시도한 일련의 도발들에 대한 제재가 효과적으로 추진될 수 있도록 국제공조체제를 강화할 것으로 보인다. 이 과정에서 오바마 행정부는 북한이 기존 유엔 안보리 결의를 위반한 사항들에 대한 제재와 함께 외교관계 개선의 가능성은 언제나 열려 있다는 두 가지 메시지를 함께 던져야 할 것으로 생각한다. 이러한 차원에서 오바마 행정부는 북미관계를 둘러싼 장기적인 전략을 함께 고민할 것으로 보인다. 북미간 정상회담을 포함하여 상대적으로 파격적인 제안을 시도할 가능성을 점쳐볼 수 있지만, 그러한 제안은 '국제공조', '북한 인권', '북한의 수용 가능성', '동북아 지역안보 상황' 등 다양한 사안들과 서로 연계되어 작동할 것이기 때문에 다소 느리게 가시화 될

10 물론 2013년 2월 3차 핵실험 이후의 시점에도 여전히 일부 진보세력의 주장에 의하면 북한 핵외교의 목적은 '외교적 수단'에 있는 것으로 설명되고 있다.

수 있다. 하지만 탈냉전기 20년 동안 지속된 북미 간 갈등 구조를 전제로 미국 정부의 차원에서 북한 문제를 더 이상 방치할 수 없다는 외교적 필요성의 수위는 그 어느 때보다도 높다고 본다.

먼저 단기적인 전략을 중심으로 생각해 보면, 지금까지 미국의 대북정책은 비록 수년째 중단된 상태이지만 '6자 회담'이라는 동북아 차원의 국제레짐을 전제로 하고 있으며, 과거 북한의 핵폐기를 목표로 한 미국의 궁극적인 플랜 역시 6자 회담의 기능적 작동을 전제로 한 측면이 있다. 물론 대북한 외교대화의 전개 방식은 6자회담이라는 제도적 다자주의와 북미간 직접 담판이라는 내용적 양자주의가 혼재하는 방식을 취해왔었다. 근자에 들어 6자회담의 지속성 여부에 대해 부정적인 견해가 우세하지만, 새로운 다자적 논의 창구가 생겨나더라도 6자회담 재개를 일차적인 목표로 설정하는 것이 바람직해 보인다. 그리고 6자회담의 재개와 함께 동시에 다양한 행위자들 간 양자주의 및 소규모 다자주의가 함께 추진될 수 있다면, 북한문제의 국제레짐체제는 더욱 효율적으로 작동할 수 있을 것으로 판단된다.

본 연구가 일관되게 주장하는 바와 같이, 북한이 느끼는 생존적 위협은 한반도는 물론 동북아 안보구조의 근원적인 불완전성을 제공하고 있다. 그리고 북한이 다른 외교전략이 아닌 '핵개발'을 핵심 생존 수단으로 선택하였다는 점은 북한이 추구하는 북한식 안보개선의 방향성이 미국과의 관계 개선에 있다는 점을 잘 보여주고 있는 것이다. 한반도에 탈냉전적 분단구조가 형성된 지 20년이 되어가는 시점에서, 또한 3차 핵실험으로 인해 우리 사회 내부에서 실현 가능성과는 무관하게 핵무기 보유 주장이 제기되고 있는 시점에서, 그리고 6자회담국 모두에서 새로운 정치권력이 등장한 관계로 새로운 동북아 안보질서가 모색되고 있는 현 시점에서, 미국 행정부가 북한문제 해결을 위한 매우 근원적인 고민을 시도할 때라고 판단된다. 북핵문제 해결을 둘러싼 많은 논의 중에 매우 흥미로운 사실 한 가지는 미국의 정책 결정자들에게는 '북핵 해결을 위한 군사수단 감행'과 '동북아 지역 안정성 유지' 사이에 일정한 이분법적 관점이 작동하고 있다는 믿음이다.

다시 말해 상당수의 한국 전문가 및 일반 국민들은 미국이 북핵문제 해결을 위해 다양한 노력을 시도하고 있지만, 군사적 옵션까지 선택하지는 않을 것이라고 생각하고 있다. 이와 관련하여 일부 이견이 있을 수 있겠지만, 필자의 견해에 의하면 미국 정책결정자들은 북한에 대한 군사적 수단이 만에 하나 있을 수 있는 중국의 개입 및 북한의 일탈적인 군사대응을 초래할 수 있고, 이러한 일련의 군사적 충돌은 한국전쟁 이후 지난 수십 년간 유지된 동북아 지역의 안정을 파괴하는 결과로 이어질 수 있다는 점을 우려하는 것으로 분석된다. 결국 미국의 관점에서 '북핵 해결을 위한 군사직 수단'과 '동북아 지역안정성' 사이에는 이분법적 논리가 작용하여, 군사적 수단을 사용하는 정책까지는 선택하기 어려울 것이라는 설명이다. 만약 이러한 추론이 일정한 분석력을 가지고 있다면, 북한 역시 이러한 점을 충분히 파악하고 있을 것이다. 결과적으로 북핵문제를 다루는 미국 정책수단의 제약은 북한의 지속적인 핵개발을 정당화하는 논리로 작용할 수 있다는 설명이 가능하다.

결국 북핵을 포함한 북한문제의 해결을 위해서는 미국과 북한 사이에 형성된 갈등구조를 해소하는 노력이 핵심적인 의미를 가진다. 북미간 외교관계 개선을 위한 오바마 대통령의 전략적 선택이 선행한다면, 북한으로서는 미국에게 양보하는 제스처를 취하면서 향후 일련의 북미 협상과정에서 미국을 상대로 다양한 전술을 구사할 것으로 예측된다. 기본적으로 오바마 행정부가 쉽게 말려들지는 않겠지만 북한은 과거 클린턴 행정부 시절처럼 한국의 역할을 제한시키면서 한반도 문제를 '북한과 미국의 구도'로 몰고 가는 데에 외교력을 집중할 것으로 보인다. 이러한 분석을 전제로 향후 오바마 정권은 '대화의 모멘텀 포착' → '6자회담 재개' → '양자접촉 병행' → '적극적 대북담판'의 순서로 대북정책을 구사할 것으로 판단된다. 장기적으로 미국은 한미공조의 틀을 깨지 않으면서 또한 중국을 적극적으로 끌어들여 '다자주의'와 '양자주의'를 적극적으로 결합시키고자 할 것이다. 사실 북미간 외교관계에서 '다자주의-양자주의'의 결합은 과거 부시 행정부 후반부에 이미 적극적으로 구현된 바 있다. 이론적인 배경을 보면 제도적 완결성을 축적하기 시작한 6자회담의 형식을 존중하고, 내용의 측면에서는 북미간 양자 접촉을 실현하는 것이다. 이러한 전략은 동아시아 지역주의의 출현이 미국의 동아시아적 국가이익에 위배되지 않는다는 입장과 일견 조응하는 것으로 이해된다.[11]

---

11 대표적인 논문으로는 Joshua Kurlantzick, "Pax Asia-Pacifica? East Asian Integration and Its Implications for the United States," The Washington Quarterly 30-3 (Summer 2007), pp. 67-77; J. Kurlantzick, "Pax Asia-Pacifica: Asia's Emerging Identity and Implications for U.S. Policy," Pacific Council on International Policy and USC Center for Public Diplomacy (2007) 참고.

3. 주요 이슈와 우리의 전략적 고려 사항

1) 6자회담의 재개 여부

결론적으로 말하면 현재의 북핵 폐기 시나리오는 일정 부분 6자회담을 전제로 하는 것이므로, 한미 양국이 6자회담의 폐지를 선제적으로 확인하기는 어려울 것으로 보인다. 6자회담 재개 여부와 관련하여 두 가지 점을 짚어보아야 한다. 우선 한 가지 분명한 점은 미국이 규정한 불량국가(rogue regime) 가운데 북한은 매우 예외적인 국가라는 사실이다. 1차 북핵위기 때의 제네바합의를 포함해서 9.19 선언, 2.13 합의 등 북한과 미국은 수차례 걸쳐 관계 개선을 위한 외교적 합의를 도출한 바 있다. 예를 들어 이미 2008년 4월 북한은 일부의 의혹에도 불구하고 미국에 '핵신고서'를 제출한 바 있다. 결국 오바마 대통령이 한반도 평화에 대해서 어떠한 구상과 정책적 결정을 할 것인가에 달려 있다고 보인다. 문제의 핵심은 UEP(우라늄농축프로그램)을 포함하여 리비아 핵협력설, 이란과의 커넥션 등 소위 '미래의 핵'과 '과거의 핵'을 모두 문제삼을 것인지, 아니면 플루토늄을 중심으로 현재 보유한 핵탄두와 작동 중인 우라늄농축 프로그램 및 군사적 능력을 중심으로 한 실체적 핵만을 문제 삼을 것인지 등의 판단은 매우 전략적인 성격을 가진다.

이러한 배경에서 일단 북한 비핵화 단계를 협소하게 정의하고, 이를 토대로 6자회담 재개의 모멘텀을 확보한 후, 추후 다양한 외교적 환경 조성을 통해 북한을 대상으로 단계적인 합의를 이룩해 나가는 전략이 바람직해 보인다. 이제 더 이상 북한을 상대로 해서 '핵보유국' 이다 아니다 하는 문제를 놓고서 논쟁을 벌일 필요는 없어 보인다. 이러한 상황에서 북한 비핵화를 전제로 한 6자회담의 포기는 북한의 핵보유의 의미를 더욱 용인하는 의도하지 않은 결과를 초래할 수도 있다. 따라서 6자회담의 유용성 및 실용성 문제와는 무관하게 6자회담의 재개는 반드시 필요하다고 본다. 결과적으로 현 시점에서 미국의 북한 비핵화 전략은 거시적으로 두 단계 과정을 거쳐야 한다. 우선은 북핵 포기를 위한 압박 보다는 미국의 입장에서 보다 유리한 상황에서 북한 정권을 외교적으로 승인하는 대북한 관계정상화 협상 과정에 초점을 맞춰야 할 것이다. 그 다음으로 외교적으로 한국과 중국이 동시에 수용할 수 있는 비핵화 플랜을 북한에 제시하고 관철시키는 노력이 뒤따라야 할 것이다.

2) 북미접촉의 등장 시점과 실효성

미국의 북미 양자관계의 구체적인 방안으로는 소위 '클린턴식 접근법'과 '부시식 접근법'을 들 수 있다. 이 두 접근법의 가장 큰 차이는 북미 양자접촉 과정에서 한국 정부의 역할이 어느 정도 공식화되는가에 있다고 볼 수 있다. 주지하는 바와 같이 '클린턴식 북미 접근' 프로세스에는 한국 정부의 역할이 상대적으로 매우 제한적이었거나 거의 소외되었다고 해도 과언이 아니며, 반면 '부시식 북미 접근'의 경우 한미동맹적 관계의 현실성을 어느 정도 인정하였던 것으로 평가된다. 단언하기는 어렵지만 앞으로 오바마 행정부 2기 동안 예상되는 '오바마식 북미 접근'의 경우 북미간 접촉 초기에는 부시식 접근법에 가까웠다가 북미 협상이 어느 정도 진전되면 클린턴식 접근으로 옮겨갈 것으로 전망된다. 하지만 '클린턴식' 해법에서도 북미관계 중심이라는 대화의 축은 형성되지만 한국의 역할이 과거처럼 한계화의 상황을 맞게 되지는 않을 것이다.

미국은 글로벌 경제회복, 대중국관계, 새로운 글로벌 질서수립, 이란 문제 등과 관련하여 한국의 협조가 절실한 상황일 뿐만 아니라 지난 이명박 정부 기간 동안 형성된 '포괄적-전략적 동맹관계'의 공고한 유지를 매우 긍정적으로 평가하고 있다. 만약 북미간 협상이 일정 수준에서 탄력을 받고 오바마 대통령이 집권 이후 경험한 북한발 위기 상황들을 근본적으로 해결하겠다는 의지를 가진다면, 북미 협상은 '한반도평화체제' '북미국교정상화' 등 협상 가능한 모든 의제들을 포함시키는 수준이 될 것으로 판단된다. 이러한 판단은 특히 오바마 대통령이 가진 '21세기 진보주의적 성향' 및 '민주당 외교의 전통적인 특징' 등의 요인을 고려한 결과이다.

한편 오바마식 북미접촉이 얼마나 강력한 모멘텀을 유지하고 탄력을 받을 것인가의 여부는 미국이 전개하는 다른 글로벌 안보전략과 연계되어 있다는 점을 간과해서는 안 된다. 즉, 부시행정부 말기 2년 동안의 대북한 유화정책이 결국은 미국의 중동정책 실패와 2006년 중간선거 패배에서 비롯되었듯이, 만약 2013년 연내에 중요한 분기점을 맞을 것으로 예상되는 이란 문제, 미일동맹의 회복, 글로벌 경제의 호전 여부 등의 상황이 어떻게 전개되는가에 따라 오바마 행정부의 대한반도 정책은 민감하게 영향을 받을 것이다. 특히 3차 북핵실험에 대한 국제사회의 제재 모멘텀이 당분간 유지될 것이라는 전망 하에, 대북한 접촉 시점은 2013년 하반기 전후로 예상해 볼 수 있다. 만약 미국이 안고 있는 다른 글로벌 안보 이슈들의 상황이 개선된다면 상대적으로 북한에게 매우 엄격한 원칙을 요구할 것이고, 만약 다른 외교이슈들이 악화된다면 상대적으로 북한과의 대화의 모멘텀을 포착하고자 하는 노력이 적극적으로 전개될 가능성이 있다.

3) 중국에 대한 압력과 중국의 향후 행보

단순하게 설명하면 중국은 북한의 핵을 용인할 수 없지만, 그렇다고 하더라도 현재의 북한 정권을 대신한 그 어떤 집권세력도 지금의 한반도 및 동북아 안보 상황보다 더 나을 것이라는 보장이 없다고 판단하고 있다.[12] 동시에 김정은 정권의 개혁개방 가능성에 대해서도 크게 기대하지 않는 입장이다. 전문가들은 북한의 핵보유로 동북아에 핵도미노가 발생할 것을 염려하고 있지만, 그럴 가능성은 제로에 가깝다고 본다. 무엇보다도 한국이나 일본이 핵개발을 대가로 국제사회의 비난과 제재가 수반될 NPT 탈퇴를 감행할 가능성이 거의 없기 때문이다. 중국 역시 이것을 잘 알고 있는 것으로 판단된다. 중국은 북한

12 중국이 대북한 인식과 관련해서는 다양한 견해가 존재하고 있고, 특히 새롭게 등장한 시진핑 체제는 북한의 3차 핵실험 이후 과거와는 다른 대북한 외교관계를 설정할 것이냐는 전망이 제기되고 있다. 하지만 다수의 중국 전문가들은 여전히 중국은 현재의 북한정권을 전제로 한 동북아 안정성을 포기하기 어려울 것이라는 분석을 내놓고 있다.

의 핵보유전략이 동북아의 안보위기를 초래하여 스스로의 경제성장 전략에 부정적인 영향을 미칠 수 있지만, 북한 핵이 가지는 궁극적인 의미가 동북아 안보환경이나 동북아 경제성장의 파괴에 있는 것이 아니라, 미국으로부터 정상적인 국가로 승인받아서 동북아 안보질서와 동북아 경제성장의 혜택을 함께 누리게 해달라는 요구로 이해하고 있는 것으로 판단된다.

그렇다면 중국의 입장에서는 다른 어떤 대안보다도 현재의 김정은 정권의 유지를 선호하는 것은 당연한 이치이다. 즉 분단된 상태로서의 김정은 체제를 대신할 대안으로서 '남한 중심의 통일국가', '핵을 보유한 북한 중심의 통일국가', '새로운 군부세력의 집권' 등이 가능하다면 중국의 입장에서는 현상 유지가 그 어떤 다른 대안보다도 유리하다고 판단할 것이다. 따라서 현 상황에서 미국의 대북한 전략에 쉽게 동참할리 만무한데, 다만 북한으로 인해 조성되는 동북아 위기상황이 동북아 안보질서 파괴로 이어질 개연성이 있거나 북한의 위기고조가 미국으로 하여금 국제질서 유지에 매우 난처한 입장을 만드는 것이라면, 이것은 중국으로서도 용인하기 어려운 것으로 판단할 것이다. 왜냐하면 동북아 지역안보의 위기는 동아시아에서 지역적 리더십을 확보하려는 중국의 국가이익을 심각하게 침해하는 것이며, 또한 북한이 동북아 수준을 뛰어넘어 글로벌안보의 차원에서 미국의 국가이익을 침해한다면 그것은 결과적으로 중국에게도 불리한 영향을 미칠 것으로 믿고 있기 때문이다.

따라서 중국의 이러한 전략적 판단들을 종합적으로 고려해 보면, 기본적으로 중국은 오바마 행정부의 대북한 외교관계 개선을 환영하는 입장을 유지하겠지만 북중 경제관계, 평화체제 논의 등 북미대화의 내용, 북한문제에 대한 한미일 공조체제 등의 상황들에 따라 대북한정책의 수위를 조절할 것으로 판단된다.

4) 미일 혹은 미중일 협의체의 추진

2012년 말 일본에서는 아베정권이 등장하였고, 이에 따른 일본의 새로운 대외정책 중 핵심 사안은 지난 민주당 정권 시절 다소 소원하였던 미일동맹의 강화라고 알려졌다. 실제로 2013년 2월 23일 진행된 오바마-아베 정상회담은 향후 새로운 미일관계의 강화를 예고하는 의미 있는 회담으로 이해된다.[13] 여기서 지적하고 싶은 한 가지는 북핵문제의 위험성이 고조되면 고조될수록 드러나는 특징으로 북핵문제 해법을 위한 국제사회 차원의 노력이 강조된다는 점이다. 이러한 점은 핵이라는 안보 이슈의 특수성과 함께 동북아 안보구조에서 기인하는 측면이기도 하다. 북한이 핵위기를 고조시킬수록 미국은 한국은 물론 일본, 중국 등 국제공조체제의 수립을 위해 노력을 기울일 것으로 보인다. 지난 수년간 의도하지 않게 미일동맹이 침체되었다는 평가가 있는 마당에, 북한문제는 미국과 일본 모두에게 동맹관계를 강화하는 좋은 기회가 될 것으로 보인다.

이와 관련하여 과거 2008년을 전후로 논란이 되었던 '미중일 협

---

13 연합뉴스, "오바마-아베, 첫 정상회담..새 밀월관계," 2013년 2월 23일 참고.

의체'의 등장 가능성에 대해서도 다시 한 번 생각해 볼 필요가 있다. 미중일 협의체란 과거 고이즈미 총리 시절 일본의 과거사 문제로 중국과 일본 사이의 국민감정이 악화되었을 때 당시 국무부 부장관인 졸릭(Robert Zoellick)의 제안으로 동북아 주요 현안을 대화로 풀어나간다는 취지에서 만들어진 미중일 삼국의 대화창구이다. 역사문제에 대한 관련국 간 반감은 물론 북한 문제 등 동북아 안보현안에 대해서도 논의할 수 있다는 입장을 보였으나 당시 우리 정부의 적극적인 반대로 협의체 개설 이후 별다른 진전을 보지 못하고 있었다. 그러다가 오바마 행정부 등장 이후 북한 문제에 대한 중국과 일본의 적극적인 역할을 강조하면서 미중일 협의체에 대한 관심이 다시 높아졌던 경험이 있다.

현 시점은 중국의 현실적인 글로벌 영향력을 인정하여 G2 체제의 구체화까지 논의되는 상황에으로 북한문제 해결에 대한 미중일 협의는 미국의 입장에서 중요한 전략적 수단의 하나가 될 수 있다. 역사적으로 볼 때 미국의 동북아 전략에는 이미 오래전부터 '중국 중심의 동북아전략'과 '일본 중심의 동북아전략'이 존재하고 있었으며, 특히 과거 부시행정부 시절에는 미일동맹의 강화를 강조한 아미티지 국무부 부장관의 '아미티지 어프로치'와 중국의 현실적 파워를 존중하고 미중관계를 중심으로 동북아를 이해하자는 아미티지 후임인 졸릭 부장관의 '졸릭 어프로치'가 미국 정책당사자들 사이에서 치열하게 경쟁한 바 있다. 기본적으로 동북아 안정과 균형을 중국적 관점과 일본적 관점에서 이해하려는 미국의 정책적 특성은 오바마 행정부 2기에서 다시 구체화될 가능성이 있으며, 북한문제의 시급성이 강조되면 강조될수록 미국의 대동북아 전략 차원에서 중국의 역할을 강조하면서 기존의 미일동맹과 함께 '미중일 협의체'의 역할은 어떤 형태로든 가시화될 수 있을 것으로 판단된다.

V. 맺음말

결론을 대신하여 특히 세 가지 점을 지적하고자 한다. 첫째, 한반도 안보구조의 불안정성을 근본적으로 개선할 수 있는 유화국면의 주도자가 필요하다. 북한이 탈냉전기 이후 지속적으로 주도한 핵외교의 핵심에는 결국 '북한을 포함한 동북아 안보'와 '북한을 배제한 동북아 안보' 사이의 대결이라는 논리가 자리 잡고 있다. 대체로 핵외교 20년을 거치면서 북한은 클린턴행정부, 부시행정부, 오바마행정부를 통해 스스로 구사할 수 있는 외교전략은 대체로 모두 구사한 것으로 판단된다. 만약 핵외교를 통해 얻고자 한 궁극적인 목적이 '북한을 포함한 동북아 안보와 성장'이라면 북한 문제는 가까운 시간 안에 근본적인 변화의 국면을 맞이하게 될 것으로 판단된다.

둘째, 오바마 행정부의 과감한 대북정책 전개 가능성과 관련하여 우리의 입장에서는 한반도 문제가 가지고 있는 '한반도적 요인'과 '국제적 요인' 사이의 전략적인 균형감각이 요구되는 시점이다. 과거 김대중 정부와 노무현 정부 10년에 걸친 진보성향의 정권에서 한반도적 요인을 강조한 균형감각 상실을 경험하였다면, 지난 이명박 정부 5년 동안은 국제적 요인을 강조한 균형감각 상실이라는 본질적으로 동일한 우를 범하였다. 오바마 행정부 2기 출범과 함께 오바마의 대북 정책이 가시화되고 혹시 고위급 양자회담을 포함하여 북미 대화에 탄력이 붙는다면, 결과적으로 남북한 관계 경색에 대한 우리 정부의 정치적 비용은 더욱 높아질 것으로 보인다.[14]

셋째, 기본적으로 '외교'는 항상 '구조적 상황'과 '이슈의 특수성'이 어떻게 결합하는가에 따라 결과의 가변성을 예측하기 어려운 속성을 가진다. 오바마 행정부가 직면한 이란 핵문제를 포함한 다양한 글로벌 안보환경이 어떻게 변화하는가에 따라 대한반도 정책의 가변성은 항상 존재하고 있다. 또 '핵 없는 세상'을 주창한 오바마 외교의 특징이 북한문제에 어떻게 투영될 것인지도 매우 중요한 사안이 아닐 수 없다. 우리 정부는 물론 미국 역시 대북관계에서 신뢰구축의 필요성을 강조하고 있는 상황에서 국제안보의 다양한 변수들이 어떻게 조합하고 상호작용을 미칠 것인가에 대해서 그 어느 때보다도 긴요한 관찰이 요구되고 있다.

14 이와 관련하여 과거 이명박 정부 초기 남북관계 경색 가능성을 둘러싼 비판적 의견들이 제기된 바 있는데, 당시 의견을 참고하는 것은 일견 유의미해 보인다. 대표적으로 박건영, "이명박 정부의 대미정책과 대안: 외교안보 문제를 중심으로," 『국가전략』, 14권 4호(2008년 겨울), pp. 91-119 참고.

참고문헌

고유환. 2012. "이명박정부 대북정책 평가와 차기 정부 대북정책 방향." 『북한학연구』 8권 2호, 153-183.

김근식. 2012. 『대북포용정책의 진화를 위하여』. 서울 : 한울.

김성한. 2008. "이명박 정부의 실용외교: 전망과 과제." 『신아세아』 15권 1호, 31-50.

류길재. 2009. "북핵문제의 성격과 해결을 위한 구상." 『한국과 국제정치』 25권 4호, 87-118.

박건영. 2008. "이명박 정부의 대미정책과 대안 : 외교안보 문제를 중심으로." 『국가전략』 14권 4호, 91-119.

박인휘. 2013. "대북정책의 쟁점과 과제." 한국정치학회 기획학술회의, 2013년 2월 25일 프레스센터.

______. 2011. "한반도 안보-안보부재의 정치학 : 한미-남북관계의 모순적 결합." 『한국정치학회보』 45집 2호, 225-49.

______. 2010. "안보와 지역: 안보개념의 정립과 동북아안보공동체의 가능성." 『국가전략』 16권 4호, 33-61.

______. 2009. "오바마 행정부의 등장과 2009년 북핵 문제 및 북미관계 전망." 『국방정책연구』 24권 4호, 45-69.

______. 2007. "북핵문제의 복합성, 미국의 딜레마, 그리고 동북아안보의 변화." 『한국정치외교사 논총』 28집 2호, 229-54.

박형중. 2005. 『미국과 중국의 대북 핵정책 및 한반도 구상 및 한국의 정책 공간』. 서울 : 통일연구원

백낙청. 2012. 『2013년 체제만들기』. 서울 : 창비

서보혁. 2011. “왈츠의 제 3이미지와 북한의 대미정책.” 『북한연구학회보』 15권 2호, 167-194.
______. 2008. “탈냉전기 한반도 안보질서 변화에 관한 연구.” 『국가전략』 14권 2호, 63-85.
______. 2004. 『탈냉전기 북미관계사』 서울 : 선인.
신성호. 2012. “김정은체제와 북핵.” 『외교안보연구』 8권 1호, 서울 : 외교안보연구원.
역사비평편집위원회. 2010. 『갈등하는 동맹: 한미관계 60년』 서울 : 역사비평사.
우승지. 2009. “김정일시대 북한의 국제관계론.” 곽승지 외. 『김정일의 북한 어디로 가는가?』. 서울 : 한울.
윤덕민. “비핵·개방 3000 구상: 과제와 전망.” 『주요국제문제분석』, 2008년 4월 29일.
임동원·백낙청. 2010. 『다시 한반도의 길을 묻다: 36인의 대북전문가가 말하는 한반도 평화이야기』. 서울 : 삼인.
이상현. 2008. “신정부의 외교안보과제 : 방향과 정책.” 『전략연구』 15권 1호.
이혜정·김대홍. 2010. “미국 정치의 양극화와 대외정책 : ‘중도 몰락’ 논쟁의 이해.” 『한국정치외교사논총』 33권 2호, 91-122.
장용석. 2010. “한반도 평화체제와 평화협정.” 『통일문제연구』 22권 1호, 123-152.
채규철. 2008.
홍현익. 2008. “북핵문제 최종 해결과정의 쟁점과 해결방안.” 『세종정책연구』 4권 2호, 49-78.

Acharya, Amitav. 2007. “The Emerging Regional Architecture of World Politics.” *World Politics* 59-4, 629-52.
Booth, Ken and Nicholas Wheeler. 2008. The Security Dilemma : Fear,

Cooperation and Trust in World Politics. Basingstoke: Palgrave Macmillan.

Christensen, Thomas J. 2006. "Fostering Stability or Creating Monster?: The Rise of China and U.S. Policy toward East Asia," *International Security*, Vol. 31, No. 1.

Eberstadt, Nicholas. 2009. *The North Korean Economy: Between the Crisis and Catastrophe*. New Brunswick: Transaction Publishers

Jones, David Martin and Michael L. R. Smith. 2007. "Constructing Communities: The Curious Case of East Asian Regionalism." *Review of International Studies* 33, 175–94.

Kang, David. 2009. "Between Balancing and Bandwagoning : South Korea's Response to China." *Journal of East Asian Studies*, Vol. 9, No. 1, 1–28.

Katzenstein, Peter. 2005. *A World of Regions : Asia and Europe in the American Imperium*. Ithaca : Cornell University Press.

Kolodziej, Edward A. 2005. *Security and International Relations*. Cambridge: Cambridge University Press.

Litwak, Robert S. 2007. *Regime Change: U.S. Strategy through the Prism 9/11*. Baltimore : The Johns Hopkins University Press.

______. 2003/4. "Non-Proliferation and the Dilemmas of Regime Change." *Survival*, Vol. 45, No. 4.

Malone, David Malone and Yuen Foong Khong, eds, 2003. *Unilaterlism and U.S. Foreign Policy: International Perspective*. Boulder, CO: Lynne Reinner.

Orr, Robet C., ed. 2004. *Winning the Peace: An American Strategy for Post-Conflict Reconstruction*. Washington, D.C.: Center for Strategic and International Studies.

O'Sullivan, Megham L. 2003. *Shrewd Sanctions: Statecraft and State Sponsors of Terrorism*. Washington : Brookings Institution.

Snyder, Glenn H. Snyder. 2002. "Mearsheimer's World-offensive Realism and the Struggle for Security." *International Security*, Vol. 27, No. 1, 254-6.

5장

한국 경제개혁의 양면성 :

세계화와 민주화의 정치적 동학

이승주(중앙대학교)

I. 서론

아시아 금융위기 이후 한국의 경제개혁의 성격과 결과에 대해서는 매우 다면적인 평가가 존재한다. 한쪽에서는 부실기업 및 금융기관의 신속한 처리, 긴축 재정, 기업의 해외 매각에서 잘 나타나듯이, 한국이 위기를 성공적으로 극복하였을 뿐 아니라, 발전국가 모델에서 근본적으로 탈피한 신자유주의적 경제체제를 수립하는 데 성공했다고 본다(Pirie 2005; 이연호 외 2002). 특히 이러한 개혁은 무한 경쟁 세계화 시대에 필수불가결한 정책적 지향점이라고 평가한다.[1]

반면 다른 쪽에서는 경제개혁이 표면적으로는 상당히 진행된 것 같지만, 한국 정치경제체제의 성격을 근본적으로 전환하는 데까지 이르지는 못했다고 주장한다. 이 견해에 따르면 제도적인 면에서 신자유주의적 개혁이 이루어진 것은 사실이지만, 이러한 개혁은 형식적 차원의 변화에 불과하며 글로벌 스탠더드로의 수렴은 별로 일어나지 않았다. 그간의 한국의 개혁은 외부의 압력에 대한 '위장 순응'(mock compliance)의 성격이 강하다는 것이다(Walter 2008). 더욱이 위기 이후 경제개혁은 정부 주도에 의한 것이었으며, 정부의 역할이 오히려 증대되는 (의도하지 않은) 결과가 초래되었다는 지적도 있다. 이 과정에서 한국 정부가 과거에 실행했던 거시경제정책, 산업정책, R&D정책의 전통적 영역뿐 아니라, 규제정책이나 감시감독정책과 같은 새로운 정책영역으로 영향력을 확대하고 있다는 것이다.

한국의 경제개혁에 대해 상반된 평가가 공존하는 이유는 무엇인가? 본 연구는 이에 대한 해답의 단초가 부문별 개혁성과의 차이에 있다고 본다.[2] 한국의 경제개혁은 금융개혁, 기업개혁, 노동개혁, 공공

1 이연호 외(2002)는 이러한 개혁의 결과 한국에서 규제국가가 등장할 수도 있다고 조심스럽게 전망하기도 한다. 이에 대해, 일부에서는 한국 정부가 개혁과정에서 나타날 수 있는 부작용에 대한 체계적인 준비 없이 발전국가 시대의 제도적 장점들을 빠른 속도로 해체하고 있다는 비판적 견해를 취한다(Shin and Chang 2003).

2 개혁에 대한 양면적 평가가 이루어지는 또 하나의 중요한 이유는 공식적 개혁과 실질적 개혁 사이에 상당한 괴리가 존재한다는 데서 찾을 수 있다. 그간의 변화를 고도의 신자유주의적 개혁으로 평가하는 것은 적어도 공식적인 제도 변화의 측면에서는 사실에 부합하는 측면이 있다. 그러나 제도적 변화가 개별

부문 개혁 등 네 가지 차원에서 실행되어 왔는데, 부문 간 개혁의 성과 면에서 상당한 차이가 발견된다. 개혁을 신자유주의적 제도의 수용이라는 기준에서 평가할 때, 금융개혁이 이러한 국제표준에 가장 근접하게 이루어진 반면 기업 분야의 개혁은 기업 지배구조의 실질적 변화를 이끌어내는 수준까지 이르지 못한 측면이 있다.

본 연구는 이러한 문제의식을 갖고 아시아 금융위기 이후 2000년대 후반까지 실행된 개혁의 복합적 성격에 대한 분석을 시도한다. 더불어 한국의 경제개혁에 대한 상반된 평가가 내려지는 이유는 개혁의 부문별 편차가 크다는 데 근본 원인이 있다고 전제한다. 개혁의 부문별 차이가 발생하는 원인은 국내외 행위자들 사이의 상호 작용 패턴이 부문별로 상이했기 때문이다. 즉 IMF뿐 아니라 개혁을 주도했던 정부, 위기 이후 한국에 진출한 해외투자자, 개혁에 반대하는 집단 사이의 상호작용이 부문별로 상이했기 때문에 부문별 개혁의 성격과 결과가 다르게 나타난다고 볼 수 있다. 한국 경제개혁의 전반에 대한 평가가 엇갈리는 이유는 여기에 있다.

이 글은 다음과 같이 구성된다. 첫째, 한국의 경제개혁에 대한 해외의 다양한 평가를 소개하고, 이를 바탕으로 경제개혁의 양면적 성격에 대해 검토한다. 둘째, 신자유주의적 개혁이 가장 신속하게 이루어졌다고 평가받고 있는 금융부문의 개혁을 검토한다. 셋째, 금융부

행위자들 사이의 관계를 근본적으로 재설정하는 데에는 이르지 못했다는 점에서 한계가 있는 것 또한 사실일 것이다. 이 때문에 개혁의 성격과 성과에 대한 상반된 평가가 존재하게 된다.

문과 달리, 제도적으로 상당한 개혁이 이루어지기는 하였으나 근본적인 변화를 초래하는 데에 이르지 못한 기업부문 개혁을 검토한다. 넷째, 금융부문과 기업부문 개혁의 성격과 결과 면에서 차이를 초래하는 정치적 원인을 고찰한다. 다섯째, 두 부문의 개혁에 대한 분석으로부터 도출되는 이론적·실천적 함의를 검토한다.

II. 경제개혁의 양면성

이 장에서는 한국에 대한 해외 기관들의 다양한 평가들을 중심으로 지난 10여 년 간의 경제개혁의 성격에 대해 일차적으로 검토한다. 이를 위해, 한국에 대한 금융위기 이후 실행된 한국의 경제개혁의 양면적 성격은 다수 국내외 기관의 평가에서 확인된다. 우선, 경제개혁 과정에 깊숙이 관여하여 직접적 당사자라고 할 수 있는 IMF는 한국의 경제개혁에 대한 긍정적 평가를 반복했다(IMF IEO, 2003 ; IMF 2006). IMF 미셸 캉드시(Michel Camdessus) 총재는 위기 발생 1년이 경과한 1999년 이미 한국의 경제개혁 노력에 대해 긍정적 평가를 내린 바 있다(Camdessus 1999). IMF의 긍정적 평가는 이후에도 계속되었다. 2001년 8월 IMF는 한국의 개혁에 대해 "한국과 IMF 사이에 이루어진 긴밀한 협조는 모범적이며 다른 국가들의 모델이 될 만하다"고 평가했다(IMF News Brief no. 01/82, 2006). 부채 상환 이후인 2003년에도 IMF의 FSSA는 국제표준 지수가 매우 높은 수준이며, 은행부문의 부

실채권이 상당부분 해결되었다고 평가했다(IMF 2003, 24).[3]

둘째, 한국의 경제개혁에 대한 긍정적 평가는 유수의 국제 신용평가 기관에 의해서도 이루어졌다. 무디스는 1997년 10월 A1이었던 한국의 신용등급을 위기발생 직후인 1997년 11월 A3으로 강등시킨 데 이어 1998년 4월 Ba1까지 연속적으로 강등시킨 바 있다. 그러나 무디스는 1999년 2월부터 한국의 신용등급을 Baa3으로 조정한 것을 시작으로 1999년 12월 Baa2, 2002년 3월 A3, 2007년 7월 A2, 2010년 4월 A1로 지속적으로 상향조정했다. 스탠더드 앤 푸어스(S&P)의 평가도 다소의 차이는 있으나 기본적으로 무디스의 평가와 다르지 않다. S&P는 1997년 10월 A+였던 한국의 신용등급을 위기 이후인 1997년 12월 B+까지 하향시켰다. 그러나 S&P 역시 1998년 2월부터 한국의 신용등급을 BB+로 상향시킨 데 이어, BBB−(1999년 1월)→BBB(1999년 11월)→BBB+(2002년 12월)→A−(2002년 7월)→A(2005년 7월)로 상향했다(〈그림 1〉 참조).[4]

셋째, 세계화와 시장개방의 전도사 역할을 하고 있는 세계경제포럼(World Economic Forum : WEF)의 평가 역시 비교적 호의적이다. WEF는 구체적으로 경제 성과, 정부 효율성, 기업 효율성, 인프라 등 네 가

---

3 그러나 이 보고서는 은행 부문과 비은행권 금융기관의 변화에 대한 우려를 표명한 민간 보고서를 인용하는 등 금융부문 전반의 변화에 대해 다소 모호한 태도를 취하고 있다(IMF 2003a, 141).

4 반면 해외 신용평가 기관들이 한국의 신용등급을 지속적으로 상향조정한 것은 사실이지만, 여전히 금융위기 이전 수준에 미치지 못한다는 점에 주목할 필요가 있다.

지 기준에 근거하여 국가경쟁력 순위를 공표하는데, 2000년 평가에서 28위를 차지했던 한국의 순위는 이후 전반적으로 상승과 하락을 거듭하다 2007년 11위까지 상승했다. 2008과 2009년 한국의 순위가 다소 하락하여 각각 13위와 19위를 기록하였으나 금융위기 이전에 비하면 전반적으로 긍정적 평가를 받고 있다(〈그림 2〉 참조).[5]

〈그림 1〉 한국의 신용등급 변화, 1991~2010

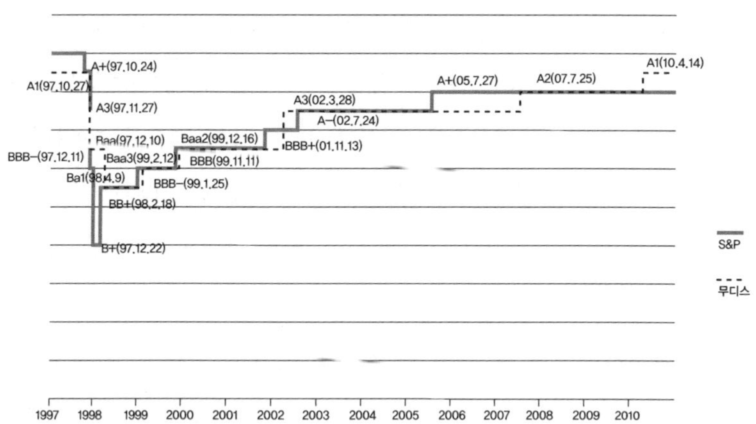

출처 : 통계청 e-나라지표.

반면 한국의 경제개혁에 대한 부정적 평가 역시 존재한다. 국가경쟁력을 공표하는 또 다른 기관인 스위스 국제경영개발원(International

5 이 밖에도 경제개발협력기구(OECD)은 한국이 경제개혁을 성공적으로 수행했다고 평가한 바 있다(OECD 2004).

Institute for Management Development : IMD)의 평가에서 한국의 국가경쟁력은 금융위기 직후인 1998년과 1999년 각각 36위와 41위를 기록하였고, 이후 다소 상승하였으나 최근까지 27위에서 32위 사이를 벗어나지 못하고 있다. 금융위기 이후 일련의 개혁에도 불구하고 의미 있는 순위 변화가 나타나지 않은 것이다.[6] 경제 자유도에 초점을 맞춘 헤리티지 재단(Heritage Foundation)의 평가는 더욱 인색하다. 신자유주의적 개혁이 심화되고 있다는 일반의 평가와 달리 한국의 경제 자유도는 2000년대 이후 오히려 악화된 것으로 나타났다. 금융위기 직후였던 1998년부터 2001년까지 24위에서 29위를 기록했던 한국의 경제 자유도는 2002년 이후에는 40위권 이하로 하락했으며, 2003년에는 심지어 52위를 기록하기도 했다. 2004년 이후에는 다시 상승하기 시작했으나 그 정도는 그리 크지 않아 대체로 40위에서 46위 수준을 기록하고 있다(〈그림 2〉 참조).

이처럼 한국 경제개혁에 대한 상반된 평가가 내려지는 이유는 무엇일까? 위기에 처했던 다른 동아시아 국가들과 비교할 때 한국이 상대적으로 신속하게 벗어났던 것이 긍정적 평가를 받는 공통적 요인으로 작용한다. 그러나 개혁 과정에서 한국 정부가 수행한 역할에 대해

---

6 IMD는 국가 경쟁력을 비교 측정하기 위해 경제 관련 분야 지표(국내경제, 국제무역, 국제투자, 고용, 가격), 정부 관련 분야 지표(공공재정, 재정정책, 제도적 여건, 기업 관련 법, 사회적 제반여건), 그리고 기술 관련 분야 지표(기본 인프라, 기술 인프라, 과학 인프라, 보건 및 환경, 교육) 등 다양한 지표를 활용하고 있다(IMD 홈페이지, http,//www.imd.ch/research/publicaitons/wcy/Factors_and_criteria/cfm).

서는 상이한 평가가 내려지고 있다. 긍정적인 평가를 하는 측에서는 한국이 과거 정부 주도의 경제성장 방식에서 탈피하여 신자유주의적 개혁을 적극 실행했다는 데 대해 호의적 평가를 한다. 즉 한국 정부가 주도적으로 신자유주의 지향의 경제개혁을 지속적으로 추진하였으며, 그 결과 상당한 경제체제의 변화가 이루어졌다는 평가를 내리고 있는 것이다. 이러한 평가는 정부의 개입은 기업 활동을 위축시킬 뿐만 아니라, 국가 경쟁력을 저해하는 요소라는 비판적 시각에 기초하고 있기 때문에(*Financial Times* 2003. 9. 26) 한국에 대해 긍정적 평가를 내리고 있다는 것은 정부가 경제 개입을 축소시키고 있다는 의미로 받아들여진다.

〈그림 2〉 한국의 국가 경쟁력, 정부 효율성, 경제 자유도 순위 변화

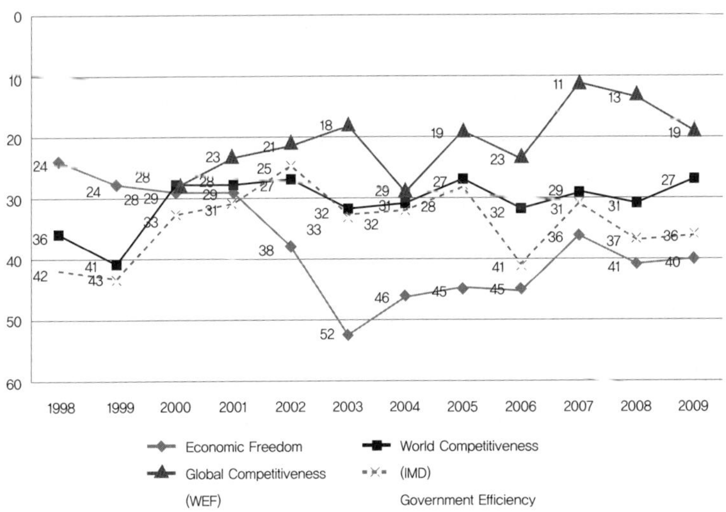

출처 : WEF 홈페이지(http.//www.weforum.org); IMD 홈페이지(http.//www.imd.ch); Heritage 홈페이지(http.//www.heritage.org).

반면 부정적 평가를 하는 측에서는 일련의 개혁에도 불구하고 한국의 경제적 자유(economic freedom)가 크게 신장했다고 보기 어려우며, 위기가 극복되면서 오히려 악화되는 징조마저 보이고 있다고 평가한다(이승주 2010). 이러한 평가를 내리는 측에서는 한국 정부의 효율성 역시 답보상태에 머무르고 있는 것으로 본다. 한국의 고도 성장기에 강점으로 부각되었던 정부 관련 분야가 이러한 관점에서는 오히려 부정적으로 평가되고 있는 것이다(국무조정실 2005).

III. 금융부문 개혁

개혁 초기 한국 정부는 외국인 투자의 유치를 위기 극복을 위한 전략의 근간으로 삼았다. 구체적 방법은 금융시장의 개방이었다. 이에 따라 1997년 12월 IMF와 체결한 첫 번째 의향서에서 김대중 정부는 위기 이전 외국인 개인투자자들 7%, 집단 투자자들 26%로 제한되었던 외국인 보유 지분 한도를 50%로 증대할 것을 약속했다. 이어서 1998년 5월 외국인 지분에 대한 제한을 철폐했고, 심지어 적대적 인수합병을 허용했다. 금융기관이 외국인 이사를 임명하는 것에 대한 제한도 철폐되었다. 이후에도 외환거래, 투자 펀드의 설립, 국공채 및 회사채의 구매 등 일련의 개혁 조치들이 취해졌는데, 이는 IMF의 요구 수준을 뛰어넘는 것이었다.

둘째, 한국 정부는 금융시장의 신속한 안정을 위해 부실 금융기관의 국유화와 민영화를 통한 금융산업의 구조조정을 시도했다.[7] 이 과정에서 정부는 GDP의 약 28%에 달하는 약 168조 원의 자금을 투입했다(2008년 6월 기준).[8] 구체적으로 자본 재구성(recapitalization)에 약 63조 원, 부실채권의 매입에 약 40조 원, 보증보험의 지불에 약 30조 원이 사용되었다.

셋째, 2000년 이후 정부는 국유화된 금융기관들을 민영화하기 시작했다. 특히 국유화된 은행을 외국 투자자에게 매각하는 것은 매우 중요한 일이었다. IMF와의 합의를 준수하는 것은 물론 은행을 해외 투자자들에게 매각할 정도로 시장이 개방되었음을 대외적으로 증명할 필요가 있었기 때문이다. 더욱이 국내 대기업의 경제력 집중을 완화시키려는 나름의 목적을 갖고 있었던 김대중 정부는 금융기관의 민영화 과정에서 재벌을 배제하였고, 그 결과 외국인 지분이 대폭 증가하게 되었다(FSS 2003b, 30-32). 금융부문의 외국인 투자자의 비중은 2004년 33.5%, 2005년 37.5%를 기록했다. 전통적으로 금융산업의 외국인 투자 비중이 다른 산업분야보다 낮았던 점을 감안하면 그 증가 속도가 가장 빠른 것으로 평가된다. 특히 시중은행의 외국인 지분율은 더욱 높아서 2003년 52.1%에 달했고, 2006년에는 무려 65%까지 증가했다.

---

7 위기 초반에는 국유화 등의 수단을 통하여 다수의 시중 은행들에 대한 정부의 영향력을 확대했다.

8 한편 말레이시아 4%, 인도네시아 52%, 태국 35%를 투입했다(IMF 2002).

〈표 1〉 외국인 투자자에 매각된 금융기관

연도	대상금융기관	인수한 금융기관
1999년	제일은행	뉴브리지 캐피탈
1999년	외환은행	론스타
1999년	제일생명	알리안츠
2000년	한진증권	메리츠
2001년	일은증권/리젠트증권	브릿지
2001년	영풍생명	영국 푸르덴셜 그룹
2002년	조흥증권	KGI
2004년	한미은행	씨티은행

출처: 금융감독원 연차보고서

금융기관의 국유화와 민영화는 금융산업의 구조조정을 위한 촉매제로 작용했다. 정부가 1999년 이후 국유화된 은행들을 중심으로 본격적인 구조조정에 나선 결과, 전체 금융기관의 수가 경제위기 직전 2,010개에서 2002년 말까지 1,510개로 감소했다. 은행의 경우 15개 은행이 감소하여 18개사로 정리되었다. 비은행 금융기관도 예외는 아니었다. 종합금융 29개사, 증권회사 15개사, 자산관리회사 15개사, 보험회사 22개사가 정리된 결과, 비은행 금융기관의 수는 142개에서 127개로 감소했다(BOK 2008). 이 과정에서 일부 시중 은행은 외국인 투자자의 손으로 넘어갔다. 제일은행은 뉴브리지 캐피탈(New Bridge Capital)에, 외환은행은 론스타에, 한미은행은 시티은행에 각각 매각되었다. 외국인 투자자에 매각된 것은 아니지만 국민은행과 하나은행의 외국인 지분 역시 빠르게 증가했다. 하나은행의 경우 외국인 지분이 9.5%에서 20%까지 증가했다(조선일보 2004. 6. 25). 2012년 현재 시중 은행 가운데 우리은행과 신한은행 정도가 국내 은행으로 남아 있다.

금융개혁은 노무현 정부와 이명박 정부에서도 계속되었다. 노무현 정부는 2006년 1월 한국을 동아시아의 금융 허브로 육성한다는 전략을 공표한 것을 계기로 금융 자유화를 적극적으로 추진했다. 같은 해 2월에는 기존 투자 서비스에 관한 규정을 대폭적으로 개정하여 금융기관들이 다양한 투자 상품을 취급할 수 있도록 허용하였고, 외환거래에 대한 대부분의 규제를 철폐했다. 2007년 11월에는 외국계 금융사의 금융지주회사 설립을 허용하는 조치가 취해졌다. 이어서 2009년 2월에는 금융상품의 범위 확대, 진입규제와 영업규제 완화, 금융투자회사 허용을 주요 내용으로 하는 자본시장법의 개정이 이루어졌다. 2010년에는 금융기관의 사외이사 제도가 개선되었다. 사외이사의 임기 상한이 3년에서 2년으로 감소되었고, 사외이사는 매년 1/5 이상 교체하도록 했다. 또한 사외이사의 보수를 경영성과에 연동하고, 보수도 총액만 공시하던 것을 구체적 사항을 공시하도록 했다. 은행의 경우 은행장이 이사회의장 겸임을 제한하고, 그 임기를 1년으로 제한하는 조치가 이루어졌다.

〈표 2〉 2000년대 중반 이후 금융부문 개혁

	개정안/시행안	주요 내용
2006년 2월	투자 서비스 규정 개정	* 금융기관이 다양한 투자 상품 취급할 수 있도록 허용 * 외환거래 잔여 규제 철폐
2007년 4월	금산법 완화	* 금융기관이 부득이한 사유로 다른 회사의 주식을 5%이상 소유할 경우 사후 승인 허용.
2007년 11월	외국계 금융지주사 규제 완화	* 외국계 금융사 금융지주회사 설립 허용
2009년 2월	자본시장법	* 금융 상품의 범위 확대, 진입규제와 영업규제 완화 * 금융투자회사 허용 * 대규모 기업집단 소속 금융 계열사의 사모투자펀드 투자한도10%에서30%로 확대.

2009년 4월	금산분리 완화 (은행법 일부 개정 통과)	* 산업자본이 시중은행 지분을 9%까지 소유 허용 * 국민, 신한, 하나, 우리은행 등은 제외.
2009년 7월	금융지주회사법 통과	* 금산분리완화, 산업자본의 은행지주회사 및 시중은행에 대한 지분보유 한도 4%에서 9%로 확대.
2010년 2월	은행사외이사제도 개선 모범규준 확정	* 사외이사 임기 상한 3년→2년 * 매년 사외이사 1/5 교체 * 은행장의 이사회의장 겸임 제한 * 이사회의장 임기, 1년 * 사외이사 보수를 경영성과에 연동 * 사외이사 보수, 총액만 공시→구체적 사항 공시
2010년 9월	금산법 제24조 규제운용 개선방안	* 동일계열 금융기관은 다른 회사의 의결권 있는 주식을 i) 5%이상 소유+사실상 지배, ii) 20% 이상 소유시 금융위원회의 사전승인을 얻도록 규정(금산법§24조①)
2010년 11월	은행법 개정안	은행 지배구조 개선 * 사외이사 자격요건 강화, ①사외이사의 결격사유에 '대주주와특수관계인' 포함, ②사외이사 비중을 이사총수의 과반수로 확대 * '지배구조 내부규범'을 도입함으로써 은행의 전반적인 지배구조 투명성·신뢰성을 제고

대대적인 금융 자유화 조치에 대해 외국인 투자자의 과도한 진출을 우려하는 견해가 표출되기도 했다. 이때 정부가 취한 조치는 외국인 투자자의 진출을 제한하는 것이 아니라, 국내 금융업의 경쟁력을 강화한다는 차원에서 산업자본이 금융업에 진출할 수 있도록 허용하는 것이었다. 정부는 금융부문에 신자유주의적 개혁을 도입하는 동시에, 금융업의 경쟁력 강화라는 정책적 고려를 한 것이다. 그 결과 금융위기 직후 이루어졌던 개혁 가운데 일부가 재개정되는 일이 발생하기도 하였는데, 2007년 4월의 금산법 완화가 대표적 사례이다. 이 조치에서는 금융기관이 부득이한 사유로 다른 회사의 주식을 5%이상 소유할 경우 사후 승인을 허용하는 조치가 이루어졌다. 2009년 4월에는 금산법이 더욱 완화되어 산업자본이 시중은행 지분을 9%까지 소유할 수 있도록 허용했다. 2009년 7월에는 금산분리를 완화하는 조치가 또 한 차례 이루어졌는데, 그 내용은 산업자본의 은행지주회

사 및 시중은행에 대한 지분보유 한도를 4%에서 9%로 확대하는 것이었다. 반면 신속하게 변화하는 금융업의 국내외 환경을 효과적으로 관리할 수 있는 감시감독체제의 수립에는 상대적으로 소홀했다. 시민단체는 금융업이 외국인 투자자에 의해 장악될지도 모른다는 우려를 표명하기도 하였으나 기업부문의 개혁에서 했던 것만큼 강력한 압력을 지속적으로 가하지는 않았다.

금융부문 개혁은 정부의 개입을 약화시키고 해외투자자에 의한 시장경쟁을 촉진하는 결과를 초래한 것으로 평가된다. 금융기관들이 외국인 투자자들에 의해 인수되면서, 이 금융기관들을 중심으로 신속한 변화가 이루어졌고, 이러한 변화는 금융산업 전반의 변화를 이끌어내는 효과를 발휘했다. 금융 자유화에 따른 외국인 보유 지분의 급격한 증가, 부실채권의 축소와 금융산업의 대대적인 구조조정, 금융감독 체제의 개편 등 금융산업에서 발생한 일련의 변화가 이를 대변한다. 그 결과, 한국의 금융 정책과 제도는 2002년 이후 글로벌 스탠더드에 부합한다는 국내외의 평가를 받기에 이르렀다. 2003년, IMF의 IMF's FSSA 팀은 한국의 국제표준 준수가 매우 높은 수준이며, 은행부문의 부실채권이 상당 부분 해결되었다고 평가했다(IMF 2003, 24).[9] 실제로 은행권의 자본 확충, 새로운 위험관리 기법의 도입, 재벌 대출 비중의 축소 등을 감안할 때 한국의 금융개혁은 국제수준에 도달한

9 그러나 이 보고서는 은행 부문과 비은행권 금융기관의 변화에 대한 우려를 표명한 민간 보고서를 인용하는 등 금융부문 전반의 변화에 대해 다소 모호한 태도를 취하고 있다(IMF 2003, 141).

것으로 평가할 수 있다(Walter 2008, 140).[10]

IV. 기업부문 개혁

위기 직후에는 개혁의 초점이 기업 구조조정에 놓여졌다. 1998년 기업 구조조정을 촉진하기 위해 인수합병에 관한 다수의 규제가 완화되거나 철폐되었다. 이 개혁은 FDI를 촉진하는 금융자유화와 결합되어 외국인 투자자가 한국의 기업 구조조정에 적극적으로 참여할 수 있는 주요 수단이 되었다. 그 결과 주요 기업의 외국인 지분이 비약적으로 증가하여, 2004년 40%를 상회했다.

기업 구조조정이 어느 정도 성과를 거두자 보다 근본적인 재벌 개혁의 필요성이 제기되었다. 재벌이 소유주와 그 가족들이 이사회 및 경영진을 장악하는 등 소유와 경영이 분리되어 있지 않았을 뿐 아니라, 계열 기업들 사이의 복잡한 상호출자를 기반으로 한 지배구조

10 금융기관 수준에서 나타난 대표적인 변화는 금융기관들의 건전성이 획기적으로 개선되었다는 점이다. 2006년 시중은행의 BIS 비율이 권고기준인 8%를 훨씬 상회하는 평균 12.6%를 기록했다. 한국 정부가 BIS 비율을 금융기관의 자본 적정성을 평가하는 주요 기준으로 삼았기 때문이다. 금융개혁은 또한 은행들이 수익성 제고에 초점을 맞춰 영업을 하도록 하는 효과를 가져왔다. 금융 자유화와 주주 권리의 강화 조치가 이루어진 이후 기업의 투자가 부진해졌다는 부정적 평가 역시 존재한다.

를 갖고 있었기 때문이었다. 따라서 기업부문 개혁의 초점은 지배구조 개혁으로 이동했다. 기업 지배구조 개혁의 목표는 결합재무재표 도입을 통한 투명성 증대, 소액주주 권한 강화, 이사 역할 강화 등 세 가지로 모아졌다. 재벌은 이러한 개혁 방향에 불만을 가졌지만, 재벌의 과도한 확장이 금융위기의 한 원인으로 지목되고 있는 상황에서 개혁 초기 본격적인 반대를 표명하기 어려웠다.

그 구체적 내용은 1997년 12월 한국 정부와 IMF 사이에 체결된 의향서(LOI)를 통해 처음 모습을 드러냈다. 구체적인 사항들은 이후 수차례에 걸쳐 작성된 수정안에 포함되었는데, 국제수준에 부합하는 재무제표 작성, 사외이사제도 도입, 주주권리 강화, 기업공시 규정 등이 주 내용이었다(http://www.imf.org/external/np/loi/020798.htm). 한국 정부는 공정거래법, 증권거래법, 상법 등 주요 경제제도들을 개정하거나 강화함으로써 IMF의 요구에 적극적으로 응답했다(류상영·이승주 2006).

이 계획에 따라 한국 정부는 1998년에서 2000년 사이 세 번에 걸쳐 기업개혁을 추진했다. 경제위기 발생 직후인 1998년 1월에는 경영투명성 제고, 채무보증 해소, 재무구조 개선, 주력업종 집중, 대주주 책임성 강화 등 5대 원칙 하에 기업의 회계 및 기업지배구조 등에 대한 광범위한 제도개혁이 신속히 추진되었다. 이어서 1999년 8월에는 기업 내부 차원의 자금흐름이나 거래 관계를 보다 선진화하기 위하여 상호출자 금지 및 부당내부거래 제한, 산업자본과 금융자본의 융합 금지, 부당 상속 및 증여금지 등의 3원칙이 추가로 추진되었다. 1999년 정부가 '기업지배구조 모범 규정'을 작성하여 자산 2조 원 이상의 모든 금융기관과 제조업체는 총 임원의 절반 이상을 사외이사로 구성하도록 규정하는 등 기업지배구조의 개선과 관련해서도 중요한 제도적 변화가 이루어졌다. 2000년 2단계 보완원칙으로서 퇴출제도 개혁이 제시되었고 중소·대기업 상생경영 등을 위한 정책적 압력이 가해졌다. 외국인이 주식을 취득할 경우, 재경부장관 허가 대상을 대폭 축소하여 M&A 시장을 활성화했다. 또한 사외이사의 선임을 의무화하고 재벌의 금융기관 지분 소유를 4%로 제한하는 등 시민단체의 요구를 반영한 기업지배구조 개선 역시 이루어졌다(류상영·이승주 2006).

개혁은 2000년대에도 지속되었다. 2000년 결합재무제표가 도입되고 30대 집단의 기존 상호지급 보증이 완전히 해소된 데 이어, 2003년 12월에는 집단소송제 법안이 통과 등 국내외 행위자들의 이해관계를 반영한 개혁이 지속적으로 이루어졌다. 2005년 1월에는 출자총액제한 제도의 졸업 기준이 구체화되었다. 구조 조정을 촉진하고 차세대 성장 산업을 육성하는 차원에서 일부 예외를 두기도 하였으나, 출총제 대상기업집단에 삼성, 포스코, 롯데, 한국전력공사 등 8~9개 집단이 추가로 편입되었다.[11] 2006년 11월에는 출총제 대상기업을 자산 10조 원 이상에서 2조 원 이상의 기업으로 확대하는 조치가 이루어졌다.

일련의 개혁 조치는 일정한 성과를 거두기도 했으나, 실질적 변화를 이끌어내는 데까지는 이르지 못했다. 세 개혁 분야 가운데 회계제

11 출총제는 2009년 해제되었다(한국일보, 2009/3/5).

도의 투명성을 증진시키는 데는 상당한 성과가 있었으나, 다른 두 분야인 소액주주의 권리 강화와 이사의 역할 강화에서는 커다란 한계를 드러냈다. 첫째, 개혁 초기 소액주주의 권리를 강화하기 위한 정부의 조치가 빠르게 이루어졌다. 여기에는 경실련 등 시민단체가 대중적 지지를 바탕으로 소액주주운동을 전개한 것이 긍정적 영향을 미쳤다. 소액주주운동이 재벌 기업의 경영 투명성 제고에는 어느 정도 성공했으나, 과연 대주주의 독단적 경영관행을 근본적으로 변화시켰는지에 대해서는 논란의 여지가 있다. 더욱이 소액주주의 권리를 강화하기 위한 일부 제도들은 도입 자체가 무산되었다. 기업지배구조 개혁의 주요 요소로 인식되었던 집중투표제는 이사 선출 시 지배주주의 전횡을 막고 경영자를 감시하는 역할을 수행하는 역할을 할 것으로 기대되었다. 정부는 집중투표를 의무화하고자 했으나, 기업계의 반대에 직면하여 의무사항이 아닌 기업의 자율적 선택에 맡기기로 결정했다. 그 결과 상장기업 가운데 80% 이상이 집중투표제를 채택하지 않게 되었다. 결국 대주주에 대한 견제라는 원래의 목적을 달성하는 데는 실패한 것이다.

사외이사제도는 제도적으로 상당한 성과를 거둔 것으로 보인다. 사외이사제는 국제통화기금(IMF) 구제금융 이후 지배주주를 비롯한 이사의 직무 집행을 감시·감독함으로써 기업 경영의 투명성을 높이고 투자자 이익을 보호하려고 도입됐다. 사외이사 제도는 미국 등 소수의 국가에서만 시행되는 제도였음에도 불구하고 기업지배구조의 투명성을 증대하는 데 도움이 된다는 명분으로 1998년 도입되었다. 이후 2001년에는 모든 상장사가 일정 인원의 사외이사를 의무적으로 두

도록 규정되었다. 1998년 6월 전체 임원의 11.6%에 불과하였으나, 1년 만인 1999년 6월 23.2%로 증가했다(한국상장사협의회 1999-2000). 재벌기업 역시 예외는 아니었다. 2004년 적대적 인수합병의 위협에 직면한 SK가 사외이사 비율을 50%에서 70%로 증가시키는 개혁을 단행하였고, 삼성 역시 금융 계열사의 이사회를 사외이사 중심으로 개편하는 등 사외이사제도는 빠르게 정착되는 듯 보였다.[12]

사외이사제도 자체는 빠르게 도입·확산되었으나, 원래 의도했던 결과를 달성했는지는 의문이 있다. 2000년 한국증권거래소가 실시한 조사 결과에 따르면, 사외이사들의 99.3%가 찬성이었던 것으로 나타났다(*The Korea Herald*, 2000/11/30). 사외이사를 통하여 경영진에 대한 견제를 하고 경영 투명성을 높인다는 의도와는 달리, 사외이사들이 경영진의 결정에 동조하는 현상이 대두된 것이다. 이러한 문제는 사외이사제도가 도입된 지 10여 년이 지난 2010년에도 사라지지 않았다. 2010년 시가총액 상위 100개 기업의 이사회가 처리한 2천685개의 안건 가운데 사외이사들의 반대로 부결된 것은 4건(0.15%)에 불과했던 것으로 드러났다. 그밖에 보류 7건(0.26%), 수정가결 12건, 조건부 가결 3건이었던 것으로 나타났다. 사외이사들이 경영진의 결정에 영향을 미친 것은 전체 안건의 0.97%(26건)였으며, 안건에 대해 찬성이 아

12 그러나 이러한 변화가 모든 기업에서 나타난 것은 아니었다. 현대그룹은 경영권 방어를 위해 현대엘리베이터→현대상선→현대택배→현대엘리베이터로 이어지는 후진적 순환출자 구조를 만드는 등 일부 기업은 과거의 기업지배구조를 고수했다.

닌 의견(반대, 보류, 기권, 수정, 조건부 찬성)을 한 번이라도 표시한 사외이사는 전체 466명 중 46명(9.8%)에 불과한 것으로 나타났다(매일경제 2011/7/10).

기업부문 개혁은 일련의 제도적 변화에도 불구하고 현대적 기업 체제를 도입한다는 원래의 정책 목표에는 미치지 못했다. 남상우와 남종일의 연구에 따르면, 한국의 기업지배구조에 대한 평가는 다른 아시아 국가들에 비해서도 낮았다. 인도네시아, 한국, 말레이시아, 태국 등 비교 대상 4개국의 기업지배구조에 대한 평가에서 말레이시아가 최고점을 기록한 반면 한국은 태국보다도 낮은 최하점을 기록했다(Nam and Nam 2004, 97).[13] 이러한 결과는 금융부문 개혁과 대비되는 것이라고 할 수 있다. 개혁 성과의 차이는 두 부문의 개혁에 관여했던 행위자들 사이의 상호작용의 패턴에 커다란 차이가 있었기 때문이다. 다음에서는 금융부문과 기업부문 사이의 차이를 초래한 정치적 동학에 대해 검토한다.

V. 경제개혁의 정치적 동학

금융부문에서는 고도로 신자유주의적인 개혁이 지속적으로 진행

13 금융위기 대응에 대한 동아시아 국가들의 대응 방식에 대하여는 MacIntyre, Pempel, and Ravenhill 2008 참조.

되어 금융산업 전반에 걸쳐 상당한 변화가 발생한 반면 기업부문에서는 위기 초반 형식적·제도적인 측면에서 신자유주의적 개혁이 실행되기는 하였으나 본질적 변화를 초래하는 데까지 이르지 못했다. 이처럼 경제개혁의 성격과 결과가 상이한 이유는 무엇일까? 개혁의 부문별 편차가 발생하는 원인은 개혁의 주요 행위자인 정부, 해외 행위자, 국내 민간 행위자 사이의 상호작용이 상이하게 전개된 데서 찾을 수 있다.

첫째, 개혁의 실질적인 수행자로서 정부는 핵심적 행위자이다. 한국 정부가 IMF의 직접적 외압에 직면한 것은 사실이지만, 그렇다고 해서 한국 정부를 외압에 대한 반응적 행위자로 보는 것은 문제가 있다.[14] 위기 직후에는 IMF의 요구를 반영한 개혁을 실행해야 하는 처지에 있었지만, 당시 정부는 위기를 활용하여 한국의 고도성장 과정에서 장기간 축적된 구조적 문제점들을 혁파하고자 했다는 독자적 목표를 갖고 있었다는 점도 간과할 수 없기 때문이다.[15] 또한, 위기 극복의 징후가 나타나기 시작한 1998년 이후, 늦어도 IMF의 구제금융을 상환한 2001년 이후에는 정부가 상당한 정책적 자율성을 갖고 개혁

---

14 김영삼 정부의 세계화 전략에서 나타나듯이, 한국의 신자유주의적 개혁은 금융위기 이전부터 시작되었다. 즉 외압이 가해지기 이전 국내정치적 필요에 의해 개혁이 추진되었음을 고려하면, 한국 정부를 외압에 대한 반응적 행위로 보기 어려운 측면이 있다(Weiss 2003).

15 김대중 대통령의 경우, '기업개혁을 성취하고 중산층과 근로자들을 위한 경제의 기반을 마련한 최초의 대통령'이 되겠다는 의지를 천명한 바 있다.

을 추진했다고 할 수 있다.[16] 이른바 'IMF'를 둘러싼 논쟁은 한국 정부가 수동적 역할에서 벗어나 적극적으로 개혁에 임했다는 사실을 간접적으로 증명한다.

둘째, 해외 행위자 역시 경제개혁 과정에서 외압의 주체로서 역할을 행했다는 점에서 중요하다. 해외 행위자가 한국의 경제개혁에 관여한 경로는 두 가지로 나누어 볼 수 있다. 우선 IMF와 같은 국제금융기관이나 미국과 같은 강대국으로부터 가해지는 직접적 외압이다. 위기상황에서 경제정책의 결정과 집행에 자율성을 가지기 어려웠던 정부가 IMF의 요구 사항을 수용하여 경제개혁을 실행했다고 볼 수 있다. 고금리 정책, 긴축 정책, 금융기관 구조 조정, 자본거래 자유화, 무역 자유화, 기업지배구조 개혁, 노동개혁 등이 당시 한국 정부가 IMF와의 협상을 통해 실행한 정책이었다.

한편 한국에 진출한 해외투자자들을 통해 개혁의 압력이 가해지기도 한다. 해외투자의 증대와 그에 따른 세계경제와의 통합의 심화는 정치경제 거버넌스가 영미식 모델을 수렴하도록 촉진한다는 것이다(Frieden and Rogowski 1996; Ohmae 1995). 한국의 경우, 위기 이후 진출한 외국기업과 금융기관들이 한국 정부와 기업에 대하여 과거의 규제 및 사업관행에서 탈피하고, 기업 지배구조의 투명성을 증진시킬 것을

16 한국은 2001년 8월23일 1억4천만달러의 상환을 끝으로 195억달러에 달하는 IMF 구제금융을 모두 상환했다. 이는 원래 예정되었던 2004년 5월 보다 2년 이상 조기상에 상환한 것이다. 한국 정부는 이를 계기로 위기의 성공적 극복을 공표하기에 이르렀다.

요구하는 이른바 '안으로부터의 외압'을 가하면서 한국 내에 국제규범이 빠르게 확산되었다. IMF 등으로부터 가해진 직접적 외압과 달리, 국내에 진출하여 경제 활동을 하고 있는 외국 금융기관 및 기업들로부터 가해진다는 점에서 '구조적 외압'이다.[17]

셋째, 국내 민간 행위자들 역시 개혁 과정에 직접적으로 참여했다는 점에서 중요한 행위자이다. 민간 행위자의 참여는 개혁의 정치 과정을 매우 복잡하게 만들었다. 시민단체들은 재벌 개혁을 위해 정부와 연합하는 경향을 보인 반면 재벌은 정부의 개혁 추진에 체계적인 저항을 전개했다. 민간 행위자가 개혁 과정에 참여했다는 것은 민주화 이후 정책결정의 개방성이 증가한 데 따른 것이라고 할 수 있다.

지금까지의 논의를 바탕으로, 주요 행위자들 사이의 상호작용이 개혁의 성격과 내용에 미치는 영향을 검토할 필요가 있다. 다수의 연구에서 외국 정부나 기업은 세계화의 압력을 행사하는 주체로, 한국 정부와 기업은 외압을 수용하거나 소극적으로 저항하는 수동적 행위자로 간주되는 경향이 있다. 그러나 주요 행위자들 사이의 이해관계는 이러한 이분법적 시각보다 훨씬 더 복합적이기 때문에, 외압이 국내 주요 행위자들과 상호작용하는 과정을 동태적으로 분석할 필요가 있다.

첫째, 위기 직후 IMF의 압력은 국내 행위자들 사이의 정치적 균형을 변화시켰다는 점에서 개혁의 시발점이 되었다. 그러나 신자유

---

17 티 제이 펨펠(T. J. Pempel)은 이를 '구조적 외압'으로 개념화했다. Pempel (1999).

주의적 개혁을 이식하려는 IMF의 직접적 압력만으로 경제개혁을 설명하는 것은 한계가 있다. IMF의 요구 사항은 원칙론에 가깝고, 세부 분야에서는 충분히 구체적이지 않은 경우가 많았기 때문이다. 또한 한국이 IMF가 부과한 요구 조건보다 더 높은 수준의 개혁을 하였거나, 구제 금융을 조기에 상환하여 더 이상 IMF의 압박에 직면하지 않은 상황에서도 개혁을 지속한 경우가 발견되기도 한다.

한편 정부의 관점에서 볼 때, IMF의 외압은 위기의 극복과 함께 약화될 수밖에 없었기 때문에, 지속적인 개혁을 위해서는 국내외의 개혁 지지집단을 확보하는 것이 매우 중요하다. 금융위기로 인한 대외적 압박이 강력했던 시기에는 자유화 조치에 비교적 순응하였으나, 위기가 극복되기 시작하자 개혁에 본격적으로 저항하는 집단이 등장하기 시작했기 때문이다. 정부는 IMF의 외압이 감소된 이후, 새로운 외압의 근원으로 해외투자자를 활용하고자 했다. 김대중 정부가 본격적인 개혁에 앞서 외국인 투자를 유치하기 위해 금융 자유화를 비롯한 일련의 자유화 조치를 우선 추진한 것은 바로 이런 맥락이다. 위기 국면에서 강력하지만 일시적인 외압을 행사했던 IMF와 달리, 해외투자자들은 FDI, 포트폴리오 투자를 통해 국내에 진입한 후 이해 당사자로서 지속적인 영향력을 행사할 것으로 기대되었다. 특히, 위기 이후 국내에 본격적으로 진출한 외국계 기업들이 정부에 대하여 기존의 사업 관행에서 탈피하고 이른바 글로벌 스탠더드(global standard)를 채택하도록 압력을 가할 것으로 예상되었다.[18]

정부는 이러한 압력을 활용하여 경제개혁을 위한 정치적 동력을 지속적으로 확보하고자 했다. 외국인 투자의 증가는 신자유주의적 개혁을 촉진하는 구조적 압력이 강화되었음을 알 수 있는 간접적 지표이다. 금융위기 이후 한국 주식시장에서 외국인 투자자의 비중은 지속적으로 증가해왔다(〈그림 3〉 참조). 한국 증시에서 외국인 투자가들이 차지하는 비중은 국제기준에 비추어도, OECD 회원국들 가운데 최고 수준을 기록하고 있다. 2004년 2월말 현재 한국의 전체 증시에서 차지하는 외국인 비중은 42.6%로 헝가리(72.6%), 핀란드(55.7%), 멕시코(46.4%)로 세계 4위이며 OECD 국가 가운데 가장 높은 비중을 보이고 있다.[19] 시가 총액 대비 외국인 지분의 비율은 위기 직후인 1999년 18.4%에서 2001년 32.1%까지 상승했다. 이 추세는 위기에서 벗어난 2000년대 중반에도 계속되었는데, 2003년 37.7%, 2004년 40.1%까지 증가했다. 이후에는 이 비율이 다소 감소하여 2005년 37.2%, 2006년 35.2%, 2007년 30.9%를 각각 기록하는 등 여전히 높은 수준을 유지했다(〈그림 3〉 참조). 급격히 증가한 해외투자는 IMF의 외압이 약화된 이후 개혁의 지속적 동력으로 작용했다고 할 수 있다.

---

18 해외투자자들은 소수의 전문가들로 구성되는 경우가 많아 투자 결정을 서로 긴밀하게 조정하고, 해당국의 정부로 하여금 신자유주의적인 경제정책을 실행하도록 압력을 가하는 경향이 있다(Haley 2001). 해외투자자의 영향력에 대해서는 반대 견해도 있는데, 맥스필드(2000)는 해외투자자들이 다양한 이해관계를 갖고 있기 때문에 동일한 정책적 선호를 표출하기 어렵다고 주장한다.

19 반면 영국은 32.1%, 미국은 17.7%이다(중앙일보 2004/9/9)

〈그림 3〉 해외투자자의 주식 보유 비중 변화

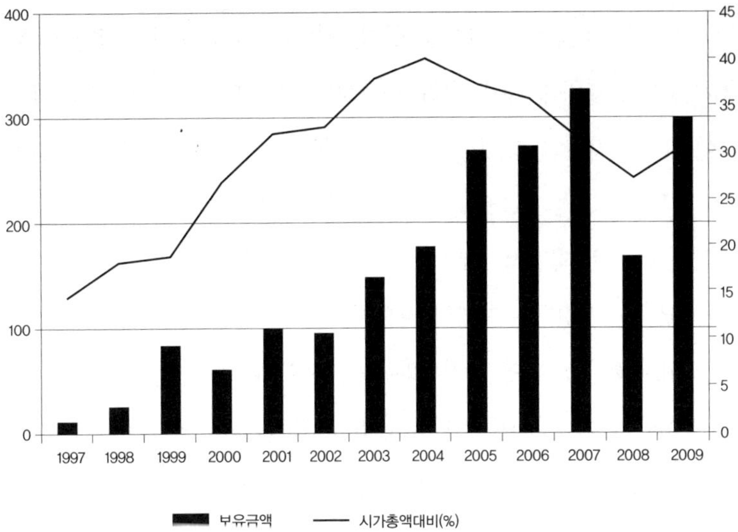

출처 : KISVALUE Database.

해외투자자들에 의한 구조적 외압은 금융부문과 기업부문의 개혁의 차이를 설명할 수 있는 하나의 단초가 된다. 금융부문의 외국인 지분의 비중은 2001년 이후 빠르게 증가하여 2005년에는 약 38%에 달했다. 반면 비금융 업종의 외국인 투자의 비중도 증가하기는 했으나 증가 속도가 완만했다(〈그림 4〉 참조). 2003년 이후 금융부문과 비금융부문의 외국인 투자 비중이 역전된 이후, 그 추세는 최근까지 지속되고 있다. 이는 금융부문의 외국인 비중이 높았던 만큼 구조적 압력이 강했다고 할 수 있다. 금융부문의 개혁이 해외투자자의 이해관계를 보다 긴밀하게 반영하는 신자유주의적 개혁이 지속적으로 추진된 것은 이와 관련이 있다.[20]

김대중 정부는 위기의 주요 원인으로 정실 자본주의와 재벌의 무분별한 투자 행태를 꼽았다. 외국인 투자의 유치는 이러한 문제를 해결할 수 있는 유효한 수단으로 인식되었다.[21] 이 점에서 김대중 정부, IMF, 그리고 재벌에 대해 비판적 견해를 갖고 있던 시민단체들 사이의 이해가 일치했다. 해외투자자들은 재벌을 견제하고 재벌 구조조정을 촉진할 수 있는 집단으로 인식되었다. 그러나 해외투자자들은 개혁을 위한 압력을 직접적으로 행사하기보다는 정부의 개혁정책에 반응하는 경향을 보였다는 점에서 기본적으로 반응적이었다. 외국인 투자의 유치를 통한 개혁의 실행이라는 정부의 전략이 금융부문에서 더 효과적이었던 이유는 여기에 있다. 은행 등 금융기관 외에도 주요 삼성전자, 포스코 등 주요 대기업의 외국인 지분이 역시 급격하게 증가했으나, 구조적 압력이 기업부문에서는 상대적으로 약했다고 할 수 있다. 해외투자자들이 직접 인수합병을 주도했던 금융부문과 달리 해외투자자들이 기업을 직접 인수하거나 경영권을 확보하기보다는 주로 포트폴리오 투자의 형태를 취했다.[22] 특히, 기업지배구조 개혁과 같이

---

20 한편 외국인 투자의 증가는 개혁의 원인이기보다는 개혁의 결과라는 비판적 견해가 있다. 즉 외국인 투자는 개혁의 성과가 나타나기 시작한 2000년대 이후 비로소 증가하기 시작하였으며, 따라서 외국인 투자의 유치를 통해 개혁을 이끌어내겠다는 원래 의도와는 선후 관계가 다르다는 것이다. Kalinowski and Cho 2009.

21 이런 점에서 정부와 재벌 간의 관계가 금융 자유화의 기본적 범위를 결정했다고 할 수 있다.

22 소버린이 SK에 대한 인수를 시도하는 사례가 있었을 뿐 아니라, 대기업들이 안정적인 경영권 확보를 위해 지분 확대한 점을 감안할 때, 외국인 지분의 증가가 대기업의 경영권에 어느 정도 위협을 가한 것은 부인하기 어렵다. 다만

강력한 반대세력이 존재하는 분야의 개혁에 대해서는 소극적 태도가 두드러졌다.

〈그림 4〉 금융업과 기타 업종의 외국인 지분율 변화, 2001~2009

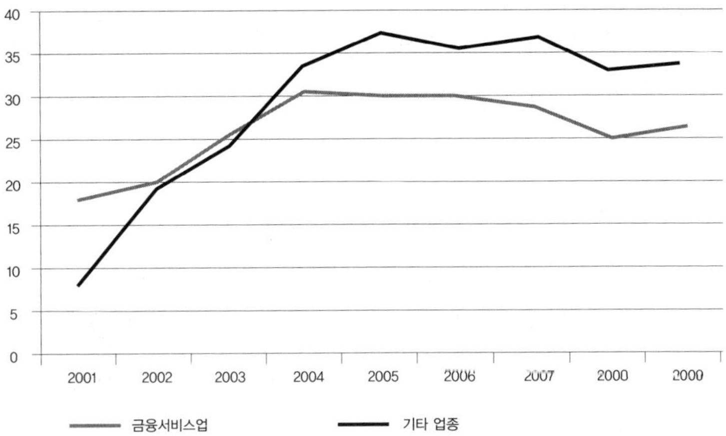

출처 : KISVALUE Database.

이러한 상황에서 국내적으로 시민단체가 새로운 개혁 압력의 원천으로 대두되었다. 이들은 재벌의 경영 투명성과 노사관계의 합리화 등 경제적 민주화와 기업개혁을 요청했다(이연호 1997). 특히 참여연대 등은 삼성을 비롯한 주요 대기업의 경영 관행을 감시하고 기업지배구조를 개혁하는 핵심 주체중의 하나로 부상했다. 정부 역시 필요에 따

국유화되었던 은행 가운데 상당수가 외국인 투자자에게 인수되었던 금융업과 달리, 대기업의 경우 경영권 인수 시도는 있었으나 실제로 인수된 적은 없다는 점에서 두 부문 사이의 차별성은 뚜렷하다고 하겠다.

라 간헐적으로 이들을 재벌개혁을 위한 전략적 파트너로 삼았다(이연호·임유진·정석규 2002). 경제위기를 통하여 유발된 외압 못지않게 해외투자자에 의한 구조적 외압과 시민단체를 중심으로 한 국내정치적 내압은 중요한 개혁의 원동력이 되었다.

개혁에 반대하는 세력의 집합행동 역시 개혁의 성격과 범위를 결정하는 데 중요한 역할을 했다. 재벌을 중심으로 한 기업지배구조 개혁에 대한 저항이 있었다는 것은 커다란 잡음 없이 진행되었던 금융부문의 개혁과 상반되는 것이었다(Walter 2008). 재벌은 위기 초반 위기의 주범 가운데 하나로 지목되면서 지배구조 개선에 대한 반대의사를 적극적으로 표명하기 어려웠다. 그러나 위기가 극복되기 시작한 1999년부터 재벌은 그동안의 수세적 자세에서 벗어나 적극적인 대응을 모색하기 시작했다. 이는 재벌 기업들이 수출에 주력함으로써 한국의 무역수지를 개선하여, 위기 극복에 커다란 역할을 함에 따라 재벌에 대한 부정적 시각이 완화된 데 따른 것이었다. 재벌이 불과 1년 만에 위기의 주범에서 한국 경제의 구원 투수로 변모한 것이다. 특히, 2004년 이후 고통스러운 신자유주의적 개혁에 대한 비판적 견해가 나타나기 시작하였는데, 재벌들은 이를 활용하여 개혁에 반대하는 논리적 때로는 이념적 공세를 펼치기 시작했다. 재벌들이 취한 전략의 핵심은 IMF, 해외투자자, 다국적기업 중심으로 진행되어 온 일련의 개혁 조치들이 한국의 국가경쟁력을 오히려 저해한다고 설파하는 것이었다.

지금까지 살펴보았듯이 금융부문과 기업부문의 개혁 과정에서 상당한 차이가 발견된다. 한국의 경제개혁에는 IMF, 해외투자자, 정부, 시민단체, 재벌 등 다양한 행위자들이 참여했으며, 이들 사이의 상호

작용 패턴이 개혁의 결과를 결정했다. 개혁을 추진하는 세력이 강력한 기득권 집단의 집합행동에 직면하지 않는 경우에는 신자유주의적 개혁이 지속적으로 실행되었다. 반면 국내외 주요 행위자들 사이에 정치적 연합이 이루어졌더라도, 해당 분야의 기득권 세력이 개혁에 저항하는 연합을 형성하는 데 성공한 경우, 실질적 개혁이 이루어지지 못하고 제도적 또는 형식적 차원의 개혁으로 끝나거나 심지어 과거의 상태로 회귀하는 경우가 발생했다. 금융개혁이 전자의 경우라면, 기업개혁은 후자의 경우에 해당한다.

V. 결론

지난 십여 년 간 한국이 실행한 경제개혁에 대한 평가는 양면적이다. 이는 세계화와 민주화의 정치 과정이 함께 반영된 결과이다. 금융부문의 경우, IMF의 압력이 신자유주의적 개혁을 이식하는 계기를 제공하였고, 이후 한국에 진출한 외국인 투자자들은 개혁이 일회성에 그치지 않고, 지속되도록 압박하는 역할을 했다. 시민단체들 또한 외국인 투자사들의 국내 금융기관 인수에 대해 우려를 제기하기도 하였으나, 기업부문의 개혁처럼 조직적이고 상시적인 압력을 가하는 데까지 이르지는 못했다. 조직적인 반대운동을 전개할 전통적인 기득권 집단이 존재하지 않았던 것은 금융부문의 지속적인 개혁을 가능하게 한 중요한 요소였다. 반면 IMF의 외압을 계기로 기업부문에서도 국제규범에 부합하는 효율성을 제고하기 위한 일련의 개혁 조치가 실행되었다. 그러나 금융부문과 달리 해외투자자의 역할은 제한적이었다. 따라서 정부는 재벌 중심의 경제력 집중을 완화하고 개혁을 지속적으로 추진하기 위해 시민단체와 연합하는 전략을 채택했다. 그러나 금융부문과 달리, 재벌이라는 강력한 기득권 집단의 존재는 근본적인 개혁을 성취하는 데 장애 요인으로 작용했다.

한국의 경제개혁은 세계화와 민주화가 상호작용한 결과라고 할 수 있다. 달리 말하면 개혁은 세계화 과정의 부산물도 아니며, 민주화만으로 성취될 수 있는 것도 아니다. 세계화와 민주화의 상호 작용, 그에 따른 다양한 행위자들 사이의 정치적 연합이 개혁의 성격과 내용을 결정짓는다. 구체적으로 세계화의 압력이 경제개혁을 촉진하고 지속시키는 역할을 했다면, 민주화로 인한 국내적 연합은 개혁의 성격에 영향을 미쳤다.

이 연구의 시사점은 다음과 같다. 한국의 신자유주의적 개혁을 설명하는 대표적인 시각은 금융위기 발생 이후 한국 정부가 국제통화기금(IMF)으로부터 구제금융을 제공받는 반대급부로 일련의 개혁조치를 실행할 것을 약속한 데서 비롯되었다고 보는 외압론이다. IMF의 압력이 경제개혁의 성격과 범위를 결정했다고 보는 시각이다. 외압은 전통적으로 강력한 영향력을 행사했던 정부 내외의 주요 행위자들을 무력화시킴으로써 개혁을 가능하게 했다. 개혁의 내용 면에서도 IMF 등 외압의 주체들이 요구한 사항들을 반영할 수밖에 없었다는 것이다.

외압론이 경제개혁의 중요한 동력으로 작용했다는 것은 주지의 사실이지만, 경제개혁의 본질을 설명하는 데 일정한 한계를 갖는다. 첫째, 외압이 초기 개혁의 동기를 제공하였지만 이후의 개혁 과정은 국내정치적 요소의 영향을 강하게 받았다. 달리 표현하면, 외압의 강도는 위기의 정도와 반비례 관계에 놓여 있었다. 한국이 위기를 극복함에 따라, 외압이 약화될 수밖에 없었다. IMF의 영향력은 한국이 구제금융을 상환한 2000년 8월을 정점으로 감소하였다. 실제로 이미 1998년부터 IMF는 한국 정부의 요구에 따라 몇 차례 수정안에 합의하기 시작했다. 둘째, 외압이 매우 강력했다고 인정하더라도 구체성을 결여하고 있었다는 점을 지적할 수 있다. IMF가 한국 정부와 합의한 의향서는 원칙적이고 일반론의 성격이 강했다. 한국 정부가 강력한 외압 속에서 자율적으로 움직일 수 있는 공간이 마련되어 있었다는 얘기다. 한국 정부가 국내 정치적 목적을 위해 외압을 활용한 측면이 있다는 점을 간과하기 어렵다.

본 연구는 외부의 압력이 국내 정치적 균형에 영향을 미친다는 점에서 세계화와 민주화의 상호 작용에 대해 검토했다. 세계화의 진전은 개방과 자유화를 이른바 '친(親)세계화' 진영에게 유리한 정치적 지형을 형성하도록 작용한다(Frieden and Rogowski 1996). 민주화 역시 경제개혁에 영향을 미친다. 민주화는 정책결정에 참여하는 행위자의 증가를 초래하며, 이는 불기피하게 정책결정 과정의 복잡성을 수반한다. 민주화의 진전으로 대기업과 시민단체와 같은 다양한 행위자가 경제개혁 과정에 참여할 수 있는 통로가 확대되었다는 점을 감안할 때, 2000년 이후의 한국의 경제개혁은 구조적 압력이 민주화로 인한 정책결정구조의 변화와 맞물렸음을 보여주는 좋은 사례이다. 개혁의 성격과 범위는 개혁을 위한 정치 연합의 형성 여부 및 이에 대한 반대 세력의 대응에 따라 결정된다고 할 수 있다.

민주화의 효과는 정책결정에 참여하는 행위자 수의 증가나 정책결정의 투명성을 높이는 데 그치지 않는다. 정책결정으로 인해 초래되는 분배의 갈등을 첨예화할 가능성이 높기 때문이다. 따라서 개혁의 성패는 다수 행위자의 다양한 이해관계가 효과적으로 조정될 수 있는지 여부와 밀접한 관련이 있다. 민주주의 하에서 이해관계의 조정자로서 정부의 역할이 더욱 중요해지는 것이다.

참고문헌

국무조정실. 2005.『2005년도 IMD·WEF 국가경쟁력 비교분석, 주요 선진국 및 아시아 경쟁국을 대상으로』. 서울 : 국무조정실.

류상영·이승주. 2006. "한국의 경제개혁과 정부·기업 간 비공식 네트워크의 변화."「21세기정치학회보」16집 1호, 43-66.

이승주. 2010. "세계화 시대의 정부 역할." 이숙종·장훈 편.『세계화 제2막, 한국형 세계화의 구상』. 서울 : 동아시아연구원, 61-91.

이연호. 1998. "경제적 자유화에 있어서 국가의 역할, 경제규제의 정치학."『한국정치학회보』32집 3호, 77-94.

이연호·임유진·정석규. 2002. "한국에서 규제국가의 등장과 정부·기업관계."『한국정치학회보』36집 3호, 199-222.

임현진. 2009. "21세기 한국의 발전 모델 탐색, 소강(小康) 강중국(强中國) 발전 모델을 향하여." 박삼옥·양승목·윤영관·이근·임현진.『지속 가능한 한국 발전 모델과 성장 동력』, 1-46. 서울 : 서울대학교 출판부.

장하준. 2004.『사다리 걷어차기』. 서울 : 부키.

한국은행. 2003.『한·미·일 기업의 재무구조 및 수익성 비교 분석』. 서울 : 한국은행.

Camdessus. Michael. 1999/12. "Crisis, Restructuring, and Recovery in Korea." Speech in Seoul. http//www.imf.org/external/np/speeches/1999/120299.htm.

Coe, David T. and Kim Se-Jik, eds., Korean Crisis and Recovery(Seoul,

IMF and Korea Institute for International Economic Policy, 2002).
Evans, Peter B. 1995. *Embedded Autonomy States and Industrial Transformation*. Princeton : Princeton University Press.
Frieden, Jeffrey, and Ronald Rogowski. 1996. "The Impact of the International Economy on National Policies, An Analytical Overview." in Robert Keohane and Helen V. Milner (eds). *Internationalization and Domestic Politics*, 15-20. Cambridge : Cambridge University Press.
Global Business Policy Council. 2003. FDI Confidence Index. Alexandria, Virginia, A. T. Kearny.
Haggard, Stephan, and Andrew Macintyre. 2000. "The Political Economy of the Asian Financial Crisis, Korea and Thailand Compared." in Gregory W. Noble and John Ravenhill (eds). *The Asian Financial Crisis and the Architecture of Global Finance*. pp, 6976. Cambridge : Cambridge University Press.
Haggard, Stephan, and Robert Kaufman. 1995. *The Political Economy of Democratic Transitions*. Princeton : Princeton University Press.
Haley, U. C. V. 2001. *Multinational Corporations in Political Environments, Ethics, Values and Strategies*. World Scientific Publishing.
IMF News Brief no. 01/82, "IMF Managing Director Congratulates Korea on Early Repayment of 1997 Stand-By Credit." August 22, 2001, ⟨http,//www.imf.org/external/np/sec/nb/2001/nb0182.htm⟩, accessed September 14, 2006.
IMF, Republic of Korea, 2002 Article IV Consultation-Staff Report(Washington, D.C. : 2003), 14.
IMF, Independent Evaluation Office, The IMF and Recent Capital Account Crises, Indonesia, Korea, Brazil(Washington, D.C. : 2003).
IMF, Republic of Korea, 2006 Article IV Consultation-Staff Report(Washington, D.C. : 2006).

Kahler, Miles, and David A. Lake. eds. 2003. *Governance in a Global Economy, Political Authority in Transition*. Princeton : Princeton University Press.

Kenichi Ohmae. 1995. *The End of the Nation State, The Rise of Regional Economies*. New York : The Free Press.

Keohane, Robert and Helen V. Milner. eds. 1996. *Internationalization and Domestic Politics*. Cambridge : Cambridge University Press.

Keohane, Robert. 2002. *Power and Governance in a Partially Globalized World*. New York : Routledge.

MacIntyre, Andrew. 2001. "Institutions and Investors, The Politics of the Economic Crisis in Southeast Asia." *International Organization* 55, No. 1, 81-122.

Moon, Chung-In and Jongryn Mo. 2000. Economic Crisis and Structural Reforms in South Korea, Assessments and Implications. Washington, D.C. : The Economic Strategy Institute.

Moon, Chung-in, and Song-min Kim. 2000. "Democracy and Economic Performance in South Korea." in Larry Diamond and Byung-Kook Kim (eds.). *Consolidating Democracy in South Korea*, 139-171. Boulder : Lynne Rienner.

Nam, Sang-Woo and Chong-Il Nam. 2004. Corporate Governance in Asia, Recent Evidence from Indonesia, Republic of Korea, Malaysia, and Thailand. Asian Develpment Bank Institute.

OECD. 2004. Economic Survey-Korea 2004, Reform of the Corporate and Financial Sectors. Paris : OECD.

Shin, Jang-Sup and Ha-Joon Chang. 2003. *Restructuring 'Korea Inc.', Financial Crisis, Corporate Reform, and Institutional Transition*. New York : Routledge.

The Business Week. 2002. 11. 29. "Look who owns Korea Inc."

The Economist. 2002. 7. 6. "Five Years On, The Best Post-Crisis Performer."

The Financial Times. 2002. 2. 8. "Leader, Seoul Lessons."

The Financial Times. 2003. 9. 26. "Western Style Management with an Eastern Touch."

The New York Times. 2002. 5. 4. "Korea Thrives by Shunning Japanese Ways."

6장

한국 사회 거버넌스의 위기 : 발전 모델과 정치체제 부조응성의 측면에서

유현석(경희대학교)

I. 서론 : 문제 제기

민주주의 국가에서 다양한 견해의 존재와 다양한 이익의 충돌은 자연스러운 현상이다. 이러한 충돌을 민주주의적 절차를 통해 합리적으로 조정하는 것이 민주적 거버넌스의 역할일 것이다. 이렇게 정책이 다양한 행위자들의 참여를 통해 결정되고 집행되는 방식을 민주주의적 거버넌스라고 볼 때 과연 현재 한국 사회가 민주주의적 거버넌스를 통해 정책결정과 집행이 이루어지고 있는가에 대해서는 회의적이다. 정부의 이념적 지향과 관계없이 정부가 추진하는 정책들이 정치적·사회적 분열과 소모적인 대결의 대상이 되고, 반드시 필요한 정책들이 중단되거나 변질되는 통치의 위기를 겪고 있다고 생각한다. 민주적 거버넌스의 요체는 합리적인 정책의 선택과 정책결정과정의 민주성이다. 정부가 국민 복지를 증진하기 위해 추진하는 중요한 정책들이 좌초되거나 추진한다고 해도 과다한 거래 비용을 지불하면서 추진하고 있는 현재의 상황은 거버넌스의 위기상황이다. 그러나 때로는 이러한 상황이 이해당사자 또는 국민이 정책결정에 참여하는 참여민주주의로 해석되거나 정부의 정책결정에서의 독점적 권한이 사라지고 시민사회를 포함한 다양한 행위자의 참여를 통해 협력적 방식으로 정책이 결정되는 거버넌스로의 전환현상으로 해석되기도 한다. 그러나 참여민주주의나 민주적 거버넌스의 요체는 합의를 이루어가는 민주적·참여적 과정이지 결코 선거를 통해 정책결정의 최종적 권한을 위임하고 그 결정에 대한 정부의 책임성이라는 대의민주주의의 본질을 대체할 수는 없다.

현재 상황이 더욱 더 위기일 수밖에 없는 이유는 이러한 참여가 진정한 이해당사자들이 아닌 이념을 기반으로 한 특정 조직 및 네트워크에 의해 독점되고 있다는 점이다. 이러한 행위자들은 모든 이슈를 이념적 잣대로 해석하고 정책의 적절성을 이념적 가치로 판단함으로써 정책결정 및 집행과정을 이념적 대결의 장으로 만들어 버리는 부작용을 만들어내고 있다. 왜 한국의 시민참여는 시민 없는 참여인가? 왜 한국 사회에서 참여는 조직화된 진보적 시민사회 네트워크가 정책결정 및 집행에 영향력을 행사하는 것을 의미하게 되었는가? 왜 한국에서는 왜곡된 형태의 참여민주주의가 대의민주주의 가치 자체에 도전하는 현상이 나타나게 되었는가? 이러한 질문들이 이 논문이 갖는 문제의식이다.

이 논문의 주장을 간략히 정리하면 첫째, 한국 사회의 통치의 위기는 조직화된 시민사회 혹은 진보적 이념을 기반으로 한 시민사회 네트워크가 정책결정과정에 참여하고 영향력을 발휘할 수 있도록 만든 제도적 장치들과 왜곡된 참여 문화의 결과이다. 둘째, 이러한 현상은 김대중, 노무현 정부를 거쳐 한국 사회에 착근했다. 이 기간 동안 진보적 정부는 진보적 시민단체들이 이끄는 조직화된 시민사회가 정부정책 결정과 집행에 참여할 수 있는 제도적 장치를 구축했고 이들의 정책결정 및 정치에의 참여에 정당성을 부여하는 문화를 형성했다. 셋째, 김대중, 노무현 정부가 진보적 시민사회 소식에 이러한 권한을 부여한 것은 40여 년 동안 구축된 보수적 기득권 세력 및 보수적 정치문화를 극복하기 위한 대항적 정치세력을 구축하기 위한 전략으로 보이지만 또 한편으로는 IMF의 구조조정 압박으로 상징되는 신자유주의의 압박 하에서 진보적 정부가 갖게 되는 딜레마를 완화하기 위한 정치적 보상의 성격도 있다. 다시 말해 자신에게 권력을 갖게 해준 지지층들이 자신이 추진해야만 하는 정책의 피해자가 되는 상황에서 그들에 대한 보상의 성격을 가진 정책들을 추가로 추진했고 그 중에서 자신의 정치적 기반이 되는 세력들을 정치적 협력자로서의 권력을 부여하는 여러 가지 조치들을 했다는 것이다. 넷째, 이러한 복잡한 정치전략의 선택은 신자유주의적 발전 모델 및 경제 전략과 조응하지 않는 진보적 정치체제가 결합되었을 때 정치체제가 취할 수 있는 정치적 전략일 수 있다.

요약하면 한국의 독특한 신자유주의적 세계화의 경험(진보 정부에 의한 신자유주의의 추진)은 두 가지 측면에서 통치의 위기를 가져왔다고 본다. 하나는 정부의 통치성을 제약하는 제도적(공식, 비공식적)장치들이 자리를 잡았고 두 번째는 시민사회의 정치적 동원화가 조직화된 시민단체들 중심의 "참여 문화"를 형성했다. '참여의 문화'는 대안적 미디어를 포함한 여론과 다양한 형태의 '거리의 정치'가 정책결정에 있어 법적 기구들이 갖는 독점적 권한에 대한 정당성을 위협하는 현상을 가져왔다. 이러한 현상은 정부의 김대중, 노무현 정부 동안 정부의 지원을 통해서 이루어졌고, 이러한 참여적 제도나 문화에 대한 지원은 진보적 정부들이 신자유주의적 정책들을 추진할 수밖에 없는 모순적 상황에 대한 보상적 차원 혹은 정치적 고려 차원에서 이루어진 것으로 판단된다.

이러한 제도와 문화의 형성은 진보 정부가 물러난 후에도 한국사회의 작동에 계속적인 영향을 미치게 된다. 모든 정부 정책이 조직화된 시민사회와 그 네트워크의 비공식적이지만 영향력이 있는 비준의 대상이 된다. 참여의 문화는 정책 집행에 부담으로 작용하며 정책의 방향에 영향을 미치게 된다. 이명박 정부와 같은 친기업적 정부에서 포퓰리즘적 정책방향이 나타나는 것은 부분적으로는 조직화된 시민사회 참여의 제도와 문화가 정부의 정책선택에 영향을 미치는 것이라고 볼 수 있다.

II. 이론적 논의

1. 산업화/발전 모델의 정치적 영향

산업화/발전 모델과 정치체제 간의 상관성은 정치경제의 오랜 관심거리이다. 거센크론(Gerschenkron 1963)의 후발산업화 국가의 발전전략에 대한 연구는 후발 산업화 국가들의 산업화는 특정한 형태의 정치체제의 역할을 요구하게 된다는 것을 주장하고 있다. 산업화를 위한 자본의 축적이 이루어지지 못한 상황에서 자본을 권위적으로 동원할 수 있는 중앙집권화 정치체제가 발전 모델에 맞는 정치체제로 부상하게 된다는 것이다. 따라서 거센크론의 시각에서는 독일이나 오스트리아-헝가리, 이탈리아, 그리고 러시아가 중앙집권적이거나 권위주의적 정치체제를 갖게 된 것은 우연이 아니라는 것이다. 오도넬(O'Donnel 1973)의 남미의 관료적 권위주의 등장에 대한 연구 역시 발전 모델과 정치체제와의 연관성을 제시하고 있다. 남미에서 쉬운 단계의 수입대체 산업화가 이루어진 후 산업화의 심화(deepening) 단계가 나타나며, 이 단계에서 심화과정에 부합하는 특정한 형태의 권위주의적 정치체제가 필요하게 된다는 것을 주장하고 있다. 심화의 단계에서는 자본의 동원과 축적을 위해 쉬운 수입대체산업화 시기의 정치적 결과로 나타난 성장한 민중부문의 배제가 필요하며 이러한 정책에 대해 민중부문은 정치적 저항을 하게 된다. 이러한 저항은 정치적 불안정과 사회적 혼란으로 나타나며 이러한 상황에서 심화를 추진하기 위한 관료와 정치적, 사회적 불안정을 용납하기 어려운 군부를 중심으로 권위주의적 정부가 등장하게 되고, 이러한 권위주의 정부는 민중부분을 배제하고 높은 단계의 수입대체산업화를 수행하게 된다는 것이다.

이러한 경제발전/산업화 모델과 정치체제와의 관계에서 우리가 주목할 점은 단순한 산업화의 성격, 발전 모델의 특성이 정치체제의 특성에 영향을 주는 것이 아니라 이 과정에서 다양한 변수들이 영향을 미친다는 것이다. 특히 산업화의 시점(timing)은 매우 중요한 변수로 작용할 수 있다. 오도넬을 비롯한 허쉬만(Hirshman 1979) 그리고 커스(Kurth 1979)와 같은 소위 게센크론주의자들은 모두 산업화가 추진되는 시점의 세계경제의 특성이 산업화에 조응해서 나타나는 정치체제의 특징에 영향을 미친다는 시각을 공유하고 있다. 후발산업화 국가들의 경우는 선발 산업화 국가들이 이미 시장을 장악한 상태에서 중화학공업 중심의 산업화를 추진할 수밖에 없는 구조적 제약에 직면하게 된 것이다. 다시 말해 산업화의 시점에서 특정한 정치적 역할을 필요로 하는 근본적인 이유는 산업화의 환경이 되는 세계경제의 특성, 자본주의 발전단계 등이 구조적 제약으로 작용하기 때문인 것이다.

신자유주의를 하나의 정책모델로 본다면 신자유주의 역시 정치체제의 특정한 역할을 요구하게 된다. 신자유주의가 본격적으로 등장한 이후 남미에서의 신자유주의의 정치적 결과에 대한 연구들은 대체로 신자유주의가 민주주의 공고화에 부정적 영향을 미쳤다고 보고하고 있다(Gamarra 1994; Rojas 1991). 혹은 좀 더 보수적으로 평가한다 해도 신자유주의는 특정한 형태의 민주주의와 조응한다고 볼 수 있다. 신자유주의 발전 모델과 조응관계에 있는 민주주의는 실질적 민주주의라기보다는 절차적 민주주의에 가깝다는 것이다. 민주주의가 전적으로 무시된다기보다는 절차적 민주주의는 유지되면서 대중의 정치참여나 사회세력의 정책결정에 대한 균등한 접근성 등의 실질적 민주주의는 무시하는 특이한 형태를 보인다는 것이다(이성형 1993). 오도넬(O'Donnel 1994)이 말하는 "위임민주주의"(delegative democracy), 즉 권력이 대통령에게 집중되며 대통령은 국가이익이 무엇인가를 규정하며 국가의 책임성과 대표체제의 제도화에 대해 근원적으로 적대적인 민주주의처럼, 신자유주의는 특정한 형태의 민주주의 체제와 조응성을 보여주었다. 신자유주의가 이러한 정치체제와 조응하게 되는 이유는 물론 신자유주의 발전 모델이 추진하는 경제, 사회적 정책과 관련이 있다. 공공기업 민영화, 탈규제, 보조금 축소, 복지 축소, 노동시장 유연화, 무역자유화와 해외투자 유치 촉진 등 신자유주의를 상징하는 정책들은 노동계급을 비롯한 하층계급의 경제적 배제를 초래하기 때문에 이들의 반발을 무마하고 정치적 저항을 통제하기 위해 비민주적인 수단들이 동원되기도 한다.

그러나 신자유주의 발전 모델이 반드시 권위주의적 정부와 조응하는 것은 아니다. 국가의 경제개입에 대한 철회를 기본으로 하고 있는 신자유주의적 정책은 시민사회에 비해 국가 권력같이 방대한 권위주의적 정권의 속성과는 조응하지 않는다. 그리고 신자유주의 정책에 있어 민주주의적 정권의 이점은 장기적 관점에서 볼 때 이러한 정책 실행의 정통성을 유지하기 위해 민주적 제도들이 필요하다는 점이다. 또 민주적 정부는 특정 신자유주의 정책 실행에 유리할 수 있다. 예를 들어 민주적 정부는 권위적 정부보다 정부예산의 축소, 그리고 특정 생산자보다 소비자의 혜택에 중점을 둔 시장 메커니즘 도입(시장개방을 포함해서)등을 시행하려는 경향이 있거나 시행하기에 유리하고 민영화나 탈규제에 대해 대중적 지지를 받아내기도 쉬울 수 있다. 따라서 신자유주의적 발전 모델이 정치적 권위주의와 친화성을 갖는다는 것은 보편적인 진리가 될 수는 없다.

2. 신자유주의의 다양한 정치적 결과 : 행위자의 선택의 중요성

발전 모델과 정치체제의 연관성을 제시하는 가설의 가장 큰 문제점은 기본적으로 행위자의 역할에 대한 논의가 생략되었다는 것이다. 정치체제를 산업화나 특정 발전 모델의 필요에 부합하는 방향으로 만드는 것은 결국 행위자의 선택이다. 오도넬의 관료적 권위주의 등장에 있어 산업화 심화 단계에 필요한 정치체제를 출범시키는 것은 심화과정에서 이미 활성화된 민중부문을 배제하고 심화 과정을 추진하고자 하는 관료와 군부의 선택이다. 다시 말해 구조는 행위자의 선택의 폭을 제한할 수는 있지만 행위자의 선택 자체를 만들 수는 없다. 신자유주의의 거대한 흐름 속에서 2000년대 중반 남미 국가들에서 나타나는 좌파정부들의 연이은 등장은 첫째, 산업화나 경제적 환경에서 오는 구조적 힘이 강하기는 하지만 행위자들은 구조적 압력과 부합하지 않는 선택을 할 수 있다는 것, 둘째, 이러한 선택에서 여러 가지 변수들이 작용한다는 것을 보여주고 있다. 행위자들이 구조적 요구와 상반된 선택을 하는 경우 여러 가지 어려움을 겪게 된다. 심화의 과정에서 심화에 필요한 정치적 체제를 출범시키지 못하면 이 정부는 계속 활성화된 민중부문의 압박에 시달리고 통치 위기를 겪을 수 있다. 정치체제가 신자유주의에 반하는 정책을 펴게 되는 경우 국제금융기구들로부터 여러 종류의 불이익을 받게 될 것이고, 초국적 자본들의 탈출을 겪게 될 수도 있다. 그럼에도 그러한 선택 자체가 불가능하지는 않다. 행위자들의 선택은 신자유주의 파도의 강도, 신자유주의 정책의 경험 여부, 해당 국가 정치지형, 그리고 카리스마적 지도자 등장 같은 역사적 우연에 영향 받게 된다.

2000년대 중반 남미 여러 국가에서의 좌파정부의 재등장은 이미 신자유주의를 경험하고 난 이후에만 가능한 선택일 수 있다. 다시 말해 이미 1990년대 이후 신자유주의 정책의 경험이 2000년대 중반 좌파정부 등장의 조건을 제공했다는 것이다. 신자유주의가 정당성을 확보했던 1980년대 이후라면 좌파정부의 등장은 힘들었을 것이다. 한 국가의 정치적 지형은 발전 모델/경제 모델과 정치체제의 상관성에 영향을 미치게 된다. 한국에서의 김대중 정부의 등장은 물론 한국이 IMF 구조조정을 요구 받기 전에 시행한 선거의 결과이지만 IMF 구조조정 요구가 선거 이전에 있었어도 김대중 후보는 승리할 수 있었을 것이다. 왜냐 하면 김대중 정부의 등장에 신자유주의의 압박 같은 것은 그리 중요한 요인이 아니었기 때문이다. 한국의 유권자들은 이회창 후보가 상징하는 보수정권의 재등장을 더 이상 원하지 않았기 때문에 김대중 후보를 선택한 것이다. 이러한 다양한 요인이 작용한다는 사실은 발전 모델이나 경제 모델 자체가 정치체제 등장의 주요 요인은 되지 못한다는 것을 말해준다. 결국 우리가 관심을 가질 부분은 특정한 발전 모델 하에 존재하는 다양한 정치적 선택 가능성이다.

신자유주의적 경제 모델을 실행하면서 나타나는 여러 가지 사회경제적 파장은 여러 가지 형태로 작용할 수 있다. 구조주의자들이 생각했던 것과는 달리 정치 지도자들은 신자유주의를 시행하기 위해 반드시 신자유주의에 대한 반대를 누르고, 경제성장을 지속시키고, 외국 자본을 유치하기 위해 권위주의적 통치행태를 택하지 않을 수도 있다. 1930년대 경제위기를 맞아 유럽의 소국들에서 나타난 현상은 노동계급의 배제가 아닌 노동계급과의 계급타협이었다. 신자유주의의 압박 속에서 어떤 정치체제는 계급타협을 통해 노동계급의 양보와 그에 상응하는 신자유주의의 부작용을 최소화하는 제도적 장치들을 대가로 지불할 수도 있다. 신자유주의의 사회경제적 파급효과를 관리하는 방식이 반드시 잠재적 피해자들을 정치적으로 배제하는 방식이 아니라 오히려 정책 연합의 대상으로 삼을 수 있다는 이야기이다.

이러한 변수 중에서 가장 중요한 것은 국내정치 요인이다. 실제로 국내 요인으로 인해 신자유주의 압박 하에서도 각 국가들의 신자유주의의 성격이나 정책 메뉴, 강도 등은 차이를 보인다. 신자유주의의 압박에서 국내의 정치세력들은 연합정치 행태를 보이게 되고 각 세력 간 역학관계에 따라 정책 선택의 차이를 보이게 된다. 또 다양한 국내 제도들은 이러한 국내 연합정치에 중요한 영향을 미치면서 신자유주의적 세계화의 결과에 영향을 미친다(Keohane and Milner 1996). 신자유주의 반대 연합이 강하게 형성될 경우 IMF와 같은 국제금융기관의 압력이 아무리 강해도 국내적으로 비정통적 경제정책을 취할 수 있다는 것이다. 실제로 아르헨티나의 아우스트랄 플랜(Plan Austral), 브라질의 크루자도 플랜(Plan Cruzado), 페루의 인티 플랜(Plan Inti) 등의 존재는 이러한 견해를 뒷받침하는 사례로 볼 수 있다(Conaghan, Malloy and Abugattas 1990)

이 논문은 그러한 정치권력의 선택들이 가져오는 정치적 결과에 대해 주목한다. 우선 신자유주의 시대 정치적 외피의 가능성에 대해서 알아보자. 정치적 외피가 정치권력의 선택이라고 볼 때, 신자유주의적 정책기조를 수용하고 실행해야 하는 정권의 정치적 선택에 영향을 미치는 변수들에 주목할 필요가 있다. 가장 중요한 요인은 정권의 정치적 지향이다. 신자유주의의 압력 하에서 보수 정권의 선택은 단순할 수밖에 없다. 신자유주의적 개혁들과 정책들을 효과적으로 수용하기 위해서 신자유주의 정책의 피해자들과의 정치적 대치를 감수한다. 페루의 후지모리 정부가 신자유주의 개혁의 와중에서 정치적 반대를 처리하기 위해 대통령의 초법적 통치를 일상화 하고 노동계급과의 일전을 불사한 것은 보수적, 친기업적 성격에 기인한다고 볼 수 있다. 진보 정부의 경우 자신의 정치권력의 주요 지지지인 노동계급과 하층계급의 정치적 지지를 유지하기 위해서는 보수적 정부보다 훨씬 복잡한 정치적 계산을 할 수 밖에 없다. 한편에서는 신자유주의적 압박 하에서 기업의 경쟁력을 높이고 외국 자본의 유치를 추진하는 동시에 자신의 정치적 기반이 되는 노동계급을 비롯한 하층계급의 이익을 대변해야 하는 상황에서, 정치권력은 두 정치적 세력을 만족시킬 수 있는 정치적 해법을 찾아야 하기 때문이다. 브라질 룰라의 궁극적 선택이 여기에 속한다고 볼 수 있다. 두 번째 요인은 정치적 제도이다. 선거제도는 매우 중요한 역할을 한다. 대통령제와 의원내각제 사이의 선택 문제, 중임 가능성, 직접투표와 간접투표 선택 등이 모두 정치권력 선택에 영향을 미치게 된다. 일반적으로 대통령제 하에서 정치권력은 더 강력한 정치적 조치들을 할 수 있다. 셋째는 노동계급을 비롯한 하층계급의 정치적 힘의 강도이다. 남미의 심화 과정에서 민중부문의 배제가 필요했던 이유는 수입대체 산업화 시기에 민중부문 소비자로서의 위치로 인한 경제적, 정치적 강화가 있었기 때문이다. 또 1980년대 신자유주의의 확산 과정에서 기존에 정치적, 경제적으로 성장한 노동계급을 비롯한 하층계급을 경제적, 정치적으로 배제할 필요가 있었기 때문이다. 그러나 남미와 달리 노동계층을 비롯한 하층계급의 정치적 활성화가 존재하지 않았던 국가에서는 그러한 배제를 위한 정치적 조치들은 필요하지 않을 수 있다. 한국의 경우 조직화된 노동자들만이 1987년 이후로 정치적으로 활성화되었기 때문에 신자유주의의 압박 하에서 국가는 이들을 정치적으로 배제하거나 포섭하는 것이 국가의 복잡한 정치전략의 일부가 될 수밖에 없다.

3. 신자유주의의 구조적 압박과 진보적 정부

신자유주의의 외피와 관련해서 이 논문이 관심을 가지고 있는 조합은 진보적 정부가 신자유주의의 구조적 압박에 놓이게 되는 경우이다. 이러한 구조적 압박은 국제경제적 환경으로부터의 압박일수도 있고, 특정 국가가 IMF나 세계은행 같은 국제경제기구들로부터 받는 직접 압박의 형태일 수도 있다. 진보 정부에게 이러한 신자유주의의 구조적 압박은 큰 딜레마가 된다. 신자유주의 경제사회정책이 진보 정부의 지지세력인 대중과 저소득층 이익과 상충되는 경향이 크기 때문이다. 따라서 진보 정부는 신자유주의적 압박을 거부하거나, 수용하고 절충적으로 받아들이는 선택지를 갖게 된다. 이러한 선택지에 결정적 영향을 미치는 것은 결국 국내정치의 고려이다. 진보 정부가 신자유주의의 압박을 거부하고 신자유주의 반대정책 패키지를 고집할 경우 직면하게 되는 정치 지형은 전통세력의 지지와 기업을 비롯한 친시장 세력으로부터의 반발일 것이다. 반대로 진보 정부가 신자유주의 압박을 수용하고 신자유주의 경제개혁을 추진하는 경우 전통 지지세력인 노조, 하층계급 등의 반발에 직면하게 될 것이나. 이 경우 진보 정부의 선택은 두 가지로 대별될 수 있다. 하나는 신자유주의 압박을 선택적으로 수용하는 것, 즉 현실에서는 신자유주의 정책을 선택적으로 추진하는 것이다. 국제적 압력이 작용하는 정책 메뉴에서는 신자유주의 기조를 채택하고 그 외의 정책에서는 전통 지지세력의 이익을 대변하는 정책을 추진하는 것이다. 또 하나는 신자유주의 정책 추진에 대한 반대를 무마하기 위한 보상을 제공하는 것이다. 노조나 하층계급을 정책연합의 파트너로 초대하는 정치 차원의 보상일 수도 있고 다양한 형태의 경제 보상일 수도 있다. 이러한 보상을 통해 진보 정부는 자신들의 딜레마를 해결할 수 있다. 그러나 이러한 형태의 딜레마 해결은 예상치 않은 결과를 가져올 수 있다. 정치적 동원이 제도화되면 이러한 제도는 향후의 정치과정에 중요한 영향을 미치게 되고, 경제 보상의 경우에도 제도적 장치가 필요하기 때문에 향후 경제정책에 계속적인 영향을 미치게 된다.

III. 한국에서의 신자유주의 압박과 국가 정치 전략

1. 신자유주의적 세계화와 한국

한국에서 신자유주의 압박은 김대중 정부에 들어서 본격화 되었다. 사실 한국은 김영삼 정부 때 이미 지구화 그리고 신자유주의적 지구화의 압박을 경험하게 된다. 김영삼 대통령이 '세계화'라는 신조어를 통해 한국의 대응전략을 고민한 사실은 이미 김영삼 대통령이 그러한 압박을 몸으로 느끼고 있었다는 것을 보여준다. 김영삼 정부가 경제정책에서 과연 신자유주의 정책을 충실히 수행했는가에 대해서는 더 심도 있는 연구가 필요한 문제이다. 다만 노동문제를 하나의 사례로 보면 김영삼 정부의 신경제 5개년 계획에서 노동정책은 경제정책의 하위 개념으로서 [성장잠재력의 강화]라는 항목에 포함되어 있고, 93년 2월 노동부가 [경제행정규제완화위원회]에 제출한 노동관련 행정규제완화 방안에는 변형 근로시간제 도입 등 노동시간 유연화 조치가 담겨있다. 또 김영삼 정부의 근로자 파견법 추진, 노동법 날치기 통과도 김영삼 정부의 신자유주의 노동정책의 상징으로 볼 수 있다(유현석 1998). 그러나 김영삼 정부는 국제시장에서의 심화되는 경쟁을 극복하기 위한 인식은 있었지만 본격적인 신자유주의 경제개혁 압박은 느끼지 못했다. 오히려 경제의 민주화라는 차원에서 개혁적인 경제정책의 방향 전환이 있었다고 볼 수 있다. 따라서 한국은 1998년 이후 IMF의 지원 부대조건을 통해 신자유주의적 세계화의 압박에 전면 노출되었다고 볼 수 있으며, 그러한 관점에서는 김대중 정부에 들어와서 한국은 본격적인 신자유주의 정책들이 시행되었다고 볼 수 있다.

김대중 정부는 대한민국 역사상 첫 번째로 야당이 선거에서 승리해서 탄생한 정권이다. 김대중 정부의 정치적 지지기반은 호남과 대도시 하층계급, 조직 노동자, 농민, 중산층 일부 그리고 진보적 지식인 계층이다. 이러한 정치 지지기반으로 인해 김대중 정부는 처음부터 매우 곤혹스러운 상황에 놓이게 되었다. 김대중 대통령은 취임 전부터 IMF의 혹독한 구조조정 계획을 받아들이겠다는 약속을 해야 했다. 김대중 대통령이 IMF에게 해 준 약속은 위기상황이 아니라면 정치적으로는 도저히 받아들일 수 없는 약속들이었다. 김대중 대통령은 대선에서 세 번이나 떨어지고 정계은퇴를 번복하면서 대통령선거에 나온 자신을 뽑아준 지지자들에게 그동안 국가가 제공하던 혜택이나 보호 등을 철회하는 약속을 공개적으로 한 것이기 때문이다. 그러나 어떤 의미에서 보면 김대중 정부는 신자유주의 구조조정 정책을 수행할 수 있는 정치적으로 가장 유리한 정부이기도 하다. 만일 보수 정부가 등장해서 이 정부가 IMF 구조조정 패키지를 실행했다면 엄청난 사회 혼란과 정치 위기가 왔을 가능성이 더 크다.

2. 신자유주의와 진보 정부의 정치 전략

이 논문은 시민사회에 대한 경제 지원과 정치 동원은 김대중 정부 그리고 노무현 정부가 처한 딜레마, 즉 신자유주의 정책들을 시행하는 동시에 그 정책에 피해를 보게 되는 자신의 정치 지지세력을 유지해야 하는 딜레마의 결과로 파악하고 있다. 김대중 정부는 집권 후 정부 이름을 '국민의 정부'로 정했다. 그리고 이러한 명칭이 상징하는 것은 비록 김대중 정부가 혹독한 신자유주의 구조조정을 약속했다 해도 지지기반인 하층계급을 핵심으로 하는 대중을 중요한 정책 파트너로 삼겠다는 의지이다. 실제로 남미의 경우와는 달리 김대중 정부는 노동계급을 비롯한 하층계급, 즉 신자유주의의 잠재적 피해자인 노동계급, 도시빈민, 중소상공업자들을 정치적으로 배제보다는 동원하는 선택을 하게 된다. 김대중 정부는 '생산적 복지' 같은 정책 노선이 보여주는 바와 같이 중도 혹은 중도 우파적 사회경제정책을 펴게 된다.[1] 그리고 동시에 지지세력에 대해서는 정치적 보상을 제공하게 된다. 진보적 성향의 정부에 의한 신자유주의의 잠재적 피해자에 대한 정치적 동원은 제도적 차원에서 이루어졌다. 제도적 차원의 정치적 동원은 두 가지 과정을 거쳐 한국 사회에 착근하게 된다. 첫 번째는 제도가 갖는 경로의존성이다. 김대중 정부에서 만들어진 제도들은 향후 형성된 제도의 성격에 상당한 영향을 미치게 된다. 청와대에는 계

---

1 김대중 정부는 경제위기가 진정된 집권 후반기에 오면 더 진보적 사회정책을 펴게 된다. 이 점에 대해서는 모종린(2001)을 참조.

속 시민사회와의 연계와 지원을 위한 조직을 유지했고, 이러한 제도는 보수적 정부인 이명박 정부에서도 정도를 달리하지만 유지되고 있다. 각종 위원회 제도도 향후 정부에서 계속 유지되면서 정책결정 과정에서 시민사회의 인풋(input)을 받는 관행들을 유지하게 된다. 또 하나는 문화의 형성이다. 정책결정 과정에서 시민사회의 참여가 정당성을 갖고 제도적으로 보장되게 되면서 사람들은 일정한 기대를 갖게 된다. 참여 문화, 거버넌스 문화가 형성되는 것이다. 참여 문화는 제도가 사라지는 경우에도 삶의 양식, 혹은 방식으로 자리를 잡게 된다.

진보 정부에서의 시민사회의 정치적 동원은 크게 세 가지의 형태로 나타났다. 하나는 시민사회단체들을 육성하고 활성화시키는 차원이다. 시민단체들에 대한 재정 지원을 통해서 시민단체들의 수가 크게 증가하고 활동 역시 늘게 된다. 한국에서 시민단체에 대한 지원은 이미 김영삼 정부 시절부터 있었다. 1994년 이전까지 정부의 민간단체 지원은 새마을운동중앙협의회나 한국자유총연맹 등 이른바 관변단체에 집중되어 있었다(이연호 2000). 그러나 1994년 공보처가 '민주공동체 실천사업'의 일환으로 시민단체에 대한 지원을 시작하면서 시민단체에 대한 정부 지원이 본격화된다. 그러나 김영삼 시기의 시민단체 지원은 최초의 문민정부라는 성격, 김영삼 대통령 스스로가 자신을 민주화 세력의 내부로 생각하는 인식, 그리고 정권을 획득한 후 민주화 세력에 대한 보상의 차원에서 이루어진 것으로 보인다. '민주공동체 실천사업'이라는 사업명 자체가 김영삼 정부의 민간단체 지원이 민주화와 연관되어 있다는 것을 보여준다. 1998년 2월 취임한 김대중 대통령은 시민단체에 대한 지원을 제도화하는 조치들을 단행했다. 정부는 1998년 말 NGO지원법인 '비영리민간단체 지원법'을 제정하여 민간단체에 대한 재정적, 행정적 지원을 제도화했다. 민간단체에 대한 김대중 정부의 재정지원은 1) 국회의결을 거쳐 독립된 예산항목으로 책정되는 정부의 민간단체 보조금, 2) 각 부처별로 개별 법률에 의해 매년 일정금액을 지원하는 보조금, 3) 중앙부처나 지방자치단체가 각 부처별 예산 사업의 집행과정에서 여러 가지 형태로 민간단체에 재정을 지원하는 세 가지 유형으로 이루어졌다(강상욱 2001). 이러한 제도 신설로 시민단체에 대한 지원은 1990년 844억 원에서 1998년 2860억 원, 명목가격 4배, 실질가격 2배 이상 증가했다(Kim 2000, 87. 이연호 2000에서 재인용). 또 강상욱(2001)의 연구에 따르면 행정자치부, 국정홍보처, 서울시를 비롯한 자치단체들의 비영리 민간단체 지원사업은 시민단체의 성장과 활동에 직접 관련되어 있다는 것이다. 공보처 지원대상 시민단체 수는 1994년 13개에서 1999년 61개로 증가했고, 서울시의 민간단체에 대한 지원은 1996년의 7억 5,700만 원에서 1999년 23억 3,100만원으로 증가했다.

김대중 정부의 시민단체에 대한 경제적 지원은 결코 시민사회 전체의 활성화를 위한 것으로 볼 수 없다. 이 시기의 집중적 지원대상은 진보적 성향의 시민단체들이었고 보수적 시민단체나 관변단체로 볼 수 있는 시민사회단체들은 반대로 불이익을 받았기 때문이다. 2000년을 기점으로 행정자치부의 시민단체에 대한 지원은 전년 수준으로 유지되었지만 새마을운동협의회, 바르게살기운동, 자유총연맹 등의 관변단체에 대한 지원 금액은 전년 대비 39%로 대폭 삭감되었다(이연호 2000, 156). 다시 말해 김대중 정부의 시민단체 지원은 IMF 개혁을 추진해야 하는 어려운 정치적 상황에서 시민사회의 지원을 받기 위한 것이거나, 신자유주의적 개혁에 대한 보상으로서 경제적 지원을 제공하여 자신의 정치적 지원세력을 관리하려는 의도를 가졌다고 볼 수 있다.

두 번째 방법은 시민단체들을 국정운영에 참여시키는 것이다. 김대중 정부에 와서 시민단체들을 정치적 파트너로서 세력화 하는 작업들이 활발하게 이루어졌다. 가장 중요한 시도는 "제2의 건국 범국민추진위원회" 추진이다. 이 추진위원회는 1998년 10월 1일에 공표된 대통령령에 근거하고 있으며, 과거의 각종 폐해를 청산하고 다가오는 21세기 지식정보화사회에 능동적으로 적응하여 세계일류 국가를 건설하기 위한 총체적 국정개혁이자 범국민운동임을 표방했다. 제2건국위원회는 청와대의 정무수석실, 행정자치부, 국무조정실 그리고 지방정부의 주도 하에 전국적 조직으로 추진되었다. 이 단체의 상임위원장을 맡았던 서영훈 씨가 새천년민주당의 창당과 함께 대표로 취임한 것은 이 단체가 김대중 정부의 정치적 지원세력으로 만들려는 의도가 매우 강했다고 볼 수 있다(이연호 2000, 155).

이와 함께 김대중 정부에서 시민사회 동원의 핵심 기제는 노사정위원회 설립이다. 김대중 정부는 신자유주의를 추진하면서 케인즈주의 산물인 노사정위원회라는 계급타협적 제도를 도출했다는 것이다. 노사정위원회는 1998년 1월 출범하여 2월에 노사정대타협을 이끌어냈다. 이러한 제도가 등장할 수 있었던 가장 중요한 원인은 경제위기와 IMF가 요구하는 구조조정 압박이라고 볼 수 있다. 그 외에도 김대중 정부의 이념적 성격 역시 노사정위원회로 대표되는 협력적 노사관계제도가 등장하는 중요한 요인이 되었다(이병훈 1998). 노사정위원회는 어쩌면 김대중 정부가 취할 수 있는 최선의 선택이었을지도 모른다. 외환위기로 인한 부도사태와 대량실업 등으로 인해 사회적 불안이 높아져 가는 상황 속에서 IMF가 요구하는 노동시장 유연화와 같은 노동부문의 구조조정을 정권의 힘만으로 실행하기에는 여러 가지 한계가 있었다. 그럼에도 외국자본의 유치를 위해서는 노사관계 안정이 반드시 필요했고, 이러한 상황 속에서 조직노동자를 노동정책의 파트너로 설정하는 노사정위원회는 어쩔 수 없는 선택이었다. 노사정위원회 구성이 애초에는 민주노총의 요구가 있었을 때 김대중 대통령 당선자가 한국노총과 민주노총에 대해 'IMF 극복을 위한 노사정협의회'의 구성을 제안하는 형태로 진행되었지만 정부가 정리해고, 근로자 파견제의 법제화 방침을 밝히고 노동계의 반발이 있으면서 그 성사가 불투명했었다. 그러나 정부는 노사정위원회에 참여하지 않을 경우 일방적인 법제화를 하겠다고 밝히면서 노동계 참여를 압박해서 노사정위원회의 출범을 성사시켰다.

노사정위원회는 김대중 정부가 처한 딜레마를 상징적으로 보여주는 제도라고 할 수 있다. 김대중 정부는 IMF가 요구하는 노동시장의 유연화 제고를 위해 정리해고제와 근로자 파견제를 법제화 했고, 그에 대한 대가로 노사정위원회에 참여한 노동계에 노조의 정치활동 허용, 공무원 및 교원의 노조결성권, 재벌개혁, 사회보장제도 확충 등을 약속했다(윤진호 1999, 263). 노사정위원회 2기에 와서는 시민사회단체들이 노동정책의 결정과정에 참여할 수 있는 공식적인 채널이 마련되었다. 노사정 삼자 외에 공익을 대표한다는 명분으로 공익위원이 전체 본위원회 위원 15명 중 5명을 차지하게 되었다. 공익위원들은 대부분 시민단체 활동을 하는 변호사, 교수, 연구자들로 구성되었다.

노무현 정부 역시 신자유주의 압박에서 자유로울 수 없는 상황이었다. 그러나 노무현 정부 역시 진보 성격의 정부로서 노동계급을 비롯한 하층계급 중심의 정치 지지기반을 가지고 있었다. 이러한 이유로 인해 노무현 정부는 사회경제정책에 있어서 정체성의 혼란을 겪는 모습을 보여주었다. 대외 경제상황은 매우 어려웠다. 통계로 보면 노무현 정부 1년은 경제적으로 매우 어려운 상황이었다. GDP 성장률은 2002년 6.3%에서 2003년에는 절반인 2% 후반대로 떨어졌다. 기업의 투자와 소비는 급감하여 설비투자는 −3.4%에서 −7%까지 마이너스 행진을 벌였다. 신용불량자는 2002년 말 263만 6,000명에서 2003년 말 372만 3,000명으로 1년 사이에 무려 108만 7,000명이나 늘어났다. 또한 실업자는 85만 4,000명으로 늘어났고 일자리는 3만 개나 감소했다. 이러한 상황에서 노무현 정부는 성장동력의 개발과 국제 경쟁력 강화를 통한 '성장'은 물론 지지기반인 대중들의 경제적 이해를 대변하는 '분배'라는 두 마리 토끼를 잡아야 하는 정치적 압박에 있었던 것이다. 노무현 정부는 임기 초기에 분배와 성장의 딜레마에서 혼란스런 경제정책을 폈다. 또한 물류파업이나 대형 노사분규 때마다 기업의 입장과 노동자의 입장에서 갈팡질팡했다. 신자유주의 압박 하에서 하층계급의 지지기반에 근거한 노무현 정부는 신자유주의를 선별해서 수용하는 정책기조를 폈다고 볼 수 있다. 복지정책에 있어 노무현 정부는 복지예산을 크게 확충했다. 복지예산의 비중은 2002년 19.9%에서 2006년에는 27.9%로 급격하게 증가했다. 이렇게 늘어난 예산은 국민기초생활보장, 사회보험, 의료복지, 아동보육예산 노인과 장애인 복지에서 진전을 이룰 수 있었다. 김대중 정부의 복지정책이 IMF 개혁의 추진이라는 상황에서 나타나는 사회경제적 파장을 최소화하려는 위기관리 성격이 강했고 생산적 복지를 강조하는 신자유주의적 근로복지 성격이 강한 반면에, 노무현 정부의 복지정책은 한국의 복지 패러다임의 변화를 목표로 한 복지제도의 구축에 방점이 있었다고 볼 수 있다. 하지만 노무현 정부의 복지정책은 큰 성과를 이루지 못했다(김영순 2009). 대폭적인 복지예산 확충에도 불구하고 빈곤율은 악화되었다. 경상소득을 기준으로 한 절대빈곤율은 1996년 3.09%에서 2006년 11.6%로 지속적으로 상승했다. 가처분소득을 기준으로 한 절대빈곤율 역시 1996년 3.51%에서 12.76%로 악화되었다.

이러한 상황에서 노무현 정부 역시 시민사회를 정책연합의 파트너로 초대하는 정책을 편다. 시민단체에 대한 지원은 계속 강화되었고 시민사회를 체계적으로 지원, 관리하기 위한 제도들이 도입되었다. 노무현 정부는 청와대에 국민참여 수석실을 신설하여 국정운영에 시민사회 의견을 청취하고 수렴하는 통로를 공식화 했다. 또 시민사회수석실을 만들어서 시민사회를 관리하고 지원하는 기능을 수행했다. 이러한 제도의 도입은 이명박 정부에서도 비슷한 형태의 기구(사회통합수석실 시민사회비서관)를 신설하는 제도적 관성 혹은 경로의존성을 보여주고 있다.

김대중 정부에서 시민사회의 성장은 노무현 정부에 들어서는 참여정부라는 노무현 정부의 명칭이 의미하듯 시민사회 참여가 극대화되는 밑거름이 되었다. 선거에서 승리한 후 노무현 당선자는 정치개혁을 "야당 및 시민단체와의 협의제" 형식으로 추진할 것이라는 의사를 밝혔다(서울신문 2003. 1. 16). 노무현 정부에 들어서 몇 가지 제도를 통해서 시민사회의 국정 참여가 강화되었다. 가장 큰 특징은 위원회 제도를 통해 정부와 시민사회를 매개하는 장치를 만들었다는 것이다. 김대중 정부 때 만들어진 노사정위원회 이외에도 지속가능발전위원회, 과거사청산위원회 등 다양한 위원회들이 신설되어 시민단체 간부들이 위원회를 통해 국정에 참여하는 제도적 장치가 자리 잡았다. 보수 시민단체인 바른사회시민회의의 주장에 따르면 정부 소속의 9개 과거사위원회의 178명의 위원과 직원 149명의 인사자료를 분석한 결과, 위원의 49.4%인 88명과 직원의 55%인 82명이 진보성향의 시민단체, 연구단체에서 활동했던 경험을 가진 진보성향으로 분류될 수 있다는 것이다. 정부 통계에 따르면 과거사위 관계자들을 직업 출신별로 보면 위원의 12.4%가 시민단체 출신이며 직원의 27.5%가 시민단체 출신이었다(동아일보 2007. 1. 31). 이러한 상황은 정부의 다른 위원회와 정부 부처에서도 나타나는 현상이다.

시민사회를 정책결정의 파트너로 삼는 방식은 다양한 차원에서 사회 전체에 하나의 관행이나 문화로 자리 잡게 된다. 집권 초기에 이러한 경향은 두드러져 치안행정 분야에서도 시민단체의 참여를 확대하기 위한 시도들이 있을 정도였다. 2003년 경찰청 업무계획에 따르면 시민단체 등이 포함된 '경찰협력위원회'와 행정발전위원회가 경찰의 주요 업무 계획 수립에 참여하는 방안을 추진했다. 이와 함께 시민단체가 참여하는 자문기구인 치안행정협의회를 자문기구에서 심의기구로 격상시켰다. 이러한 형태의 위원회를 통한 시민단체의 권한 강화는 범

정부 차원의 현상이었다. 또 하나는 인사제도를 통한 시민단체의 정책 결정 참여이다. 각종 정부부처 위원회는 주요 시민단체의 대표들이 참여하였고, 경실련이나 참여연대와 같은 시민단체의 경우 상당수 임원들이 공직을 맡으면서 국정에 참여하게 된다. 여러 사례 중에서 문화예술계의 사례는 시민단체의 정부 참여가 얼마나 강력하게 추진되었는가를 상징적으로 보여준다. 문화예술계의 산하단체나 기관에는 '민예총', '민족문학작가회의', '문화연대' 등의 진보성향 단체들의 간부들이 거의 모든 요직을 맡게 되었다. 또한 정부는 2005년 1월 문화예술진흥법을 개정해 같은 해 8월 한국문화예술진흥원을 폐지하고 한국문화예술위원회로 교체하였고, 진보 시민단체 인사들이 위원회에 진출하여 문화정책 및 예산에 막강한 영향력을 행사했다(문화일보 2007. 2. 23).

보수적 정부로 분류할 수 있는 이명박 정부의 경우 집권 초기부터 친기업, 작은 정부를 표방하면서 신자유주의적 정책들을 추진해 왔다. 이전의 진보 정부들과 달리 신자유주의 정책 추진에 별다른 정치적 딜레마가 없었기 때문에 이명박 정부가 신경써야 할 정치적 고려 대상은 두 번의 진보 정부에서 정치, 경제적 보상 정책의 수혜자였던 세력들의 불만을 관리하는 것이 되었다. 따라서 진보 정부의 정치 지원세력에 대한 정치 동원이나 정책 수행의 파트너로서의 지위 부여 등은 고려할 필요가 없었다. 그럼에도 이명박 정부의 경제정책에서는 대중영합주의 요소들이 나타났다. '친서민', '공정사회'로 대변되는 이명박 정부의 이러한 정책들은 진보 정부들을 거치면서 정치적으로 동원된 하층계급들의 선거정치에서의 중요성을 인식하고, 이 세력들의 지지를 확보하기 위한 차원에서 등장했다고 볼 수 있다. 이러한 현상은 결국 진보 정부 시기에 등장한 신자유주의 정책의 잠재적 피해계층에 대한 정치적 보상이나 정치 연합을 위한 전략이 그 이후 한국 사회의 정치 게임의 모습을 근본적으로 변화시켰다는 것을 보여주고 있다.

3. 왜곡된 참여의 제도화와 한국 사회의 거버넌스

시민참여의 제도화와 문화 형성은 한국 사회 거버넌스에 심각한 영향을 미쳤다. 정부의 주요 사업은 모두 심각한 진통을 겪게 된다. 시민사회의 정책결정과 집행에서의 영향력을 극대화하는 통치형태를 보인 노무현 정부도 그 정책의 피해자가 되는 것을 피할 수는 없었다. 정부가 주요 국책사업을 일방적으로 추진하던 것과는 달리 노무현 정부에 와서는 관련 사업 추진 과정에서 지역단체들, 시민단체들을 참여시키는 시도를 하게 된다. 그 결과 정부의 주요 정책들이 추진되지 못하거나 심각한 진통을 겪게 되었다. 대표적인 사업이 새만금 방조제 사업이다. 이 사업은 반대로 인해 공사 중단과 재개를 반복하면서 엄청난 예산이 낭비되었다. 북한산 국립공원 내 사패산을 관통하는 서울 외곽순환도로 건설 문제, 전북 부안의 원전수거물 관리센터 건립 문제 등도 심각한 진통을 경험한 사례들이다. 아프칸 파병 문제, 한미 FTA 추진 문제 등도 강화된 시민사회가 국가정책의 결정과 시행에 영향력을 미치는 사례들이다.

한미자유무역협정의 사례는 한국의 통상정책의 거버넌스의 문제점을 잘 보여준다. 자유무역협정의 체결은 생산자와 소비자 모두에게 긍정적 또는 부정적 영향을 미치게 된다. 문제가 되는 것은 피해를 입게 되는 생산자들이다. 특히 비효율적인 생산자는 개방된 시장에서 경쟁력을 가질 수 없기 때문에 도태될 수밖에 없다. 이러한 이유로 자유무역협상의 경우 협상을 준비하는 과정에서 피해가 예상되는 생산자들의 의견을 수렴하는 절차를 거치게 된다. 이러한 차원에서 생산자단체들의 정책결정 참여는 반드시 보장되어야 한다. 한미 FTA의 경우에도 생산자의 견해를 대변해야 하는 정부는 기존 협의회나 간담회를 통해 생산자들의 견해를 청취하고 때로는 생산자들을 설득하는 통로로 이용했다. 한미 FTA 협상에서 파급효과가 클 것으로 예상되는 제약업계의 경우 복지부와 제약협회와의 간담회를 통해 업계의 의견수렴을 위해 노력했다. 제약업계의 경우 피해규모가 클 것으로 예상되어, 간담회의 내용이 단순히 협상안에 대한 업계의 의견 조율에 그치는 것이 아니라 제약산업 발전 방안들까지 폭넓게 논의되었다. 이러한 간담회에서는 제약산업 발전협의회 구성에 대한 논의도 이루어졌다. 정확한 실증적 자료는 없지만 대부분의 산업에서 협의회나 간담회를 통한 의견 수렴과 협상안 마련은 잘 이루어지고 있는 것으로 보인다. 농림부는 한미 FTA 협상 중에도 농가의 입장을 강하게 대변하는 장관의 입장으로 인해 협상담당자들이 어려움을 겪기도 했다. 한미 FTA 이후 한-EU FTA의 협상에서도 농가의 입장을 강력히 반영하는 농림수산식품부와의 입장을 조율하는 것은 통상교섭본부의 FTA 협상담당자들에게는 가장 힘든 일이었다고 알려지고 있다. 특히 업계의 이익을 반영할 수밖에 없는 산업자원부에서 업계의 입김은 매우 큰 것으로 알려지고 있다. 산자부 고위 공무원에 따르면 특정 품목을 개방 리스트에 포함시키기 위해 담당자를 찾으면 담당 공무원은 아예 회의에 나오지 않거나 연락을 끊는 등 논의 자체를 거부하기도 한다는 것이다.

이러한 이해당사자의 의견수렴 메커니즘은 완전하지는 못하지만 나름의 기능을 수행하고 있다. 그러나 한·칠레 FTA, 한미 FTA 과정에서 나타나는 시민사회의 정책결정 및 실행에 있어서의 영향력 확대의 가장 큰 문제점은 참여의 문제가 이익이 아닌 이념의 문제로의 전환에 있다. 이것은 참여 당사자들이 실질적 이해당사자들이 아니라 이념적 이해당사자들이며 조직화되었고 이념적 성향을 바탕으로 설립된 시민단체들이기 때문이다. 한국의 경우 정책 이슈는 이익정치가 아니라 종종 이념정치로 귀결된다. 이념정치에서는 정책 이슈의 이해당사자들이 자신들을 대변하는 정치세력을 통해 자신들의 이해를 관철하는 것이 아니라, 이념 집단들이 주인공이 되어 이념적 차원에서 문제를 규정하고 이해당사자들을 동원한다. 이념 집단의 주인공들은 이념적 시민단체들이며, 이들은 자신들이 추구하는 가치를 위해 사회의 모든 이슈를 이념화 한다. 이념정치에서는 환경문제도 교육문제도 이념적 이슈가 되며, 정책에 대한 지지와 반대는 이념적 잣대로 판단된다. 한미 FTA를 반대하는 소위 범국본에 모여 있는 단체들을 보면 한미 FTA의 실질적 이해 당사자와는 전혀 관계없는 단체들이 포함되어 있다. 이들은 직접적인 개인적 이해와는 무관하지만 정책방향의 이념적 지향에 대한 찬반에 동조해서 특정 정책의 이념적 지지자이거나 반대자가 된다. 정책이 이념적 잣대로 재단되면 실제적인 정책 효과는 쟁점이 되지 못한다. 시장개방의 직접 수혜자인 소비자 단체도 이념적 근거에서 FTA를 반대한다. 한미 FTA의 경우 시장개방을 통해 한국의 경쟁력이 없는 산업부문을 경쟁에 노출시켜 체질을 강화하고 경쟁력을 갖추게 하는 것이 주요한 목표이지만, 이러한 목표 자체가 이념적 차원에서 재단되기 때문에 반대의 핵심이 된다. 한미 FTA의 최대 수혜자인 자동차 산업이 속한 금속노조가 FTA 반대 파업을 하는 한국의 현실은 이러한 모든 이슈의 이념화 현상을 단적으로 보여주고 있다(유현석 2008).

신자유주의의 압박 하에서 진보적 정부가 택한 선택은 시민사회의 정치적 동원이다. 이들은 정부의 이념적 성격과 정치적 기반으로 인해 신자유주의의 압박 속에서 정부의 신자유주의 정책에 대한 보상으로서 일정 부분의 정책 보상 그리고 정책 참여를 보장받는 정치권력을 갖게 된다. 진보적 지식인 중심의 시민단체들이 이러한 보상의 수혜자가 된 것은 신자유주의의 피해자들이 조직화되어 있지 못하기 때문일 것이다. 이러한 목적을 위해 만들어진 제도와 그러한 제도들이 만들어내는 문화는 자체로서 문제가 되지 않는다. 문제는 이러한 제도와 문화에서 이득을 보는 것이 일반 국민이 아니라 이념을 기반으로 조직화된 소수의 시민단체 및 그들의 네트워크라는 것이다.

이들 시민단체로 상징되는 이념적 네트워크들은 신자유주의 정책 시행에 대한 보상으로 받은 권력들을 행사하면서 참여민주주의 제도화를 넘어서 하나의 문화(정치문화, 정책문화)를 형성하는 노력을 하게 된다. 뉴거버넌스로 불리는 시민사회 참여를 통한 정책 수립 및 집행이라는 새로운 형태의 국정운영 방식이 제시되고 소비되기 시작하면서, 이해당사자의 참여가 없는 정책결정 메커니즘은 정당성을 상실한 국정운영 방식이 되기 시작했다. 거버넌스적 정책결정 방식이 상식의 지위를 차지하고, 대의민주주의는 참여민주주의에 의해 타도되어야 될 대상이 된다. 대학에서는 학생들이 자신들이 낼 등록금을 결정하는 게 당연하다는 인식이 생기고, 공장에서는 어느 공장에서 무엇을 생산할지 노조가 결정할 것을 요구한다. 어떤 진보인사는 시민사회가 참여하여 대법원장, 더 나아가 대법관과 헌법재판관을 공모하여 인선기준을 만들고 검증하여 대통령에게 복수추천하자는 제안을 한다(내일신문 2005. 7. 19. "시민사회가 대법원장 공모하자").

참여 문화가 왜곡되고 참여 제도가 왜곡된 목적에 동원되기 시작하면 거버넌스의 위기가 온다. 대의제 민주주의에서 정부의 정책 결정은 독점 영역이다. 이해당사자는 정책결정 과정에서 자기이익을 대변하는 통로를 가질 수 있지만 정책 결정 권한은 없다. 이해당사자들에게 정책 결정 권리를 부여하면 이익충돌로 통치가 불가능하게 된다. 정부는 정책수행에 대한 권한과 그 정책 결과에 대해 책임을 지게 된다. 이해당사자의 참여는 정당하지만 문제는 얼마만큼의 참여이다. 이해당사자가 자신들의 의견을 제시할 수 있는 통로는 마련되어야 하며, 그 의견이 얼마나 반영되었는가에 대한 정보를 제공받을 권리 또한 존중되어야 한다. 그러나 자신의 이해가 걸린 문제에 대해 이해당사자라 해서 정책결정에 대한 권리를 주장하는 것은 정부 역할을 부인하는 태도이다. 더 중요한 문제는 조직화된 집단만이 큰 영향력을 행사한다는 것이다. 대규모 집회나 시위를 통한 이슈화나 세력 과시를 통한 영향력 행사가 주요 참여 행태를 이루고 있다. 이러한 형태의 참여 문제는 결국 조직화된 세력의 의사나 이해만 반영되는 민의 왜곡 현상을 발생시킨다는 것이다.

Ⅳ. 결론

신자유주의적 세계화가 민주주의를 악화시키고 권위주의 정치체제와 친화성을 갖는다는 가설은 지나치게 구조결정론적이다. 선거를 의식하고 통치의 문제를 고민할 수밖에 없는 정치권력은 신자유주의적 경제정책이 가져올 수 있는 피해를 최소화하고 그 피해자들에 대한 보상을 제공하게 된다. 이러한 과정에서 정치권력의 성격은 정치권력의 선택에 중요한 영향을 미친다. 진보 정부의 경우 잠재적 피해자의 저항과 반대를 봉쇄하기 위한 정치적 배제 보다는 신자유주의의 피해자가 될 수밖에 없는 지지세력을 정치적으로 동원하거나 동반자로 삼는 선택을 할 가능성이 커진다. 이러한 과정에서 가장 큰 수혜자는 진보적이고 조직화된 시민단체들이다. 이들은 여러 가지 제도적 장치를 통해 재정지원을 받고, 그 조직을 확대하며, 다양한 방식으로 정부의 정책결정과 통치연합에 참여하게 된다. 이러한 시민단체의 참여는 거버넌스 통치, 참여민주주의 등으로 정당성을 부여받게 되어 시간이 지나면서 하나의 문화로 자리 잡게 된다.

이렇게 등장한 참여 문화는 민주적 거버넌스의 핵심 부분이다. 그러나 다원주의적 거버넌스를 만들기 위한 참여는 몇 가지 조건을 갖춰야 한다. 우선 다양한 이해당사자들의 참여가 보장되어야 하고, 모든 참여자들이 민주적이고 법에 의거한 규칙에 따라 참여를 해야 한다. 김대중 정부에서 시작되어 노무현 정부를 거쳐 자리 잡은 왜곡된 참여 문화는 특정한 이념을 가진 집단들을 조직화하고 주요 정책결정 메커니즘에 공적 지위를 가지고 참여하는 반면, 실질적 이해당사자나 반대 이념을 가진 이해당사자들은 조직화되지 못해서 공식적인 통로를 통해 자신들의 이익을 반영하지 못하는 왜곡된 형태로 자리 잡았다. 모종린 교수(2009)에 따르면 한국의 정책결정 거버넌스에서 보이는 가장 큰 문제는 다원주의적 거버넌스의 부재에 있다는 것이다. 다원주의가 중요한 이유는 다양한 이익과 이해당사자가 정책결정 과정에 투입되어야 합리적인 균형점과 타협공간을 찾을 수 있기 때문이다. 그러나 시장개방을 비롯한 다양한 이슈에서 일부 이념적 성향의 이익단체가 정책수립을 둘러싼 정치를 독점하는 데 그 원인이 있다는 것이다. 모 교수는 민주적 거버넌스는 또한 정책결정과정에서 민주적 절차를 준수하는 것을 요구하는 것이 요체라고 주장한다. 정책 어젠다에 대한 이해당사자를 중심으로 각자 다양한 의견을 제시하고 이들 이견을 토론과 타협을 통해 조정한 후 최종안을 결정하고 실천하는 것이다. 현실적으로는 법이 지정한 질차를 따르는 것이 민주적 절차를 준수하는 것이다.

한국의 참여문화가 왜곡된 이유는 한국에서 참여 거버넌스의 시작이 진보 정권에 의해 신자유주의적 정책에 대한 정치적 보상의 형태로 정치 지지세력, 특히 조직화된 시민단체에 주어졌기 때문이다.

하나의 문화로 자리잡게 되는 시민단체의 통치 참여는 대의제 민주주의의 기본 원리 자체에 대한 도전으로 나타나게 된다. 정부의 통치권은 확보되지 못하고 법치가 참여에 대한 도전으로 비하되는 문화가 형성되게 되는 것이다. 이러한 통치의 위기는 정부의 이념적 지향에 관계없이 정부의 통치행위를 어렵게 한다. 이러한 거버넌스의 위기 해결을 위해 지금 필요한 것은 다원주의적 거버넌스를 확립하는 것이다. 이를 위해 다양한 견해를 가진 시민들이 거버넌스에 참여할 수 있도록 다양한 이념적 스펙트럼을 가진 시민단체들의 조직화를 지원해야 하며, 정부는 시민사회단체들 간의 이익조정을 법의 테두리 안에서 감시하는 역할을 수행해야 한다. 정부는 자율적인 이익갈등 조정을 위해서 공정한 심판자의 역할에 충실해야 한다. 법치만이 생산적인 참여 거버넌스를 정착시킬 수 있다.

참고문헌

강상욱. 2001. "NGO에 대한 정부재정지원 실태분석." 한국비영리학회 춘계학술대회 발표논문.

김영순. 2009. "노무현 정부의 복지정책, 복지국가의 제도적·정치적 기반 형성 문제를 중심으로." 『경제와 사회』 82호 여름호.

모종린. 2001. "세계화와 한국의 이념정치, 한국 예외론에 대한 비판적 고찰." 『사상』 51호.

모종린. 2009. "개방경제구축을 위한 민주적 거버넌스." 미발표논문.

윤진호. 1999. "노사정위원회, 성과와 과제." 변형윤 외. 『IMF 관리 후 한국의 경제정책, 평가와 과제』. 서울 : 새날.

유현석. 1997. "세계화 시대의 민주주의와 신자유주의 정책, 한국과 남미의 노동문제를 중심으로." 『한국정치학회보』 31집 2호.

유현석. 1998. "한국노사관계의 변화와 대안에 관한 연구, 조합주의, 생산성연합, 의사경제력연합." 『국제정치학회보』 38집 2호.

유현석. 2008. "한미 FTA와 통상거버넌스, 의견수렴 및 이해반영 제도의 모색을 중심으로." 박인휘 편. 『한미 FTA와 한국의 외교전략』. 새나라정책연구원.

이병훈. 1998. "노사정위원회의 활동평가와 향후 전망." 『노동사회』 26호. 한국노동사회연구소.

이성형. 1993. "라틴아메리카의 신자유주의, 시장이 생산하는 자유?" 『사회비평』 9권.

이연호. 2000. "김대중 정부와 비정부조직 간의 관계에 관한 연구." 『한국정치학회보』 35집 4호.

정무권. 2000. "'국민의 정부'의 사회정책, 신자유주의로의 확대? 사회통합으로의 전환?." 안병영·임혁백 편. 『세계화와 신자유주의, 이념. 현실. 대응』. 서울 : 나남.

Conaghan, Catherine M., James M. Malloy and Luis A Abugattas. 1990. "Business and the Boys", The Politics of Neoliberalism in the Central Andes." *Latin American Research Review* Vol. 25, No. 2.

Gamara, Eduardo A. 1994. "Market Oriented Reforms and Democratization in Latin America, Challe ges of the 1990s. William Smith et al. eds. *Latin American Political Economy in the Age of Neoliberal Reform, Theoretical and Comparative Perspective for the 1990s*. New Brunswick : Transaction Publishers.

Gerschenkron, Alexander. 1963. *Economic Backwardness in Historical Perspectives*. Cambridge : Harvard University Press.

Keohane, Robert and Helen Milner, eds. 1996. *Internationalization and Domestic Politics*. Cambridge : Cambridge University Press.

Kim, Junki. 2000 The Growth of the Non-Government Sector in Korea and Its Relations with the State." Paper Presented in Northeast Asian Civil Society, Current Status and Challenging Roles of NGO s in Korea, Japan, and China. Seoul. Korea.

Kurth, James R. 1979. "The Political Consequences of the Product Cycle, Industrial History and Political Outcomes." *International Organization* 33, No. 1, 1-34.

O'Donnel, Guillermo A. 1994. "Delegative Democracy?" *Journal of Democracy*. Vol. 5.

O'Donnel, Guillermo A. 1973. *Modernization and Bureaucratic-Authoritarianism*. Berkely : Institute of International Studies.

Rojas, Fernando. 1991. "Political Transition in Latin America, The Unchallenged Imposition of Fomal Democracy." *Eight Essays on the Crisis of Development in Latin America*. Amsterdam, CEDLA.

7장

글로벌화와 일자리, 그리고 민주주의

강석훈(성신여자대학교)

1. 서론

한국은 경제개발계획 초기 단계에서부터 대외지향적인 개방경제 정책을 시행했고, 경제가 급속하게 발전하면서 소득분배도 동시에 개선되어 성장과 분배라는 두 마리 토끼를 잡은 국가로 인식되어 왔다. 빠른 경제성장과 분배 상황 개선으로 한국은 산업화 과정에서 상대적으로 미진한 발전분야였던 정치제도의 형식적인 민주화를 1980년대 말 이끌어내는 데 성공했다.

그러나 1990년대 초반 이후 양방향의 세계화 또는 글로벌화가 본격적으로 진전되었고, 1990년대 후반에는 한국 경제의 성장률이 저하되고 동시에 소득분배도 악화되는 모습을 보이기 시작했다. 특히 1997년의 외환위기 이후에는 경제성장률은 과거 수준을 회복하지 못한 채 위기 당시에는 소득분배가 급격히 악화되었고, 외환위기가 표면적으로 극복된 이후에도 소득분배 수준은 그 이전 수준으로 회복되지 못한 채 점차 악화되는 추세마저 보이고 있다. 〈그림 1〉을 보면 2차 다항식으로 추정한 한국의 경제성장률 추세는 1980년대 후반 또는 1990년대 초반부터 하락 추세로 반전하기 시작했다. 또한 한국의 소득분배 상황을 나타내는 지니계수는 1990년대 초반 이후 추세적으로 상승하기 시작한 것으로 나타나고 있다.[1]

이 기간 중 한국의 민주주의는 진보와 퇴보의 순환 모습을 보였다. 정치제도적으로는 주기적으로 선거가 시행되었고, 선거과정을 통해 국민들의 민의가 주기적으로 정치체제에 반영되었다. 1987년에는 국민들의 직접선거로 대통령이 선출되었으며, 1997년에는 외환위기 이후 한국 민주주의 역사에서 최초로 여·야 간 평화로운 정권교체가 이루어지기도 했다. 2002년에는 전통적인 대의민주주의를 대체하는 형태로 참여민주주의를 강조하는 노무현정부가 집권하기도 하였으며, 2007년에는 다시 두 번째로 여·야 간 정권교체가 이루어졌다. 이렇듯 정치제도적인 측면에서 형식적인 민주화는 이루어진 듯했지만 민주주의의 본질이라고 할 수 있는 갈등의 민주적 해결 능력 배양은 큰 진

1 지니계수는 소득분배 상태를 나타내는 지표로서 0과 1 사이의 값을 가지며, 1에 가까울수록 소득분배가 악화됨을 의미하는 지표이다.

전이 없었으며, 민주주의를 지탱하는 인프라로서 법에 대한 신뢰는 오히려 후퇴하는 양상마저 보이고 있다. 다양성의 존중과 개인의 가치실현이라는 민주주의 근본이념은 정착되지 못한 채 집단주의가 난무하는 경우도 적지 않게 발견된다. 민주주의의 바탕이 되는 합리적이고 객관적인 판단보다는 감성적이고 파편적인 사고에 바탕을 둔 투쟁이 자기(또는 자기가 속한 집단)의 경제 이익극대화나 이념 전파의 극대화라는 목적을 감춘 채 다양한 문제의 진정한 해결책처럼 제시되기도 했다.

1987년 이후 20여 년 동안, 특히 외환위기 이후 10여 년 동안은 경제사회 측면에서는 경제성장 저하와 소득분배 악화, 민주주의 측면에서는 외형적 발전과 실질적 혼돈이라는 네 가지 현상이 때로는 부분적, 때로는 결합적으로 나타났던 시기로 규정할 수 있을 것이다. 이러한 현상을 정확하게 분석하기 위해서는 역사적·사회적·문화적·경제적 측면에서 복합적인 접근을 필요로 한다.

본고에서는 복합적인 분석을 추가적인 연구과제로 제시한 채 최근의 경제사회 현상의 근원을 찾기 위한 방안 중의 하나로서 글로벌화가 한국의 경제성장률, 일자리 그리고 소득분배에 미치는 영향을 살펴본다. 특히 경제성장과 소득분배의 관계가 과거와는 다른 패턴을 보이고 있는 현상의 원인 중 하나로서 일자리 문제가 있음을 주목하여 일자리 문제를 중심으로 논의를 전개해 보고자 한다. 또한 최근에 약화된 것으로 나타나는 경제성장률과 소득분배 및 일자리의 관계가 한국 민주주의에 어떠한 영향을 미치고 있는지도 검토해 본다.

〈그림 1〉 한국의 경제성장률과 소득분배 추이

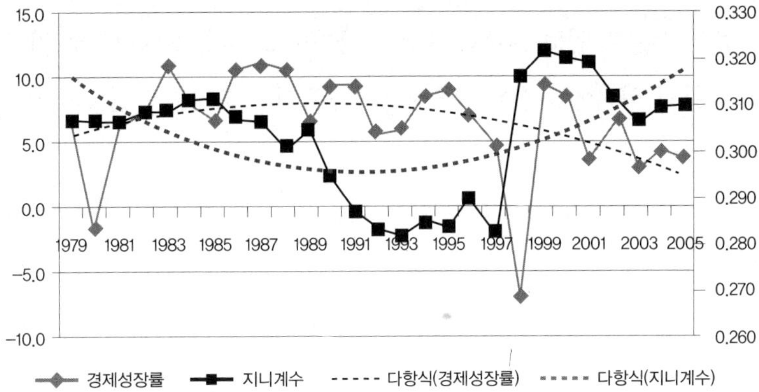

주: 경제성장률은 한국은행이 작성한 실질 GDP 증가율을 의미하며, 지니계수는 가구원수 2인 이상 도시거주 비농가가구의 경상소득 기준임(통계청의 도시가계조사에 근거).

자료: 한국은행, 통계청.

2. 글로벌화와 일자리

1) 글로벌화와 경제성장 그리고 일자리

표준적인 국제무역 모델에 의하면 국가 간 교역이 전개되면 국가경제 전체의 생산가능곡선이 확장되어 경제가 성장할 수 있는 기반을 마련하게 된다. 이 과정에서 개별 국가들은 노동과 자본 중에서 상대적으로 풍부한 분야에 특화하게 되는데, 노동이 풍부한 국가에서는 노동집약적인 산업에 특화하게 되고, 자본이 풍부한 국가에서는 자본집약적인 산업에 특화하는 경향이 나타나게 된다. 이를 일자리 관점에서 파악하면 상대적으로 노동이 풍부한 개발도상국에서는 노동집약 산업의 발달로 인해 일자리 수요가 증가하게 되며, 상대적으로 자본이 풍부한 선진국의 경우에는 일자리 수요가 상대적으로 감소하게 된다.

국제무역과 일자리와의 관계에 대한 또 다른 논의는 기능향상 현상(skill upgrading)에 대한 논의이다. 1970년대 이후 대부분의 선진국에서는 노동자의 기능에 따라 노동자 간 임금격차가 확대되는 현상이 나타났다. 즉 선진국에서는 고기능노동자(skilled labor)의 임금이 저기능노동자(unskilled labor)의 임금보다 빠르게 증가하여 두 노동자계층 간의 임금격차가 확대되는 것으로 나타났다.[2] 기존의 관련연구 문헌들은 이와 같은 현상이 나타나는 이유로 주로 글로벌화와 기술편향 기술진보(skill biased technological change)를 지적하고 있다. 글로벌화가 진전되면서 선진국은 고기술산업에 특화하게 되고, 이에 따라 기술과 보완관계에 있는 고기능노동자에 대한 수요가 증가하는 반면 저기능노동자에 대한 수요는 감소하게 된다. 하지만 개발도상국에서는 저기술산업에 특화하게 되어, 이로 인해 이들 국가에서는 고기능노동자보다 저기능노동자에 대한 수요가 증가하게 된다. 그러나 실제로는 글로벌화에 따라 개발도상국에서 자본재의 상대가격이 하락하고 이에 따라 자본재와 보완관계에 있는 고기능노동자에 대한 수요도 증가할 수 있다. 결

2 실제 미국에서는 고기능노동자의 임금상승률이 저기능노동자의 임금상승률보다 높았을 뿐만 아니라 저기능노동자의 실질임금은 1980년대에 걸쳐 절대적으로 하락한 것으로 나타나기도 했다.

국 개발도상국에서 글로벌화 진전에 따른 기능향상현상의 발생여부는 저기술산업 특화에 따른 저기능노동자에 대한 수요증가와 자본재 가격의 하락에 따른 고기능노동자에 대한 수요증가의 상대적인 크기에 따라 결정될 것이다.

기능향상현상이 나타나는 이유가 글로벌화인지, 아니면 기술진보인지에 대해서는 논의가 분분하다. 대체로 미국이나 OECD를 중심으로 한 연구에서는 기능향상현상의 원인으로 글로벌화의 영향은 미미하고, 기능편향 기술진보가 더 결정적인 역할을 한 것으로 나타나고 있다. 이에 반해 다른 연구는 기술진보보다 글로벌화의 영향이 더욱 중요하다고 주장하기도 한다.[3, 4]

---

3 이러한 논의의 배경을 좀 더 이해할 필요가 있다고 판단된다. 미국과 같은 국가의 경우에는 전통적으로 내수비중이 높고 대외거래의 비중이 수출지향적인 개발도상국에 비해 낮기 때문에 글로벌화보다 자체적인 기능편향 기술진보가 더욱 높은 설명력을 가진다고 할 수 있을 것이다. 이에 반해 내수비중이 낮고 수출비중이 높은 국가의 경우에는 기능향상현상의 원인으로 글로벌화의 영향이 더욱 커질 가능성이 있다고 하겠다. 한편 표준적인 맨큐(Mankiw)의 교과서에서도 지적하였듯이 무역이란 어떤 의미에서 하나의 기술이라고 할 수 있다. 따라서 밀을 수출하고 섬유제품을 수입하는 경우에는 밀을 섬유로 변환하는 기술을 개발할 것과 같은 결과를 얻는다. 이러한 관점에서 보면 기술진보와 개방화를 별개의 이슈로 보는 접근방법이 타당한 것인가에 대한 의문을 제기할 수 있을 것이다.

4 한편 크루그먼(Krugman)은 『진보주의자의 양심』(The Conscience of a Liberal)에서 세계경제통합이나 숙련편향 기술진보보다는 정치·이념적 요인이 빈부격차 확대에 더 큰 영향을 미쳤다고 주장하기도 했다(임원혁 2009, 46 재인용).

최근 국제무역과 일자리에 관한 논의에서 글로벌 가치사슬(Global Value Chain)의 개념을 도입하고 있다. 기술적으로는 정보통신기술의 발전과 제도적으로는 글로벌화의 진전에 따라 개별 기업, 특히 대규모 다국적 기업들은 제품의 생산라인을 한 국가에서 전적으로 운영하지 않고 전 세계 공급망을 활용할 수 있게 되었다. 미국 애플사의 아이팟은 여기 해당되는 전형적인 예이다.[5]

린덴, 데드릭, 크래머(Linden, Dedrick, Kraemer 2009)에 의하면 글로벌 가치사슬로 생산되는 아이팟(가격 $300 이상)의 경우, 중국(조립)은 전체 생산원가 중 미미한 부분(약 $4)을, 일본(주요 부품공급)은 약 14%, 한국(고부가가치 부품)은 최대 25%를 차지하고, 미국은 핵심 부품 공급, 브랜드 네임 등을 기반으로 나머지 수익을 차지하는 것으로 추정했다. 반면 아이팟으로 인해 세계적으로 창출된 약 41,000개의 일자리 중 약 14,000개가 미국 내에서 창출되었고, 나머지 27,000개는 미국 밖에서 창출되었으며, 미국 밖의 일자리는 주로 중국의 저임금 일자리에서 창출된 것으로 분석한 바 있다(〈표 1〉 참조).

---

5 아이팟 이외에도 최근 인기를 끌고 있는 아이폰이나 아이패드의 경우에도 유사한 현상이 발생하고 있을 것이다.

〈표 1〉 iPod의 일자리 창출 현황

구 분	미국(명)	미국 외(명)	국가
Hard drive(HDD) manufacturing	0	2,200	중국
		2,200	필리핀
HDD inputs	0	2,550	중국
		2,550	필리핀
		840	일본
		800	태국
		800	싱가포르
Flash memory	0	1,200	한국
		20	중국
Other chips	110	140	대만
		25	다양한 국가
PCB assembly and test	0	600	중국
Display panels and modules	0	900	일본
Other inputs	0	3,500	중국
	0	100	일본
	0	100	대만
Final iPod assembly	0	3,400	중국
		100	대만
Apple engineers	700		미국
Apple managers/professionals	5,046	75	싱가포르
		75	다양한 국가
Apple non-professional	1,554	75	싱가포르
		75	다양한 국가
Distribution	150	150	다양한 국가
Freight	250	250	다양한 국가
Apple stores	1,785	200	다양한 국가
Other retailers	3,675	3,675	다양한 국가
3rd party online sales	650	650	다양한 국가
합계	13,920	27,250	

자료 : Greg Linden, Jason Dedrick and Kenneth L. Kraemer(2009), Innovation and Job Creation in a Global Economy , The Case of Apple's iPod.

2) 한국에 있어서의 글로벌화와 일자리 문제

1)에서 제시한 표준적인 국제무역이론은 정태적 상태에서 어떤 국가가 상대적으로 풍부한 자원을 가진 분야로 특화한다는 사실을 보여주고 있지만, 실제로 어떤 국가가 상대적으로 풍부한 자원이 동태적으로 변화할 때 어떤 모습을 보여주는 지에 대해서는 자세한 설명이 부족하다. 이와 같이 부분에 대한 설명이 중요하지 않았던 이유는 실제 이런 사례가 거의 없었기 때문이기도 하다. 그런데 예외적으로 한국의 경우가 여기에 해당된다고 볼 수 있는 데, 한국 경제의 경우 빠른 경제성장을 거듭하면서 상대적으로 풍부한 생산요소가 변모하는 과정을 겪었다.[6]

한국이 경제개발 초기단계에서 노동집약적인 산업으로 특화한 것은 널리 알려진 사실이다. 비록 1970년대 중반부터 경제개발계획의 중점이 중화학공업 육성으로 변모하기는 했지만 상당기간 한국은 노동집약적인 산업으로 경제성장을 달성했다. 그러나 1980년대 후반부터 한국 경제는 더 이상 노동집약적인 산업에 특화하기 어려운 단계로 진입했다고 할 수 있다. 이와 같은 변모의 이유는 다음과 같이 이해될 수 있다. 먼저 한국 경제에서 노동집약적인 산업이 발달하면서 노동에 대한 수요가 증가하고, 임금이 상승하면서 노동 분야의 대외

---

6 한국의 경험으로 유추할 때 중국경제도 10-20년 내에 유사한 변화과정을 거칠 것으로 판단된다. 중국경제의 특화부분이 변화될 때 이와 같은 현상이 세계경제에 미치는 영향은 매우 관심 있는 연구대상이다.

경쟁력이 점차 약화되었기 때문이다. 이러한 임금 상승은 1980년대 후반의 민주화 운동과도 연계되어 있다고 하겠다. 즉 민주화 시기를 거치면서 노동자의 권익을 대변하는 노동조합의 역할이 증대됨에 따라 임금의 급격한 상승이 이루어졌다.[7]

또한 주목해야 할 사항은 1990년대 초반부터는 글로벌화가 더 본격적으로 진행되었다는 점이다. 특히 이 시기에는 중국경제가 세계시장에 급속하게 편입되면서 한국의 노동집약적인 상품수출이 결정적인 타격을 받게 되었다. 이에 대응하여 한국의 노동집약적인 산업 기업들은 이미 임금측면에서 경쟁력이 매우 약화된 상태에서 국내 공장을 해외로 이전하거나, 국내에서는 추가 투자를 하지 않고 해외에서 하기 시작했다.

이와 같은 과정을 거치면서 한국은 노동집약적인 산업에서 자본집약적인 산업으로 경제구조가 서서히 변모하게 된다. 즉 대외개방형 경제를 통해 일자리를 창출하는 경제구조에서 대외개방을 통해 더 이상 일자리가 추가적으로 창출되기는 쉽지 않은 선진국형 경제구조로 변모하게 된다.

일자리 창출이 지체되면서 창출되는 일자리의 질도 변화하게 되었다. 수출을 주축으로 하는 경제개발과정에서 글로벌화는 제조업의

---

7 1980년대 후반의 임금상승이 노동조합의 교섭력에 크게 의존하는지, 아니면 그동안 억압되어 왔던 임금상승이 한꺼번에 이루어졌고 노동조합은 단지 이러한 현상을 촉발하는 기제 정도로만 작용하였는지에 대해서는 논란의 여지가 있다.

경쟁력을 제고함과 동시에 제조업에서의 노동수요를 증대시키는 결과를 야기했다. 이러한 산업구조의 변화는 1차 산업인 농림수산업에 2차 산업인 제조업으로의 고용이동을 촉진했다. 이 시기 한국농업의 낮은 생산성 수준을 감안할 때 1차 산업에서 2차 산업으로의 노동이동은 생산성이 낮은 산업에서 생산성이 높은 2차 산업으로 노동자원을 재배분하는 과정이었다. 이러한 과정은 새로운 일자리가 창출되면서 또한 과거보다 높은 생산성을 갖는 양질의 일자리로의 이동이었다고 볼 수 있다.

1990년대부터는 2차 산업인 제조업에서의 인력수요 증대가 미미해지면서 이 시기부터 새롭게 증가된 노동공급은 새로운 산업분야에서 흡수해야 하는 상황이 발생했다. 그런데 이 시기의 노동공급은 질적인 측면에서 큰 변화가 있었다. 즉 1981년부터 대학입학 정원이 대폭 확대되면서 1980년대 후반부터 대졸자의 노동공급이 크게 증대되었으며, 대졸자의 공급확대는 1990년대와 2000년대에 걸쳐 지속되었다.

제조업의 인력수요 증대가 정체된 상황에서 새로운 고학력 인력들을 추가적으로 대폭 수용할 수 있는 분야는 서비스업이라고 할 수 있다. 그러나 경제개발 당시 새로운 노동수요처였던 제조업은 기존의 농업분야의 생산성을 뛰어넘는 산업이었음에 비해, 1990년대 이후의 새로운 노동수요처인 서비스업은 제조업보다 상대적으로 생산성이 낮거나 심지어 매우 열악한 분야였다. 표, 전, 리(Pyo, Chun, Lee 2010)에 의하면 1991-2000년의 총요소생산성 증가율은 제조업의 경우에는 4.45%였으나 서비스업의 경우에는 -0.32%를 기록했다. 서비스업 중시장부문 서비스업은 총요소생산성 증가율이 −0.32%였고, 비시장부문 서비스업은 −0.85%였다.[8] 한편 2001−2007년의 총요소생산성 증가율은 제조업이 3.75%, 서비스업이 −1.55%였다. 서비스업 중에서는 시장부문 서비스업이 1.30%, 비시장부문 서비스업은 −5.94%를 기록했다.

생산성이 낮은 분야로의 노동공급 확대는 한국 경제의 전반적인 생산성을 떨어뜨려 경제성장률이 저하되었을 뿐만 아니라, 낮은 생산성을 가진 산업에서 창출되는 일자리는 질도 낮은 경향이 나타났다. 이때 추론적으로 가능한 것은 만약 서비스업의 생산성이 제조업보다 높았고, 이렇게 생산성이 높은 서비스업 분야에서 일자리가 지속적으로 창출되었다면 일자리 확대의 측면이나 양질의 일자리 확대 측면에서 가장 바람직한 방향이었을 것이다.

---

8 동 연구는 EU KLEMS 데이터베이스에 기초하고 있다. EU KLEMS에서는 유통(도소매, 운송 및 저장), 부동산을 제외한 금융 및 비즈니스 부분(금융중개, 기계 및 장비의 임대와 기타 비즈니스 서비스), 개인서비스(호텔 및 음식점, 기타 공동(community), 사회 및 개인서비스, 가내서비스) 등을 시장서비스로 정의하고 있음(우편 및 통신 산업도 제외되었음). EU KLEMS에서는 공공행정, 교육 및 건강서비스 부문과 부동산관련 서비스(국민계정에서 자가소유자의 의제임대소득 및 기타 부동산관련 서비스 등)를 비시장서비스부문으로 정의하고 있다.

3. 일자리와 민주주의

1) 낙수효과의 채널로서의 일자리

한국의 경제성장과정에서 성장률 제고와 소득분배의 개선이라는 두 가지 현상이 동시에 나타날 수 있었던 이유는 기본적으로 경제성장의 혜택이 양질의 일자리 창출이라는 경로를 통해 국민들에게 적절히 분배될 수 있었기 때문이라고 할 수 있다.

다음의 〈그림 2〉는 실업률과 지니계수의 추이를 보여주고 있다.[9] 〈그림 2〉에서 확연하게 드러나듯이 실업률이 낮아지면 지니계수도 하락하고, 실업률이 높아지면 지니계수도 높아지는 경향이 있다. 실제로 1979–2005년까지 지니계수와 실업률의 상관계수는 0.713, 지니계수의 변화율과 실업률 변화율의 상관계수는 0.761로 나타난다.[10]

이 그림에서 주목해야 할 다른 부분은 외환위기 이후의 모습이다. 즉 외환위기 이전 시기까지는 실업률과 지니계수의 움직임이 거의 유사했으나 외환위기 이후에는 실업률은 급격히 하락하였고 지니계수

---

9 〈그림 2〉에 나타난 지니계수는 가구원수가 2인 이상이고 가구주의 직업이 근로자인 가구로서, 도시에 거주하며 비농업부문에 종사하는 가구의 지니계수를 의미한다. 이렇게 한정된 가구들은 전체 가구의 약 30–40%정도를 포함하고 있기 때문에 대표성이 문제가 널리 지적되어 왔다. 최근 가계조사 원자료를 이용하여 계산한 전체가구의 지니계수는 〈그림 2〉에서 나타난 지니계수보다 절대적으로는 크지만 추세는 큰 차이가 없는 것으로 나타났다.

10 한편 경제성장률과 지니계수 변화율의 상관계수는 –0.611로 나타난다.

도 소폭 하락하는 데 그치고 있다. 이와 같은 현상은 외환위기를 전후하여 한국의 실업률과 지니계수 사이에 어떠한 구조적인 변화가 있었음을 유추할 수 있는 부분이라고 할 것이다. 이는 실업률의 하락이 기존 실업자의 양질의 일자리로의 취업을 통해 이루어졌다기보다는 비경제활동인구로 전환되었거나 실업자에서 취업자로 전환하였음에도 불구하고 상대적으로 열악한 소득을 올리는 취업자로 전환하였기 때문일 것이다. 이 시기의 구조적인 변화가 어떠한 요인에 의해 촉발되었는지는 추가 연구가 필요한 부분이지만, 이러한 양질의 일자리 창출 부족은 후술하는 민주주의의 위기와 연관된다고 할 것이다.

〈그림 2〉 실업률과 지니계수 추이

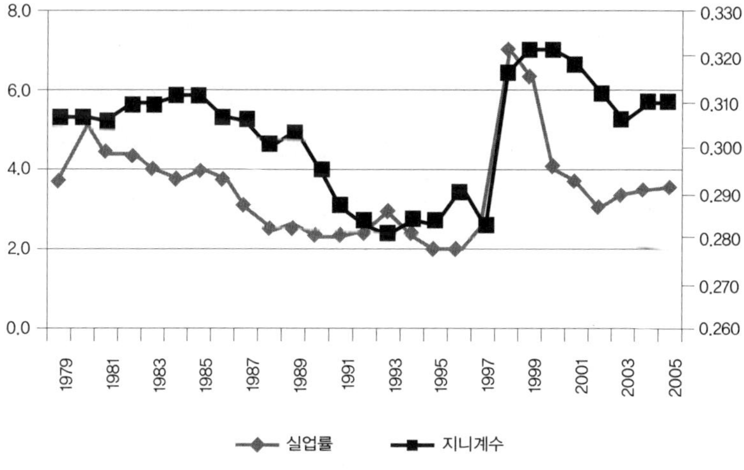

자료 : 통계청

한편 1980년대부터 1990년대 초반까지 경제가 성장하면서 소득분배가 개선된 것은 산업구조와도 밀접한 관련이 있는 것으로 추론할 수 있다. 다음 〈그림 3〉은 산업별 고용비중을 보여주는데, 분석기간 동안 농림어업 고용비중은 지속적으로 낮아진 반면 서비스업 고용비중은 지속적으로 높아지는 경향을 보였다. 주목되는 부분은 제조업으로 1990년대 초반까지 고용비중이 상승하다가 이후에는 감소했고, 특히 1990년대 후반에는 고용비중감소가 두드러지게 나타난다.

〈그림 2〉와 〈그림 3〉을 결합해서 살펴보면 한국에서 근로자 가구의 소득분배상황은 제조업 고용비중의 변화와 관련이 있는 것으로 유추된다. 이는 이미 지적하였듯이 한국경제에서 제조업은 생산성이 가장 높은 분야였기 때문에 비제조업(특히 농림어업)에서 제조업으로의 고용이동은 경제성장을 촉진했을 뿐만 아니라 (비제조업에서 저소득을 올리고 있던) 근로자들의 소득상승을 통해 소득분배 개선이라는 효과가 나타나게 되었다고 할 수 있다. 〈그림 4〉에 의하면 근로자가구소득 증가율은 1990년대 초반 이전까지는 경제성장률과 평균적으로 유사한 수준을 보였으나 1990대 후반부터는 경제성장률보다 지속적으로 낮은 것으로 나타났다.[11]

11 물론 이 부분은 실증적인 자료를 통해 추가 분석이 필요한 부분이다. 다만 이 현상과 연관해서 지적할 수 있는 부분은 노동소득분배율의 추이이다. 한국은행의 국민계정에 의하면 1987년 52.1%였던 노동소득분배율은 1990년대를 거치면서 지속적으로 증가하여 1996년에는 경제개발 이후 가장 높은 수준인 62.6%까지 상승하였으나, 이후에는 하락 또는 정체수준을 보여주고 있다. 2010년 현재 노동소득분배율은 59.2%로 나타났다.

〈그림 3〉 산업별 고용비중(%)

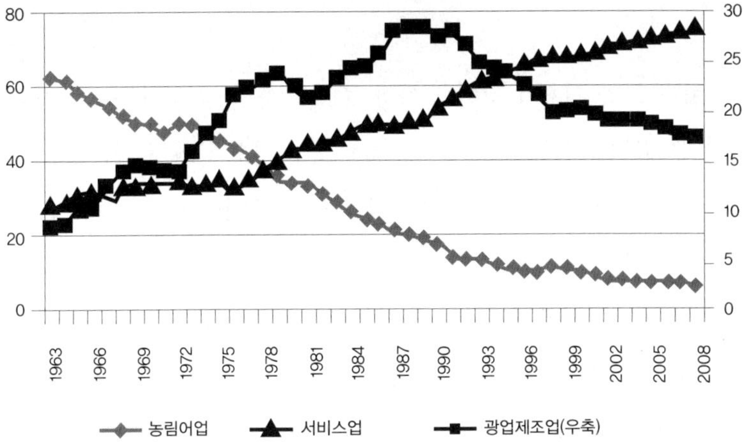

자료 : 통계청

〈그림 4〉 경제성장률과 도시근로자 가구 소득 증가율(%)

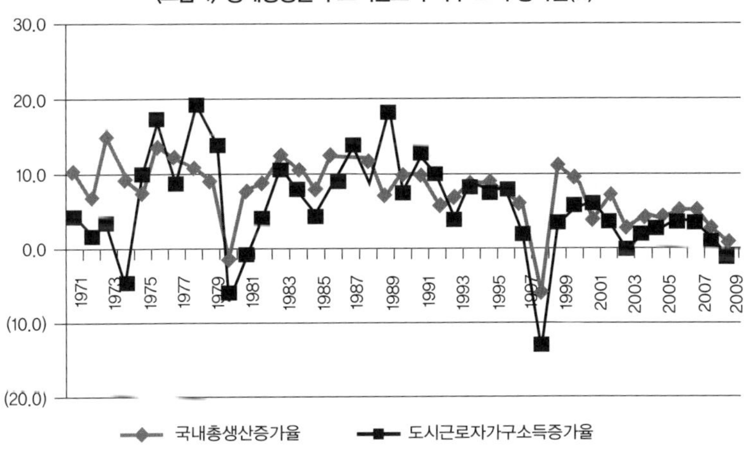

자료 : 한국은행 국민계정, 통계청 가계조사

2) 일자리 문제와 소득불균형

현재 한국 경제가 당면한 가장 중요한 문제 중 하나는 소득분배 악화 문제일 것이다. 소득분배 문제는 절대 기준과 상대 기준으로 구분할 수 있는데, 현재는 절대 기준과 상대 기준에서 모두 악화되고 있는 상황이다.

먼저 절대 기준에서 볼 때 최근에는 최저임금 미만 근로자 수와 비율이 급격하게 증가되고 있다. 다음 〈그림 5〉에 의하면 근로자 중 최저임금 미만의 임금을 받는 근로자의 비중은 2002년 2.8%에서 2003년 6.4%로 급증한 이후, 2010년에는 비율로는 15.9%, 인원으로는 256만 6천명에 달하는 것으로 추정된다.[12]

12 최저임금미만자의 비율은 반드시 절대적인 의미가 아닌 부분도 있다. 2002년 이후에는 최저임금상승률이 지속적으로 물가상승률이나 명목임금상승률보다 높았기 때문에 최저임금이 생산성 증대나 물가상승률에 비해 높게 책정되었다는 요인도 작용하고 있다.

〈그림 5〉 최저임금 미만 근로자 수 및 비율

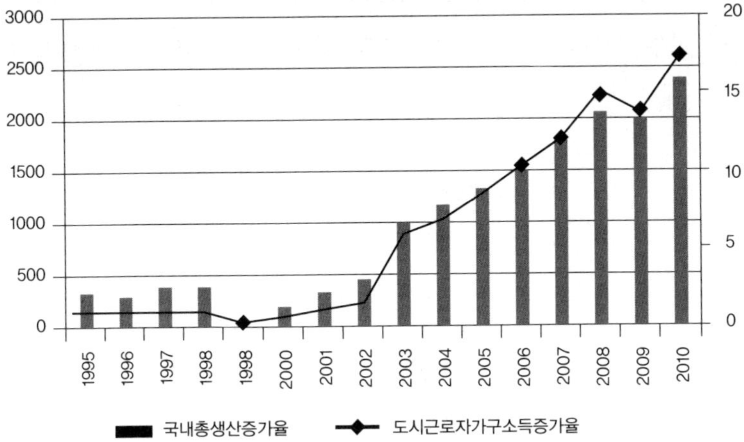

자료 : 통계청, 경제활동인구조사

다음 〈그림 6〉은 종사자 10인 이상 사업체에서 중위임금의 2/3 미만을 받는 저임금근로자의 비중을 보여주고 있다. 동 비중은 1995년 23.1%였으나 이후 지속적으로 상승하여 2009년에는 26.0%로 상승했다. 동 자료의 분석 대상이 되는 상용근로자 10인 이상 사업체에 종사하는 경우, 10인 미만 업체에 비해 비교적 괜찮은 일자리로 인식된다는 점을 감안할 때 이러한 변화는 적지 않은 증가폭이라고 할 수 있을 것이다. 국제적으로 비교해 볼 때도 한국의 저임금근로자 비중은 높은 편이다. 2007년을 기준으로 동 기준에 의한 저임금근로자의 비중은 벨기에 6.3%, 스웨덴 6.4%, 일본 15.4%, 오스트리아 16.2%, 독일 17.5%이며, 비교적 임금불평등도가 높다고 알려져 있는 영국은 24.5%, 미국 24.5%이다. 한국은 2007년 25.6%를 기록하였는데, 이는 OECD 평균인 16.8%보다 8.8%p 높은 수준이다.

전체적으로 볼 때 임금을 기준으로 한 지니계수는 1994년 0.277에서 이후 지속적으로 상승하여 2009년에는 0.329까지 상승했다(〈그림 7〉 참조).

〈그림 6〉 저임금근로자 비중 추이

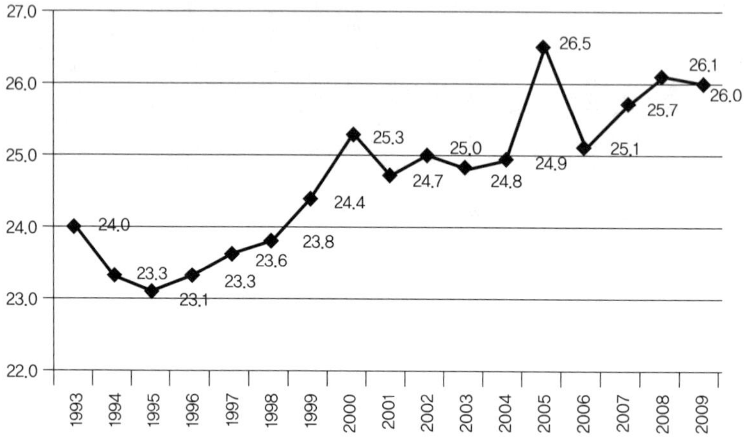

〈그림 7〉 임금기준 지니계수 추이

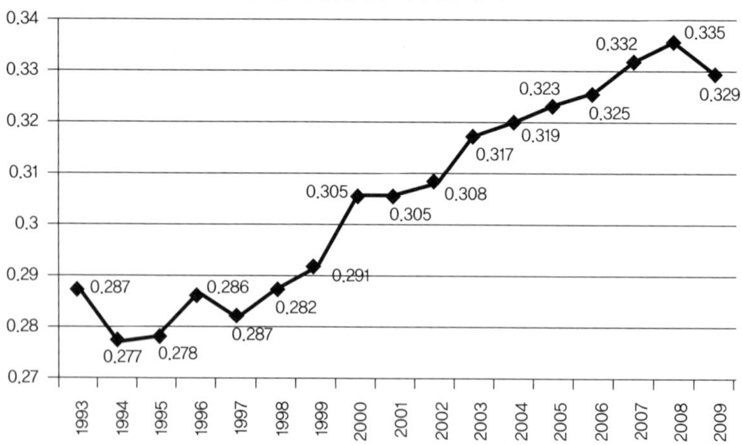

주 : 상용근로자 10인 이상 사업체 기준, 저임금근로자는 중위임금의 2/3미만 근로자로 정의
자료 : 노동부, 고용형태별 근로실태 조사

임금부분에서 저임금근로자의 비중이 절대적으로 높아지고, 상대적인 개념인 지니계수가 높아지고 있는 상황은 가구소득부문에서도 유사하게 나타난다. 〈표 2〉는 도시 비농가가구의 소득분배관련 지표를 제시하고 있다. 〈표 2〉에 의하면 시장소득 기준 지니계수는 1990년 0.266에서 1999년 0.298으로 상승하였고, 2009년에는 0.320으로 상승했다. 가처분소득 기준 지니계수는 1990년 0.256에서 1999년 0.288로 상승하였고, 2009년에는 0.295로 상승했다. 시장소득 5분위 배율은 1990년 3.93배에서 1999년 4.93배로 상승하였고, 2009년에는 6.11배까지 상승했다. 가처분소득 기준 5분위 배율은 1990년 3.72배에서 1999년 4.62배로 상승하였고, 2009년에는 4.97배까지 상승했다. 시장소득 기준 상대적 빈곤율은 1990년 7.8%에서 1999년 12.2%까지 증가하였고, 2009년에는 15.4%까지 상승했다. 가처분소득 기준 상대적 빈곤율은 1990년 7.1%에서 1999년에는 11.4%까지 상승하였으며, 2009년에는 13.1%까지 상승했다.[13]

이와 같은 지표들은 모두 1990년 이후 한국의 가구소득분배가 악화되는 모습을 보이고 있으며, 특히 1990년부터 1997년까지는 소득분배가 개선되기도 하였으나 외환위기 이후에는 대체로 악화되는 모습을 보이고 있다. 특히 2009년의 빈곤층 비율은 1990년에 비해 거의 2배에 달하는 수준까지 상승했다.

정부는 이와 같은 소득분배의 악화에 대응하여 소득분배 개선

13 다만 2010년에는 모든 지표에서 2009년에 비해 소득분배가 개선된 것으로 나타나고 있으나, 이와 같은 현상이 추세적인 현상인지는 단정하기 어렵다.

정책을 실시하였으며, 이러한 정책의 성과는 각각의 지표에서 시장소득 지표와 가처분소득 지표의 차이를 통해 측정할 수 있다. 양 지표의 차이는 지니계수를 기준으로 할 때 1990년 0.010지니포인트에서 2009년에는 0.026 지니포인트까지 2.6배가 상승했다. 그러나 이는 1990년과 2009년의 지니계수 증가분 0.054의 48.1% 수준에 불과하다. 5분위 분배율의 차이는 1990년 0.21배에서 2009년 1.14배로 정책효과가 6배 정도 증가했다. 그러나 이 역시 1990년과 2009년의 5분위 배율 증가분 2.18배의 52.3%정도에 불과하다. 1990년에 비하여 2009년에는 빈곤층의 비율이 7.6%p가 증가하였으나 정부정책의 빈곤율 개선 효과는 1990년 0.7%p에서 2009년에는 2.3%p 개선에 불과했다. 결국 시장소득을 기준으로 소득분배는 지속적으로 악화되었고, 정부는 이러한 소득분배 개선을 위한 노력을 기울였으나 시장의 악화추세를 만회하지는 못했다.

〈표 2〉 한국 가구 소득분배 추이

구분	지니계수			5분위 배율			상대적 빈곤율		
	시장소득	가처분소득	차이	시장소득	가처분소득	차이	시장소득	시장소득	차이
1990	0.266	0.256	-0.010	3.93	3.72	-0.210	7.8	7.1	-0.7
1991	0.259	0.250	-0.009	3.77	3.58	-0.190	7.2	6.8	-0.4
1992	0.254	0.245	-0.009	3.71	3.52	-0.190	7.4	6.5	-0.9
1993	0.256	0.250	-0.006	3.84	3.70	-0.140	8.2	7.5	-0.7
1994	0.255	0.248	-0.007	3.76	3.61	-0.150	7.9	7.3	-0.6
1995	0.259	0.251	-0.008	3.85	3.68	-0.170	8.3	7.7	-0.6
1996	0.266	0.257	-0.009	4.01	3.79	-0.220	9.1	8.2	-0.9
1997	0.264	0.257	-0.007	3.97	3.80	-0.170	8.7	8.2	-0.5
1998	0.293	0.285	-0.008	4.78	4.55	-0.230	11.4	10.9	-0.5

1999	0.298	0.288	−0.010	4.93	4.62	−0.310	12.2	11.4	−0.8
2000	0.279	0.266	−0.013	4.40	4.05	−0.350	10.4	9.2	−1.2
2001	0.290	0.277	−0.013	4.66	4.29	−0.370	11.3	10.1	−1.2
2002	0.293	0.279	−0.014	4.77	4.34	−0.430	11.1	10.0	−1.1
2003	0.283	0.270	−0.013	4.66	4.22	−0.440	12.1	10.6	−1.5
2004	0.293	0.277	−0.016	4.94	4.41	−0.530	12.8	11.4	−1.4
2005	0.298	0.281	−0.017	5.17	4.55	−0.620	13.6	11.9	−1.7
2006	0.305	0.285	−0.020	5.39	4.62	−0.770	13.8	11.9	−1.9
2007	0.316	0.292	−0.024	5.79	4.84	−0.950	14.9	12.6	−2.3
2008	0.319	0.294	−0.025	5.93	4.88	−1.050	14.7	12.5	−2.2
2009	0.320	0.295	−0.025	6.11	4.97	−1.140	15.4	13.1	−2.3
2010	0.315	0.289	−0.026	6.02	4.82	−1.200	14.9	12.5	−2.4

주 : 1) 2인이상 도시비농가 가구소득 기준
2) OECD기구 균등화소득 사용
3) 빈곤층은 중위가구소득의 50%미만
4) 시장소득(세전소득)=근로소득+사업소득+재산소득+사적이전소득, 가처분소득=시장소득+공적이전소득−공적비소비지출. 공적이전소득 , 국민연금, 기초노령연금, 사회수혜금, 공적비소비지출 , 경상조세, 연금, 사회보장 등

자료 : www.kosis.kr

3) 소득불균형과 민주주의

최근 사회갈등이 심화되고 이에 따라 민주적 절차에 의한 문제해결보다 비민주적 절차에 의해 문제를 해결하려는 경향이 높아지고 있다.[14] 이와 같은 현상이 나타나는 원인 중의 하나는 경제가 성장함에

14 삼성경제연구소(2009)는 지니계수와 민주주의 지수 및 정부효과성 지수를 바탕으로 사회갈등지수를 개발했었다. 동 분석에 의하면 한국의 사회갈등지수는 27개 OECD회원국가 중에서 네 번째로 높은 수준이었다. 한국의 경우 외국에 비해 인종적 갈등이나 종교적 갈등이 적은 국가임을 감안할 때 한국의

도 불구하고 소득분배가 지속적으로 악화되는 경향이 있었기 때문이다. 즉 경제성장의 과실이 일자리를 통해 일반 국민에게 전해지는 낙수경로가 과거에 비해 상대적으로 약화되었고, 이에 따라 일자리 증가가 가시화되지 않는 성장에 대한 불신이 증대되었다. 기존 경제운영 방식에 대한 불신은 사회운영제도인 민주주의에 대한 불신으로까지 연결되었을 가능성이 있다.

글로벌화와 소득분배, 일자리의 관계에 있어서 중요한 변환시기 중의 하나는 외환위기일 것이다. 즉 외환위기를 거치면서 영미식 글로벌 스탠다드 또는 신자유주의를 중심으로 하는 새로운 경제체제가 급격히 도입되었고, 이 과정에서 글로벌화에 적극적으로 적응했던 그룹과 글로벌화의 대응에 미진했던 그룹 간의 격차가 본격적으로 발생하기 시작했다. 이러한 격차는 시간이 경과하면서 더욱 더 확대되고 최근에 와서 고착화되는 듯한 상황까지 전개되면서 기존의 사회운영시스템에 대한 불신이 확대되었다고 볼 수 있다.

실제로 사회운영 시스템에 대한 불신은 소득분배상태에 대한 인식에서도 여실히 나타나고 있다. 〈표 3〉은 2009년 현재 소득분배 상태에 대한 국민들의 인식을 보여준다. 전국적으로 소득분배가 공평하다고 인식하는 비율은 4.5%에 불과한 반면 불공평하다고 인식하는 비율은 무려 70.1%에 달한다. 한편 불공평하다고 인식하는 비율이 지역이나 개인 특성에 따라 뚜렷하게 차이가 나지 않는다는 점도 주목

갈등이 다른 선진 국가에 비해 매우 높은 수준임을 알 수 있다.

할 만한 부분이다. 〈표 3〉에 나타난 2009년의 경우를 보면 지역별, 성별, 학력별, 직업별로 불공평하다는 비율이 통계적으로 유의할 만큼의 차이가 나지는 않는다.[15]

〈표 3〉 소득분배에 대한 의견(2009)

구분		전체	공 평			보통	불공평		
			소계	매우 공평	약간 공평	소계	소계	약간 불공평	매우 불공평
지역별	전국	100.0	4.1	0.6	3.5	25.7	70.1	43.3	26.8
	동부	100.0	4.3	0.6	3.7	25.8	69.9	42.3	27.6
	읍면부	100.0	3.3	0.5	2.8	25.4	71.3	47.7	23.7
성별	남자	100.0	4.2	0.7	3.6	24.9	70.9	43.1	27.8
	여자	100.0	4.0	0.5	3.5	26.6	69.4	43.5	25.9
학력별	초졸 이하	100.0	3.2	0.5	2.7	30.0	66.8	45.8	21.0
	중학교	100.0	3.5	0.6	2.9	24.1	72.5	45.5	27.0
	고등학교	100.0	3.8	0.6	3.2	24.4	71.9	43.0	28.8
	대졸 이상	100.0	5.3	0.6	4.6	26.0	68.7	41.4	27.3
직업별	전문관리	100.0	5.0	0.7	4.3	26.7	68.2	41.8	26.4
	사 무	100.0	4.3	0.4	3.9	26.0	69.7	40.5	29.2
	서비스 판매	100.0	4.2	0.5	3.7	25.1	70.7	43.8	26.9
	농어업	100.0	3.8	0.2	3.6	26.3	69.9	49.4	20.4
	기능노무	100.0	3.1	0.5	2.6	20.9	76.1	45.0	31.0

자료 : 통계청, 사회통계조사

15 다만 직업별로 볼 때 기능노무직의 경우에는 불공평하다는 비율이 76.1%로 다른 직업보다 높게 나타나고 있으며, 학력별로 볼 때는 초졸 이하의 경우 불공평하다는 비율이 66.8%로 다른 학력소유자에 비해 낮게 나타나고 있다.

4. 글로벌화, 일자리 그리고 민주주의, 가설적 결론

본고는 1990년대 초반이후 한국 경제의 글로벌화가 본격적으로 진전되었고, 1990년대 중반을 전후하여 한국의 소득분배가 악화되는 추세를 보이기 시작했으며, 이 시기를 전후하여 제조업의 고용비중이 하락하기 시작했음을 보였다. 최근에 와서는 글로벌화가 보다 본격적으로 진행되었고, 임금이나 가구소득 기준에서 절대 기준이나 상대 기준 모두 소득분배가 악화되는 상황을 보였다. 한편 민주주의 측면에서는 1987년 절차적인 민주주의가 형식적으로 완료된 이후 최근 들어 민주주의가 혼돈의 양상을 보이고 있으며, 특히 외환위기 이후에는 민주적 절차에 의한 사회갈등의 해결보다 대결과 투쟁의 형태로 갈등해소의 방법이 변형되고 있다고 할 수 있다.

다만 본고에서는 이러한 현상들이 나타났다는 점을 제시했을 뿐, 이러한 현상들 간의 상호인과관계에 대해서는 결론을 유보한다. 사실 최근에 나타나는 사회경제 현상들은 본고에서 제기한 변수 이외에도 다른 기타 변수들, 예를 들면 수확체감법칙에 따른 경제성장률 저하, 정보통신기술 발달에 따른 기술 변화, 인구구조 변화에 따른 공급측면 요인 등이 상호 복합적으로 연계되어 있기 때문에 단선적 인과관계를 증명하기 매우 어려운 것이 사실이다. 또한 최근의 사회갈등이 증폭되고 있는 현상의 원인에는 경제적 갈등뿐만 아니라 이념적 갈등 요소도 내포되어 있기 때문에 단순히 경제적 갈등이 현재의 사회적 갈등과 민주주의 제도의 기반 저하의 주요 원인이라고 단정하기는 어렵다.

제 변수들 간의 인과관계에 대한 추가적인 연구가 필요하겠지만 여기에서는 이러한 분석의 단초가 될 수 있는 몇 가지 사실을 적시하고자 한다. 먼저 한국에서 글로벌화의 진전은 내수 비중이 감소하고 수출 비중이 증가하는 형태로 이루어졌다는 점이다. 〈그림 8〉에 나타나듯이 한국 경제는 성장을 지속하는 가운데 1990년대 중반 이후 내수 비중과 내수 성장 기여도가 급격히 하락했다. 2000년대 후반에는 내수 비중이 최저 수준으로 하락하고 있고, 내수가 성장에 미치는 기여도는 미미한 수준(2007년에는 마이너스를 기록하기도 했다)으로 낮아졌다. 이러한 내수 비중 감소와 성장기여도 하락은 일자리 창출부진과 절대적 빈곤문제 그리고 상대적 소득분배의 악화문제와 밀접한 관련이 있을 것으로 유추된다. 이는 내수부분이 주로 영세 중소기업이나 자영업과 밀접한 관련이 있는 부분이기 때문이다.[16]

따라서 현재 나타나고 있는 소득격차 확대는 글로벌화에 대한 적응부문(수출부문)과 비적응부문(내수부문)의 경쟁력 격차에서 파생되는 부분이 있다고 하겠다. 현재 나타나는 사회적 갈등의 확대는 현실적으로 적응부문보다 비적응부문이 다수를 점하고 있고, 비적응부문의 의견이 체계적으로 반영될 수 있는 기제가 부족한 상황에서 격차 확대에 대응하는 방식은 민주적 절차를 준용하기 보다 대결·갈등유발 양상으로 전개되고 있기 때문인 것으로 보인다.

---

16 이와 같은 현상은 한국이 경제개발과정에서 role model로 사용하던 일본과는 다르다. 일본의 경우에는 1950년대 이후 내수 비중이 90%대로 거의 변화가 없다.

〈그림 8〉 내수와 수출의 변화 추이

(1) 내수비중의 변화[17]

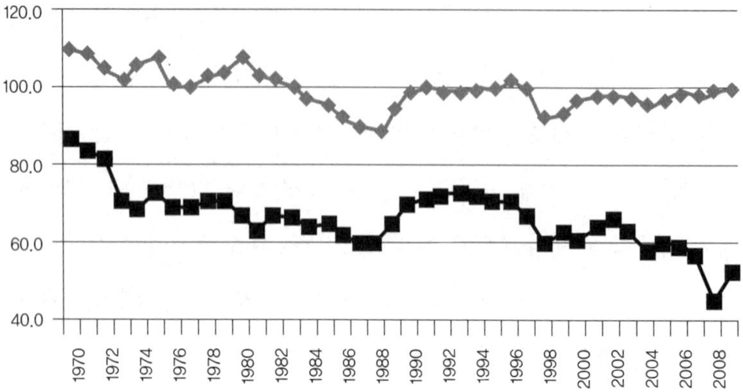

(2) 내수와 수출의 성장기여도 추이

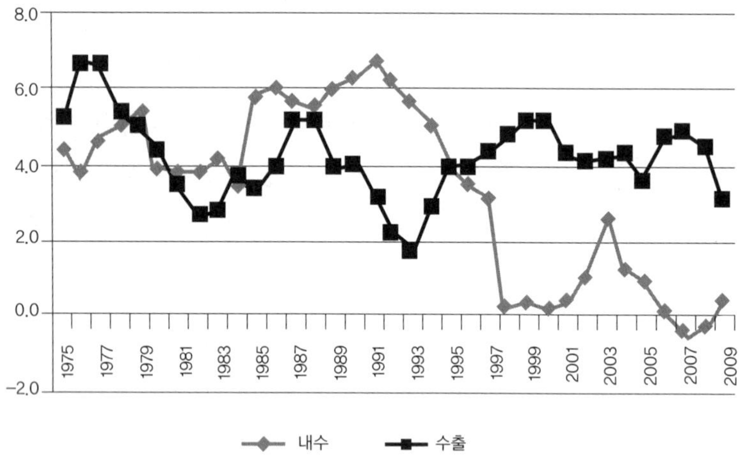

주 : 성장기여도는 5년 이동 평균임.
자료 : 한국은행, 국민계정

---

17 이 그림에서 내수 비중은 소비(민간+정부)와 투자를 더하고 수입을 뺀 부분을 국내총생산으로 나눈 비율을 의미한다.

〈표 4〉는 국민처분가능소득의 증가율과 구성비를 보여주고 있다. 〈표 4〉에 의하면 최근 개인부문의 처분가능소득 증가율은 지속적으로 하락하였음을 알 수 있다. 예를 들어 1990년대 초반의 개인처분가능소득 증가율은 연평균 17.0%에 달하였으나, 2009년에는 3.5%로 급격히 하락했다. 국민처분가능소득의 구성비를 보면 기업부문 구성비는 1990년대 초반 5.3%에서 2009년에는 11.9%로 상승한 반면, 개인부문 구성비는 1990년대 초반 74.9%에서 2009년에는 64.6%로 감소했다. 이와 같이 기업들의 처분가능소득 비중이 증가한 것은 글로벌화의 혜택이 기업부문으로 집중되거나 기업 내에 머물러 있고 개인부문으로 직접 이전되지 않고 있다는 점을 시사한다고 하겠다.

경제적 실리를 극대화해야 하는 기업의 목적과 기업의 사회적 책임 제고라는 한국 사회의 기업에 대한 인식이 충돌하면서 계층 간 갈등이 심화되고 이를 해소할 수 있는 적절한 가치판단기준이나 시스템이 부족한 상태에서 사회적 갈등이 심화되고 있다.

〈표 4〉 국민처분가능소득의 증가율과 구성비

구분	증가율			구성비		
	기업	정부	개인	기업	정부	개인
1990–1994	18.0	17.8	17.0	5.3	19.9	74.9
1995–1999	–102.5	11.3	8.3	2.9	22.4	74.6
2000–2004	46.3	10.0	6.6	7.3	25.3	67.4
2005–2009	11.5	4.6	4.6	9.2	25.5	65.3
2005	–9.9	7.4	4.6	8.0	25.2	66.8
2006	1.0	8.6	4.2	7.7	26.0	66.3
2007	19.8	10.9	4.7	8.5	26.9	64.6
2008	23.4	1.9	5.9	9.9	25.7	64.3
2009	23.2	–5.8	3.5	11.9	23.5	64.6

자료 : 한국은행, 국민계정

세계경제의 인구구조나 기술의 발달 등을 고려할 때 앞으로도 글로벌화는 지속될 것으로 예상된다. 현재까지 나타난 바에 의하면 한국에서 글로벌화는 경제성장에 기여하는 측면이 있으나 성장과 일자리간의 관계를 약화시키는 요인으로 작용하고 있을 가능성이 있다. 이는 글로벌 경쟁과정에서 기업들의 노동수요가 국내에 국한되지 않고 전세계를 상대로 이루어지기 때문이다.

성장과 분배 사이의 연결고리였던 일자리가 제 기능을 발휘하지 못하면서 한국 경제는 현재 저임금근로자, 저소득가구 등의 절대기준 소득분배와 상대적 빈곤율, 지니계수 등의 상대적 소득분배도 악화되는 현상을 경험하고 있다. 이러한 현상의 배경에는 내수 위축과 경제성장 과실의 기업집중 심화가 자리 잡고 있다. 가설 수준이지만 이러한 소득분배의 악화는 사회갈등을 증폭시키고, 사회갈등의 증폭은 다시 민주주의의 기반을 잠식하는 작용을 할 수 있다. 향후 글로벌화의 장점을 활용하면서도 글로벌화로 약화된 성장분배 채널을 강화하기 위해서는 성장분배 채널의 중심기제인 일자리 문제를 경제정책의 중심으로 부각시킬 필요가 있다. 다만 일자리 문제가 글로벌화를 가로막는 요인으로 작용해서는 안 될 것이며, 글로벌 경쟁에서 우위를 가질 수 있는 인적 자원을 적극 개발하는 일에 중점을 두어야 할 것이다.

참고문헌

삼성경제연구소. 2009. "한국의 사회갈등과 경제적 비용." 『CEO Information』 710호.

임원혁. 2009. "세계금융위기 이후 신자유주의의 향방." 『신자유주의 대안론』. 최태욱 엮음. 서울 : 창비.

Greg Linden, Jason Dedrick and Kenneth L. Kraemer. 2009. "Innovation and Job Creation in a Global Economy." The Case of Apple's iPod.

Pyo, Chun and Lee. 2010. "Korea Industrial Productivity(KIP) Database, Issues and Perspectives." Paper presented at the International Conference on Productivity in East Asia, Oct.

8장

세계화와 한국 외교정책 거버넌스

유웅조(국회 입법조사처)

Ⅰ. 서론

세계화 심화에 따라 국제 현안 및 행위자가 다양화되고 다원화 및 다층화 되면서 정부 중심의 전통외교에 한계를 보이게 된다. 이에 따라 주요국들은 이를 극복하기 위해 '스마트파워 외교'(smart power diplomacy), '열린외교'(open diplomacy), '게릴라 외교'(guerrilla diplomacy), '네트워크 외교'(network diplomacy) 등의 새로운 외교전략을 도입하게 된다(Metzl 2001, Armitage 2007, Copeland 2009, Greespon et al. 2010). 이 맥락에서 한국에서도 학계와 정부 차원에서 '복합외교'(complex diplomacy)라는 새로운 외교전략 개념을 제시하고, 이를 실행하기 위한 논의를 진행하

고 있다(김상배 2011, 손열 외 2011, 이상현 2011).[1]

비록 이와 같이 제시된 새로운 외교전략들이 세계화에 대한 '변환론적 관점'(transformationalist perspective)[2]을 반영하여 국가의 역할을 재정립하는데 기여하는 측면이 있으나, 이에 부응하는 외교정책 거버넌스가 제대로 갖추어져 있지 못할 경우 원래의 취지를 제대로 살리지 못할 가능성이 높을 것으로 판단된다.

따라서 이 글은 현재 한국 외교정책 거버넌스의 문제점을 살펴보고 개선방향을 제시하고자 한다. 특히 이 글에서 중점적으로 다루고자 하는 분야는 한국의 세계화[3]가 진전되면서 강조되기 시작한 '재외동포 정책', '자유무역협정 체결 정책', '공적개발원조정책' 등의 외교정

---

1 외교통상부는 2011년 7월에 복합외교 추진 가이드라인을 마련한 바 있으며, 이를 토대로 외교통상부 내에 복합외교를 실천하기 위한 직원연구모임을 결성하여 운영 중인 것으로 알려져 있다.

2 이 관점은 세계화에 대한 '과대세계화론적 관점'(hyperglobalist perspective)이나 '회의론적 관점'(skeptical perspective)과 달리 세계화의 영향을 인정하면서도 그 영향은 개별국가의 대응에 따라 다양하게 나타날 수 있다는 입장이다(Held et al., 1999).

3 한국의 '세계화'가 언제부터 시작되었는가에 대해 명확한 해답을 찾기는 쉽지가 않은데, 그 이유는 세계화 개념에 대한 학자나 정책결정자들의 이해나 접근방식이 너무 다양하기 때문이다(Appaurai 1996, Tomlinson 1999, Beck 2000, Gilpin 2000, etc.). 또한 한국의 세계화 정책은 다소 수사적인 측면이 강하고, 체계적인 준비과정을 거쳐서 이루어지지 못한 측면이 있을 뿐만 아니라, 그 내용도 다소 귀납적인 성격을 갖고 있었기 때문이다. 그럼에도 불구하고 한국의 '세계화 정책'은 1993년 김영삼 정부에 들어와서 전면화되었다는 점에 대해서는 이견이 없는 듯하다.

책 영역을 대상으로 한다.

따라서 이 글은 다음과 같이 구성되어 있다. 다음 장에서는 한국의 세계화를 추진하면서 중요한 영역으로 제시된 영역별 외교정책의 발전과정을 정리한다. 제3장과 제4장에서는 각각 한국 외교정책의 영역별 거버넌스 현황과 문제점을 정리한다. 제5장에서는 이 글의 주요 내용을 정리하고, 한국의 외교정책 거버넌스의 장기적 발전방향을 제시한다.

II. 한국 외교정책의 영역별 발전과정

1. 재외동포정책 발전 과정

한국의 재외동포정책이 성립된 시기는 김영삼 정부에 들어와서 '세계화추진위원회'가 발족되고, 동 위원회가 1995년 '세계화의 비전과 전략'을 제시하면서부터이다(이진영 2000).

당시 '세계화의 비전과 전략'에서 제시한 53개의 세계화 과제에 '재외동포사회 활성화 지원'이 포함되었는데, 이때 제시한 재외동포 정책의 기본목표는 "재외동포의 거주국 내 권익신장과 역량강화", "한민족으로서의 정체성과 자긍심 고양", "동포간 화합 및 모국과 동포사회의 호혜적 발전" 등이었다(세계화추진위원회 1998).

이를 위한 세부추진방향은 재외동포들의 자조노력 권장지원, 재외동포들의 거주지역 발전 기여 및 거주지역 사회에서의 융화지원, 재외동포들의 요구에 기초하여 언어, 전통문화, 예술 등의 차원에서 지원, 자유, 민주, 인권의 보편적 가치에 입각한 재외동포 사회의 발전지원, 재외동포들의 거주국 내 법적 및 사회적 지위향상을 위해 가능한 지원, 재외동포들의 한국 내에서의 투자 등 경제활동의 장려와 재산권 행사 등 이익보호를 위한 국내법과 제도 개선 등이었다. 이를 토대로 1996년 국무총리 산하에 '재외동포정책위원회'가 설치되고, 1997년에는 '재외동포재단'이 설립되었다. 그러나 이 시기에 이를 뒷받침하는 관련 법률은 부재하였다.

김대중 정부의 재외동포정책은 김영삼 정부의 정책을 계승하면서, 재외동포들의 국내 경제활동을 장려하는 내용을 추가하였다. 당시 김대중 정부의 재외동포정책의 기본목표는 거주국 내의 안정적 생활영위와 존경 받는 구성원으로 성장 지원, 한민족으로서 정체성 유지와 모국과의 유대강화 지원, 국가발선에 재외동포 역량 활용 등이었다(외교통상부 2009).

이를 위한 세부추진 방향은 거주국에서의 주류사회 진출 등 위상 제고 지원, 민족적 긍지와 자부심 고양을 위한 가능한 지원 강화의 일환으로 한글학교 지원확대, 문화예술단 파견 및 동포사회의 문화행사 지원, 재외동포들의 조국 발전에 기여할 수 있는 기회세공의 차원에서 모국 내 경제활동 장려, 국내법 및 제도개선과 함께 재외동포의 우수한 두뇌를 국내에 활용하기 위한 제도개선 등이었다. 이를 토대로 김대중 정부는 「재외동포의 출입국과 법적지위에 관한 법률」을 제정하였다. 당시 김대중 정부는 재외동포를 내국인과 동일한 네트워크 대상으로 이해하는 정책을 펼친다. 그러나 외교부의 이견과 중국 및 러시아의 반대로 재외동포의 출입과 경제활동에 대한 기본적인 사항을 법적으로 규정하는데 그치고 말았다(이종훈 2002).

노무현 정부의 재외동포정책은 기존 정책에 거주국에서의 안정적 정착과 민족공동체로서의 정체성 보존을 위한 모국과 동포 간 유대관계를 강화하는 내용을 추가하였다(외교통상부 2006).

구체적으로 노무현 정부의 재외동포정책의 기본목표는 재외동포의 거주국 내 권익신장과 역량강화, 한민족으로서의 정체성과 자긍심 고양, 동포 간 화합 및 모국과 동포사회 간 호혜적 발전이었다. 이를 토대로 한 재외동포 정책의 주요 정책방향은 재외동포의 거주국 내 안정적 정착을 위한 자조노력 지원, 거주국 내에서 법적·사회적 지위 향상과 권익보호 지원, 모국과의 유대증진을 위한 국내의 법적·제도적 기반 강화, 한민족 정체성 함양을 위한 교육·문화교류 등 각종 사업 지원, 재외동포사회 발전을 위한 한민족 네트워크 구축, 모국과 거주국 간 우호증진과 발전에 기여할 인재 육성 등이었다. 이후 외국적 동포의 국내취업에 대한 정책이 확대되었다. 이를 위해 우선 2003년 8월 외국인 노동자를 위한 고용허가제가 도입되면서 외국 국적 동포에 대한 국내 취업이 상대적으로 용이해지기 시작했다. 구체적으로 이 시기에 중국동포 친척 초청 범위를 30세 이상 8촌 이내 혈족, 4촌 이내 인척까지로 확대하였다. 또한 2007년 방문취업제를 도입하여 중국 및 구소련 지역 등에 거주하는 동포의 방문 및 취업이 좀 더 쉬워졌다. 동 제도에 의거하여 만 25세 이상 외국국적 동포들에 대해 5년간 유효하고, 1회 입국할 경우 최장 3년 간 방문취업복수사증을 발급

하였다. 동 사증으로 입국한 동포들이 취업을 원할 경우 제조업, 건설업, 서비스 업 등의 32개 업종 체류자격 등을 신설하였다.

지난 이명박 정부의 재외동포정책의 기본목표는 '모국과 동포사회의 호혜적 발전을 통한 선진국가와 성숙한 한인사회 구현'이었다. 이를 위한 구체적인 정책방향은 모국과 거주국 간의 관계증진을 위한 동포사회의 전략적 기여, 재외동포 네트워크 활성화, 모국과의 유대 증진을 위한 국내 법·제도적 기반 강화, 한인 정체성 및 자긍심 고양을 위한 교육·문화 교류 확대 등이다. 이에 따라 이명박 정부는 '재외동포 통합인물 DB 시스템' 구축, '재외동포 통합 네트워크' 시스템 구축, 재외국민선거제도의 도입, 제한적 복수국적 허용 등의 정책을 펼쳤다.

2. 통상정책 및 자유무역협정 정책 발전과정

김대중 정부는 1998년 '중장기적 통상정책'을 통해 지역협정의 확산으로 인한 대외 수출여건의 악화를 방지하고, 국내시장 확대에 의한 투자증진 효과를 얻기 위해 자유무역협정 체결을 추진하기로 결정하였다(유진수 외 2006 ; 이승주 2006).[4] 이에 따라 동년 11월 국무총리 주재 '대외경제조정위원회'에서 자유무역협정(FTA: Free Trade Agreement)을 통상정책의 주요 수단으로 활용하기로 결정하고, 칠레와의 FTA 체결

4 이하 김대중 정부와 노무현 정부의 통상정책관련 내용은 유진수 외(2006)과 이승주(2006)를 토대로 정리하였다.

을 추진하였다.

이러한 변화는 한국 정부가 90년대 후반 외환위기를 극복하면서 보다 적극적으로 세계화의 흐름에 대응하기 위한 것이었다. 특히 한국 정부는 세계무역기구(WTO: World Trade Organization)를 통한 다자협상에 비해 FTA가 협상 대상국을 선택할 수 있고, 협상분야를 선택할 수 있으며, 협상의 속도를 조절할 수 있다는 강점을 지닌 것으로 인식하였다.

이러한 결정에 따라 산·관·학 공동연구회를 운영하여 세계 각국과의 FTA 추진의 타당성을 검토해서 칠레를 우선 협상대상국으로 선정하고, 1999년 이후 칠레와의 6차례 협상을 통해 2002년 10월 한-칠레 FTA가 체결되었다.

노무현 정부는 2003년 FTA 추진 로드맵을 수립하였다. 동 계획에 따르면 우리나라는 일본, 싱가포르, ASEAN 등 우선 협상 가능 국가를 대상으로 추진하고, 장기적으로 미국, EU 등의 거대경제권과의 FTA 추진계획을 밝힌 바 있다.

한편 이명박 정부의 FTA정책은 'FTA 체결 다변화'로 집약된다. 이 같은 정책기조에 따라 추진할 FTA 체결 대상은 크게 네 개의 범주로 구분하였다(외교통상부 2008).

첫째는 거대 선진경제권과의 FTA 체결로서 미국과 EU와의 FTA는 조기에 마무리하고, 일본과의 FTA는 협상을 재개하는 것이었다. 둘째는 차세대 세계 경제주도 예상국과의 FTA 체결로서 중국, 인도, 남미공동시장(MERCOSUR)[5], 러시아 등이 대상 국가들이다. 셋째는 자원부국 및 지역거점 경제권인 캐나다, 멕시코, 걸프협력이사회(GCC)[6],

호주, 뉴질랜드, 페루, 터키 등과의 FTA를 추진하는 것이었다. 넷째는 지역협력체 차원으로 한·중·일, ASEAN+3[7], APEC등과 자유무역지대(FTAAP)[8] 논의에 적극 참여하는 것이었다.

이를 바탕으로 2004년 4월 1일 한·칠레 FTA가 발효된 이후 2012년 5월까지 총 10개의 FTA(46개국)가 발효되었으며, 터키와의 FTA가 가서명 상태이다. 또한 8개의 FTA가 협상 진행 중이고 8개의 FTA에 대한 공동연구나 여건 조성 중이다.

---

5 메르코수르(Mercosur : Mercado Comun del Sur)는 아르헨티나, 브라질, 파라과이, 우르과이, 베네수엘라 등 5개국으로 구성된 공동시장이다. 이밖에 칠레, 콜롬비아, 페루, 볼리비아, 에콰도르 등이 준회원국으로 가입했다.

6 걸프협력이사회(Gulf Cooperation Council)는 사우디아라비아, 쿠웨이트, 아랍에미레이트(UAE: United Arab Emirates), 바레인, 오만, 카타르 등 6개국간 체결된 공동시장을 의미한다.

7 'ASEAN+3'은 ASEAN회원국과 한·중·일을 포함한 정상들의 회의임. ASEAN(Association of South East Asian Nations, 동남아국가연합)은 부르나이, 캄보디아, 인도네시아, 라오스, 말레이시아, 미얀마, 필리핀, 싱가포르, 태국, 베트남 등 10개국으로 구성된 '동남아시아의 정치, 경제, 문화 공동체기구'를 지칭한다.

8 '아태자유무역지대'(FTAAP: Free Trade Area of Asia Pacific)는 '아시아태평양경제협력체'(APEC: Asian Pacific Economic Cooperation) 회원국인 한국, 호주, 브루나이, 캐나다, 칠레, 중국, 인도네시아, 일본, 말레이시아, 멕시코, 뉴질랜드, 파푸아뉴기니아, 페루, 필리핀, 러시아, 싱가포르, 대만, 미국, 베트남 등이 추진하는 지역무역협정이다.

3. 공적개발원조정책 발전과정

한국의 공적개발원조(ODA: Official Development Assistance) 공여 역사는 1960년대 초반으로 거슬러 가지만, 우리 예산으로 체계적인 ODA 정책이 개시된 시기는 1987년과 1991년에 각각 대외경제협력기금과 한국국제협력단이 설립되면서부터였다. 1987년 개도국에 대한 양허성 차관을 지원하고자 300억원을 출연하여 한국수출입은행에 대외경제협력기금(EDCF)을 창설했고, 개도국의 산업발전과 경제발전을 지원하기 위한 차관을 제공해서 개발원조 유상협력의 본격적인 계기를 마련하게 되었다. 그리고 1991년에는 무상원조 전담기관으로 외무부 산하에 한국국제협력단(KOICA)을 설립하여 개도국에 대한 본격적인 원조제공 기반을 구축하였다.

이를 바탕으로 1990년대 들어 지원프로그램을 체계화 및 제도화하였다. 1992년 KOICA 프로젝트형 사업을 시작하는 한편, 1995년에는 KOICA 국제협력요원 파견사업 및 민간원조단체 지원사업을 개시하였으며, 1995년 국제협력연수센터를 설립하였다.

한편 2000년대 들어 한국의 ODA는 법·제도적 측면에서 체계화되었다. 구체적으로 2005년에 마련된 '대외원조개선 종합대책', 그리고 2007년과 2011년에 각각 마련된 'ODA 중기전략(2008-2010)'과 '국제개발협력 선진화 방안' 등에 따라 진행되고 있다.

또한 지난 2005년에 마련된 '대외원조 종합대책'은 2015년까지의 사업에 대한 계획을 정립해 놓고 있다. 그 주요 대책은 '한국형 원조모델정립', '추진시스템 개선', '원조 효율성 제고', '인프라 구축', '국민

참여 확대' 등 5개 부문으로 구성되어 있다. 한국형 원조모델 정립은 비교우위 분야를 중점 지원하고 수원국의 수요를 적극 반영하는 전략을 추진한다는 내용을 담고 있는데, 한국의 비교우위 분야로는 경제개발 경험, 빈곤퇴치, 인적자원 개발, IT 분야, 인프라 개발 등이었다. 또한 선택과 집중의 원칙에 따라 대륙별로 중점 지원 대상국을 선정하여 지원의 효과성을 높이기로 한다. 추진시스템 개선사항으로는 유·무상 원조를 포괄하는 종합 원조 시스템을 마련하여 유상원조와 무상원조로 이원화된 추진체계를 개선하며, 원조 효율성 제고를 위해서는 유·무상 자금 그리고 기술의 패키지화 및 사업의 연계성을 제고하고, 재외공관을 활용하여 현장 여건에 맞는 시행체제를 수립하는 것이다. 또한 종합적인 정책조정장치 설치와 함께 전문인력의 양성과 글로벌 네트워크를 구축하여 원조 수행 역량을 확충하기로 했다. 그리고 한국의 ODA 사업에 대한 국민 참여를 확대하기 위해 민간부문의 참여를 제도화 하는 한편, 개발 NGO에 대한 지원을 확대하며 다양한 방법을 통해 대국민 홍보활동을 펼치기로 하였다.

한편 2007년에 마련된 'ODA 중기전략(2008-2010)'은 '중기 ODA 추진전략'과 '중기 ODA 추진 역량강화' 등의 항목으로 구성되어 있다.

우선 중기 ODA 추진전략으로, 아시아지역 국가에 대한 중점지원을 기조로 유지하되 아프리카지역에 대한 인도적 지원을 확대하는 것이다. 또한 국가별 지원전략을 수립하여 ODA를 추진하기로 하였다. 이와 함께 우리의 비교우위 분야인 인적자원개발, 보건의료, 행정제도, 정보통신, 농촌개발 및 해양수산, 산업인프라 및 에너지, 환경보호

분야 등을 중점 지원하기로 하였다. 다자원조는 '국제개발협회'와 '아프리카개발은행'을 중심으로 고채무 빈곤국의 채무탕감을 위해 추진 중인 '다자 채무탕감 이니셔티브' 재원 보충으로 국제사회의 빈곤감축 노력에 적극 참여하기로 하였다. 한편 중기 ODA 추진 역량 강화를 위해서는 대외원조 전문인력 양성, 글로벌 협력 네트워크 구축 및 공조 강화, 연구조사 기능 강화, DAC 가입추진(2009년 11월에 가입함), 평가 및 모니터링 강화 등의 내용을 담고 있다.

2011년에 마련된 '국제개발협력 선진화 방안'은 OECD DAC의 다섯 가지 권고사항을 토대로, '개발협력 콘텐츠 개발', '원조시스템의 효과적 재편', '국제활동 참여 강화' 등의 3대 선진화 전략을 담고 있다. OECD DAC의 다섯 가지 권고사항은 다음과 같다. 첫째, 법적 기반 확립과 단일 원조기관 구성, 포괄적인 중기전략 수립 및 통합추진 체계 구축, 대국민 인식 제고 전략 시행이 필요하다. 둘째, 원조확대 공약이행, 유무상 통합 추진전략 시행, 통합 중점대상국 선정 및 다자원조 전략 수립을 통한 통합과 집중이 필요하다. 셋째, 원조체계의 분절화 완화, 통합적인 국가지원전략(CAS: Country Assistance Strategy) 활용, ODA 인력 전문성 강화, 독립적 평가문화 확립이 필요하다. 넷째, 수원국 체계 활용, 공여국 간 원조 조화 강화, 비구속성 비율 확대 등이 필요하다. 다섯째, 인도성·중립성·독립성 강화, 수원국 수요에 부응하는 인도적 활동 강화, 다자원조채널 적극 활용 등이 필요하다.

이러한 권고사항을 토대로 다음과 같은 3대 선진화 전략을 제시하였다.

첫째, '개발협력 콘텐츠 개발' 측면에서 우리의 개발경험과 사업기술, 그리고 우리나라 특유의 한국적 감성이나 미를 가미한 감성분야를 포괄하는 '표준 원조모델'을 마련한다. 둘째, '원조시스템의 효과적 개편'의 측면에서 유·무상 통합 지역별 정책기조를 마련하는 한편, 중점협력국을 선정하여 국가별 지원전략을 수립한다. 셋째, '국제활동 참여 강화'의 측면에서 글로벌 개발 파트너십을 강화하고, 국제기구 참여를 확대하는 한편, 국제원조규범 준수와 형성과정에 참여하고 해외긴급구호시스템을 개편하기로 한다.

III. 한국 외교정책 거버넌스의 영역별 현황[9]

1. 재외동포정책 거버넌스

현재 한국 재외동포정책 거버넌스는 심의·조정기구인 재외동포정책위원회, 기획집행기구인 각 행정부처(외교통상부, 교육과학기술부, 문화체육관광부, 통일부, 법무부, 국가보훈처), 사업시행기구인 재외동포재단과 국제교육원 등으로 3원화 되어 있다.

우선 재외동포정책을 종합적으로 심의·조정하는 '재외동포정책위원회'가 구성되어 있다. 위원회는 국무총리를 위원장으로 하여 총 25

9 이하의 내용은 각 부문의 법령을 토대로 작성한 것이다.

명 이내의 위원으로 구성되어 있다. 동 위원회 위원은 기획재정부·교육과학기술부·외교통상부·통일부·법무부·행정안전부·문화체육관광부·노동부 장관, 국무총리실장과 기타 안건과 관련된 관계 부처 및 기관장과 재외동포에 관한 사항에 대해 학식과 경험이 풍부한 사람으로서 국무총리가 위촉한 사람(이하 "위촉위원"이라 한다)으로 구성된다. 또한 위원회 사무처리를 위해 간사 1명을 두며, 간사는 국무총리실 국정운영실장으로 한다. 이와 함께 위원회의 심의사항을 사전에 연구 검토하고, 위원회가 위임하는 사항을 처리하기 위하여 재외동포정책실무위원회를 설치하였다. 실무위원회 위원장은 국무차장이 담당하며, 위원들은 관련 중앙행정기관의 실·국장급 공무원 및 관련 전문가를 포함해 25명 이내의 실무위원으로 구성된다. 또한 실무위원회에 간사 1명을 두며, 간사는 외교통상부 재외동포담당 고위외무공무원으로 한다.

한편 재외동포정책의 집행은 각 행정부처가 담당하고 있다. 우선 외교통상부는 재외국민의 보호를 목적으로 하고, 외국 국적 동포업무에 대해 기획·조정한다. 교육과학기술부는 재외동포 교육과 교과서 보급, 각종 연수지원 사업을 담당하고 있으며, 문화체육관광부는 한국어해외보급지원, 한글우수성 선양 등의 사업을 담당한다. 통일부는 통일문제와 관련한 재외동포정책의 일부 업무를 담당하며, 고용노동부는 재외동포의 일자리와 관련된 업무, 법무부는 재외동포의 출입국 및 체류제도와 관련한 업무를 담당한다. 또한 국가보훈처는 독립유공자 초청사업을 담당하고 있다.

이 밖에도 외교통상부 산하 재외동포재단은 재외동포들의 민족 정체성 유지와 권익 및 지위를 향상하고 역량을 결집할 수 있도록 지원하는 사업을 펼치고 있으며, 교육과학기술부 산하 국립국제교육원은 국제화 인적자원 개발 및 육성, 재외동포 교육용 교재개발 보급, 한국어 교육 정보시스템 운영 등의 사업을 진행하고 있다.

2. 자유무역협정 체결 거버넌스

현재 한국의 통상협상절차와 관련한 주요 법적 규정으로는 「헌법」 제60조 제1항과 「통상조약의 체결절차 및 이행에 관한 법률」 및 「통상조약의 체결절차 및 이행에 관한 법률 시행령」 등이 있다. 이에 따른 통상협상절차를 정리하면 다음과 같다.

우선 외교통상부가 특정 국가 또는 특정 지역과의 FTA 체결 타당성 검토와 기본전략을 수립하여 '대외경제장관회의'의 심의 및 의결과정을 거치게 되어 있다. 즉 특정 FTA 협상 개시는 대외경제장관회의에서 결정된다.

이 과정에서 자유무역협정위원회가 특정 FTA 협상에 대한 심의 및 의결 과정을 대외경제장관회의에 요청하고자 할 때, 미리 공청회를 개최하여 그 결과를 대외경제장관회의에 제출해야 한다.

그리고 협상 시작 이후에는 협상안, 협상 진행상황 및 최종협상안에 대해서 대외경제장관회의에 보고하고 이를 심의·의결한다.

또한 협상의 중요 내용을 국회에 보고하고, 이해 당사자 및 국민을 상대로 수시로 설명하여 그에 대한 의견을 수렴하도록 되어 있다.

협상 타결 후에는 국회에 협상결과 보고 및 대 국민홍보, 필요시 대외경제장관회의에 국내보완대책의 수립을 요청할 것을 규정하고 있으며, 「헌법」 제60조 제1항에 의거하여 자유무역협정안에 대한 국회 비준동의를 요청하는 것으로 되어 있다.

3. 공적개발원조정책 거버넌스

한국의 ODA는 KOICA와 EDCF가 전담하고 있다. KOICA는 물자 및 현금 공여, 프로젝트형 사업, 기술협력 등 무상원조를 담당하고 있으며, EDCF가 유상원조 사업을 담당하고 있다. 또한 다자간 ODA는 외교통상부와 한국은행이 담당하고 있는데, UN 등 국제기구에 대한 분담금은 외교통상부, 국제금융기구에 대한 출연이나 출자는 한국은행이 담당하고 있다.

한편 이렇게 이분된 ODA 운용은 효율적인 ODA 정책에 문제가 될 수 있다는 지속적인 지적에 따라 무상원조와 유상원조의 효율적인 운용을 위해 2006년 국무총리를 위원장으로 하는 '국제개발협력위원회'를 설치하였다. '국제개발협력위원회'의 위원장은 국무총리, 위원은 기획재정부장관, 외교통상부장관, 국무총리실장과 대통령령으로 정하는 중앙행정기관 및 관계기관·단체장과 학식과 경험이 풍부한 이들 중에서 위원장이 위촉한 자 등 총 25명으로 구성되어 있다. 동 위원회는 분야별 연간종합시행계획, 국제개발협력 평가에 관한 사항, 국제개발협력 관련 정책 중 정부 차원의 조정이 필요한 사항, 그 밖에 위원장이 중요하다고 판단하여 부의하는 사항을 심의 조정한다.

그리고 위원회의 부의대상 안건에 관해 사전에 협의 조정하고 위원회가 위임한 사항을 처리하게 하기 위해 위원회에 국제개발협력 실무위원회를 두고, 실무위원회의 위원장은 국무총리실 국무차장이 담당하도록 되어 있다.

IV. 한국 외교정책 거버넌스의 문제점과 개선방향

한국 외교정책 거버넌스의 문제점은 통합성, 민주성, 효과성 등에서 미흡하다고 평가할 수 있다.

첫째, 한국 외교정책 거버넌스는 분절화되어 있다. 이러한 문제는 앞에서 기술한 정책 영역 중에서 재외동포 정책과 공적개발원조 정책 부문에서 나타나고 있다. 우선 재외동포정책 거버넌스는 심의·조정기구인 재외동포정책위원회, 기획집행기구인 각 행정부처(외교통상부, 교육과학기술부, 문화체육관광부, 통일부, 법무부, 국가보훈처), 사업시행기구인 재외동포재단과 국제교육원 등으로 3원화 되어 있다. 마찬가지로 공적개발원조정책 거버넌스도 심의·조정기구인 국제개발협력위원회, 기획집행기구인 외교통상부와 기획재정부 및 각 중앙 및 지방 행정부처, 그리고 사업시행기구인 EDCF와 KOICA 등으로 3원화 되어 있다. 이 같은 분절화로 인해서 해당 정책의 통합적 기획과 집행이 어렵게 되어 있다.

둘째, 한국의 외교정책 거버넌스는 민주성이 미흡하다. 이 문제는 재외동포정책과 통상정책, 공적개발원조정책 거버넌스에서 공통적으로 나타나고 있다. 각 정책별로 민간위원회나 실무위원회 등을 두고 관련 전문가들이 정책결정과정에 참여할 수 있도록 되어 있으나, 대통령제에서 가장 핵심적인 입법부의 참여가 제도화되어 있지 않다는 점이 문제이다. 따라서 해당 정책 마련과 집행이 행정 부처를 통해 일방적으로 진행되는 측면이 있다.

셋째, 한국의 외교정책 거버넌스는 효과성에서 뒤떨어지는 측면이 있다. 기본적으로 외교정책은 지역 및 국가별 전략의 측면에서 접근해야 한다. 그러나 현재 한국의 외교정책 거버넌스는 각 영역별 정책기획이나 집행이 분절화되어 있을 뿐만 아니라, 정책 간에도 통합적인 논의의 장이 마련되어 있지 않기 때문에 행정비용과 프로그램 간의 연계성이 취약하다. 이로 인해 각 정책의 효과성을 제대로 발휘하기 부족한 측면이 있다.

이 같은 문제점을 극복하기 위한 개선방안을 제시하면 다음과 같다.

첫째, 외교정책 간의 연계성을 확보할 수 있는 종합적인 거버넌스가 구축될 필요가 있다. 비록 각 영역 간의 독자성이 인정되어야 하는 측면도 있지만, 지역 및 국가별 전략을 토대로 하는 해당 정책의 효율성과 효과성 제고에 매우 중요한 사항이 된다. 따라서 세계화 정책 간의 체계적인 연계성을 제고할 수 있는 종합적인 거버넌스 구축이 필요하다.

둘째, 외교정책 거버넌스에 있어서 국회와 민간 참여를 체계화할 수 있는 제도가 마련될 필요가 있다. 각 정책의 신속한 기획과 집행을 위해서는 행정부의 독자적인 거버넌스가 유효할 수 있다. 그러나 이로 인해 각 정책을 기획하고 집행하는 과정에서 발생할 수 있는 원칙 및 내용과 예산 등에 있어 오류를 검토하고, 이를 수정할 수 없는 측면이 있다. 뿐만 아니라 이로 인해 국회나 민간의 다양한 이해관계가 반영되지 못하고, 갈등상황이 사전에 조정되지 못하는 문제가 있다. 따라서 민간과 국회의 참여가 체계적으로 보장되는 거버넌스를 구축해서 이러한 문제를 해결할 수 있도록 해야 할 것이다.

V. 결론

한국의 세계화 정책은 1993년 김영삼 정부가 들어선 이후 본격화되기 시작하였다. 세계화는 이후 개별 외교정책별로 진행되어 왔으며, 이를 위한 거버넌스가 구축되어 왔다. 그러나 이러한 거버넌스는 '통합성', '민주성', '효과성' 등의 측면에서 문제가 있는 것으로 지적되고 있다.

따라서 세계화를 위한 한국의 외교정책이 체계적으로 진행되기 위해서는 위와 같은 문제점을 극복하는 방안이 마련될 필요가 있다. 이를 위해서 장기적으로 다음 사항에 대한 고려가 있어야 한다.

첫째, 세계화에 부응하는 한국 외교정책의 이념이다. 세계화 개념에 대해서 학자 및 정책결정자들이 모두 동의할 수 있는 정의가 존재하지 않는다. 마찬가지로 한국의 경우도 세계화의 지향점이나 원칙에 대한 정립이 부재한 상태이다. 따라서 한국 세계화 정책에 대한 이념을 정립하는 노력이 필요하다.

둘째, 세계화를 위한 외교정책 거버넌스 구성원칙이다. 앞에서 밝힌 바와 같이 통합성, 민주성, 효과성 확보 등은 현재 가장 시급하게 해결해야 할 과제이지만 기본 구성원칙으로는 미흡한 측면이 있다. 왜냐하면 각 과제 간의 체계적인 결합이 그렇게 쉽지 않기 때문이다. 따라서 더 근본적으로 거버넌스 구성원칙을 준비해야 한다. 이 맥락에서 최근에 제기되고 있는 '복합외교'가 해결에 기여할 것으로 판단되지만 거버넌스 구축에 대한 구체적인 계획과 실천이 뒷받침 되지 못하면 제대로 실현되기 어려울 것으로 보인다.

셋째, 한국 세계화 정책과 외교전략 간의 연계성 확보이다. 세계화 정책은 결국 한국의 외교전략이라는 맥락에서 기획되고 집행되어야 한다. 이 같은 연계성이 확보되지 못할 경우 세계화 정책은 수동적이 될 수밖에 없으며, 외교정책에 필요한 자원을 낭비할 수도 있다. 따라서 세계화 정책과 외교전략 간의 체계적인 연관성을 확보하여, 수사적이 아닌 주요한 외교정책이 되는 세계화 정책으로 자리매김 할 수 있어야 할 것이다.

참고문헌

김상배. 2011. “한국의 네트워크 외교전략.” 『국가전략』.

권율 외. 2006. 『우리나라 대외원조정책의 선진화 방안』. 대외경제정책연구원.

박재욱. 2008. “일본과 중국의 FTA 정책 비교.” 『국제문제연구』.

방청록. 2009. “한국의 개방적 통상정책 추진전략과 정책적 시사점 연구.” 『아태연구』

손열 외. 2011. 『복합외교』, 외교통상부 정책용역 보고서.

외교통상부. 1998. 『중장기 통상정책』.

________. 2006. 『참여정부의 재외동포정책』.

________. 2009. 『한국외교 60년사』.

________. 각년도. 『외교백서』.

유진수 외. 2006. 『선진통상국가 실현을 위한 중장기 통상전략 연구』. 서울 : 대외경제정책연구원.

이광규. 2006. “재외동포 현황과 정책과제.” 『흥사단 통일포럼 자료집』.

이상현. 2011. “미국 QDDR과 한국의 복합외교.” 『정세와 정책』.

이승주. 2006. “한국 통상정책의 변화와 FTA.” 『한국정치외교사논총』.

이종철. 2008. “재외동포정책 비교연구 : 각국 사례를 중심으로.” 『건국 60주년 기념공동학술회의 자료집』. 한국국제정치학회.

이종훈. 2002. “한민족공동체와 한국정부의 역할.” 『재외한인연구』.

이진영. 2010. “한국의 재외동포정책.” 『IOM Migration Research & Training Centre Working Paper』.

전재호. 2008. “세계화 시기 한국 재외동포정책의 쟁점과 대안.” 『한국과 국제정치』.
지구촌동포연대. 2006. 『재외동포 NGO대회, 풀뿌리현장에서 재외동포-이주노동자의 역사와 인권을 찾다』.
최태욱. 2006. "한국의 FTA 정책결정과정." 『한국과 국제정치』

Armitage, Richard L. et al. 2007. *CSIS Commission on Smart Power*, Center For Strategies & International Studies.(http://csis.org/files/media/csis/pubs/071106_csissmartpowerreport.pdf).
Copeland, Daryl. 2009. *Guerilla Diplomacy : Rethinking International Relations*. Boulder : Lynne Rienner.
Greenspon et al. 2010. *Open Canada: A Global Positioning Strategy for a Networked Age*. Canadian International Council.(http://www.opencanada.org/event/open-canada-a-global-positioning-strategy-for-a-networked-age).
Held, David et al. 1999. *Global Transformations: Politics, Economics and Culture.* Standford : Standford University Press.
Metzl, Jamie F. 2001. "Network Diplomacy." *Georgetown Journal of International Affairs*.
OECD. 2006. *DAC in Dates*.(http://www.oecd.org/dataoecd/3/38/1896808.pdf).

외교통상부 사이트. http://www.mofat.org
재외동포재단 사이트. http://www.korean.net/okf
한국국제협력단 사이트. http://www.koica.org
OECD 사이트. http://www.oecd.org

강석훈

서울대학교 경제학과를 졸업하고 위스콘신 대학-매디슨(University of Wisconsin-Madison) 경제학과에서 경제학 박사학위를 받았으며, 주요 논문으로 "경제위기 극복을 위한 정책과제 ; 미국발 금융위기와 한국의 대응 방안"(2008), "개방화, 기술진보와 노동소득분배율"(2006) 등이 있다. 성신여자대학교 경제학과에서 계량경제학 등을 가르쳤으며, 현재 새누리당 국회의원이다.

박성우

서울대학교 외교학과를 졸업하고 시카고 대학(University of Chicago) 정치학과에서 "Politics of Soul-Care : Socratic and Platonic Political Life and its Modern Reclamations"란 논문으로 박사학위를 받았으며, 주요 논문으로 "국익 추구의 도덕적 한계와 아리스토텔레스의 좋은 삶의 정치"(2011), "지구화와 민주적 정당성 : 새로운 민주주의 담론을 위한 예비적 고찰"(2011), 현실주의 국제정치이론에서 "투키디데스 읽기"의 한계와 대안의 모색"(2008) 등이 있다. 2005년부터 현재까지 중앙대학교 정치국제학과에서 정치사상을 담당하여 가르치고 있다.

박인휘

성균관대학교 정치외교학과를 졸업하고 노스웨스턴 대학(Northwestern University) 정치학과에서 박사학위를 받았으며, 주요논문으로 "한반도 안보-안보부재의 정치학"(2011), "Korea-U.S. Alliance under the Obama Administration On the Perspectives of Alliance Strategy and North Korea Problem"(2009) 외 다수가 있다. 현재 이화여자대학교 국제학부에서 국제안보, 동북아정체, 미국외교정책 등을 가르치고 있다.

유웅조

중앙대학교 정치외교학과(현 정치국제학과)를 졸업하고 뉴욕주립대(빙햄턴)(SUNY-Binghamton) 정치학과에서 "The Relationship Between The Stated Goal Of Foreign Policy And Foreign Policy Outcome"이란 논문으로 박사학위를 받았으며, 주요 논문으로는 "미국 대외원조 성격에 대한 실증분석"(2010), "한국 공적개발원조 정책에 대한 실증분석"(2011) 등이 있다. 2007년부터 현재까지 국회 입법조사처에서 입법 및 정책에 대한 분석업무를 담당하고 있다.

유현석

연세대학교 정치외교학과를 졸업하고 노스웨스턴 대학(Northwestern University) 정치학과에서 "Capitalism, the New World Economy and Labor Relations: Korean Labor Politics in Comparative Perspective"란 논문으로 박사학위를 받았으며, 주요 저서로 『국제정세의 이해 : G2 시대 지구촌의 어젠다와 국제관계』(2013), 『동아시아 지역주의 : 평화, 번영, 인간안보의 지역적 모색』이 있다. 현재 경희대학교 정치외교학과에서 국제정치를 담당하여 가르치고 있으며, 국제교류재단 이사장을 맡고 있다.

이승주

연세대학교 정치외교학과를 졸업하고 캘리포니아 버클리 대학(University of California at Berkeley) 정치학과에서 "Technological Change, Sectoral Institutions, and Policymaking : Japanese Responses to U.S. Pressure in High Technology Industries"란 논문으로 박사학위를 받았으며, 주요 논문으로 "글로벌 금융위기와 동아시아의 대응"(2011), "한국의 무역 자유화 : 개방 · 보호 · 보상의 정치경제"(2011) 등이 있다. 2005년부터 현재까지 중앙대학교 정치국제학과에서 정치경제를 담당하여 가르치고 있다.

이혜정

서울대학교 외교학과를 졸업하고 노스웨스턴 대학(Northwestern University) 정치학과에서 "The Making of American Hegemony from Great Depression to the Korean War"란 논문으로 박사학위를 받았으며, 주요 논문으로 "9/11의 (탈)안보화와 미국패권 :

대테러전쟁의 구성과 해체"(2011), "오바마의 전쟁 : 미국의 경제위기와 대테러전쟁의 해체"(2010) 등이 있다. 2002년부터 현재까지 중앙대학교 정치국제학과에서 국제정치를 담당하여 가르치고 있다.

장훈

서울대학교 정치학과를 졸업하고 노스웨스턴 대학(Northwestern University) 정치학과에서 "Toward an theory of party change : a comparative study of ideological changes in Western European political parties"란 논문으로 박사학위를 받았으며, 주요 저작으로 『20년의 실험 : 한국 정치개혁의 이론과 역사』(2010)가 있다. 1996년부터 현재까지 중앙대학교 정치국제학과에서 정당정치와 미국정치를 담당하여 가르치고 있다.

한국 민주주의의 위기와 전망 :
민주화, 세계화, 탈안보화

발행일 1쇄 2013년 6월 20일
지은이 장훈 외
펴낸이 여국동
펴낸곳 도서출판 인간사랑
출판등록 1983. 1. 26. 제일-3호
주소 경기도 고양시 일산동구 백석동 1178-1번지 2층
전화 031)901-8144(대표) | 977-3073(영업부) | 031)907-2003(편집부)
팩스 031)905-5815
전자우편 igsr@naver.com
블로그 http://blog.naver.com/igsr
인쇄 인성인쇄 **출력** 현대미디어 **종이** 세원지업사

ISBN 978-89-7418-311-0 93340

* 책값은 뒤표지에 있습니다. * 잘못된 책은 바꿔드립니다.

이 도서의 국립중앙도서관 출판시도서목록(CIP)은 e-CIP홈페이지(http://www.nl.go.kr/ecip)와
국가자료공동목록시스템(http://www.nl.go.kr/kolisnet)에서 이용하실 수 있습니다.
(CIP제어번호: CIP2013007192)